KB248997

5년 후

5년 후

후

당신의 회사는 건재할 것인가?

더그 테이텀 지음 · 고빛샘 옮김

살림Biz

성경의 한 구절을 몸소 증명하며 살아온 나의 아내,

린다에게

그의 남편은 그 땅의 장로들과 함께 성문에 앉으며

사람들의 인정을 받으며

(잠언 31:23)

감사의 말

우리의 이름을 딴 회사를 시작하자고 제안했던 내 동생 존 테이텀에게 제일 먼저 감사의 말을 전한다. 그렇게 시작한 회사가 이제는 전국적인 기업이 되었다. 동생과 애틀랜타 챔블리 터커 로드 길가에 있던 멕시코식 레스토랑에 앉아서 이야기 나누던 때가 지금도 생생히 기억난다. 그때 동생과 나는 '성장의 늪'과 네 가지 'M'에 대해 냅킨에 끼적여가며 열띤 토론을 벌였다. 우리는 수년 동안 그런 대화를 숱하게 나누었다. 존은 진정 나의 첫 번째 편집자이자 조언자였다. 동생의 열정과 동생이 들려준 아이디어 덕분에 나는 이 책에 나오는 개념들을 10년 동안 탐구할 수 있었다. 동생의 격려와 도움이 없었더라면 이 책은 세상 빛을 보지 못했을 것이다.

또한 나에게 자신들의 이야기를 흔쾌히 들려준 많은 경영계 인사들에게도 감사 인사를 드리고 싶다. 그분들은 모두 나의 영웅이다. 그분들은 내가 이 책 『5년 후』를 완성할 수 있도록 자신들이 겪었던 좌절, 성공, 회의, 승리의 경험을 내게 솔직히 들려주었다. 이 책은 그분들의 이야기이며, 이 책의 어떤 내용도 그분들에게 누가 되지 않도록 공정하게 쓰려고 노력했다.

우리 회사가 성공할 수 있었던 원동력인 전통과 가치를 잘 지켜준 직원들에게도 고마움을 전한다. 특히 이 책을 완성할 수 있도록 시간과 자원을 허락해준 것에 대해 깊이 감사한다. 그들은 내가 이 책을 완성하기까지 격려를 아끼지 않았을 뿐 아니라 몇 년에 걸쳐 이 책의 내용을 수천 개의 기업에 적용해보고 그 결과를 나에게 전해주었다. 그들이 전해준 의견은 이 책에 실린 개념들이 어떤 기업에든 보편적으로 적용된다는 나의 믿음을 돋우어주었다. 직원들이 여러 기업의 실례를 통해 나의 이론과 개념을 확증해주지 않았다면 나는 이 내용들을 책으로 펴낼 엄두도 내지 못했을지 모른다.

그리고 '자객'이라는 별명이 있는 나의 친구, 세스 슐만에게도 감사를 표한다. 그의 도움 덕택에 책을 완성할 수 있었다. 이제 나의 평생지기가 된 세스는 이 책 출간의 공범인데, 내가 지금까지 함께 일해본 이 중 가장 놀랍고 재능이 뛰어난 사람이다.

이 책을 마무리할 수 있도록 헌신적으로 도와준 제인 패스에게도 감사를 전한다. 제인이 없었더라면 이 책을 제대로 마무리할 수 없었을 것이다.

마지막으로 이 책을 읽고 날카로운 평가와 조언을 아끼지 않은 어머니에게 사랑을 전한다.

차례

들어가는 글

　당신이 고속 성장 기업을 이끌고 있는 경영자라면, 혹은 언젠가는 그런 잘나가는 기업을 경영하고 싶은 포부가 있다면, 고삐를 꽉 틀어쥐라. 당신은 앞으로 험한 길을 가게 될 것이다. 미국에서는 신생 기업 열 중 아홉이 창업 10년 안에 문을 닫는다.[1] 고속 성장 기업들은—혹은 MIT의 데이비드 버치 교수가 기대주로 꼽히는 중소기업을 일컬어 부르는 말인 '가젤'[2]들은—날개를 활짝 펼치고 고공비행에 성공하기도 하지만 상당수가 도중에 날개가 꺾여 추락해버리기도 한다. 그리고 추락하지 않고 비행에 성공한 나머지 기업 중 대부분이 급속한 성장세를 오랜 기간 유지하지 못한다. 한 조사 결과에 따르면 「잉크 매거진(Inc. Magazine)」이 매년 선정하는 '미국에서 가장 빠르게 성장하는 500대 기업'에 오른 회사들 중 그 이듬해에도 또다시 그 선정 목록에 오르는 기업은 셋 중 하나에 불

과하다고 한다.[3]

데이비드 톰슨이 쓴 책 『블루프린트 컴퍼니(Blueprint to a Billion)』를 보면 주식 공개 이후 총수입 10억 달러에 도달한 기업들의 성장 패턴을 추적해놓은 내용이 나온다. 톰슨이 보여주는 바와 같이 오직 소수의 기업들(1980년 이후 상장된 7,454개 기업 중 대략 5%)만이 탈출속도에 도달하여, 10억 달러 규모에 이를 때까지 성장을 유지했다. 경이적인 성장세를 기록한 기업들 중에는 총수입 1,000만 달러 규모일 때 변곡점(inflection point)에 다다른 곳도 있지만 평균적으로는 총수입 5,000만 달러일 때 변곡점에 도달했다.[4]

다음 쪽 그래프에서 볼 수 있듯 매년 수천 개의 상장·비상장 기업들이 소규모 기업에서 대규모 기업으로, 신생 기업에서 새로운 비즈니스 카테고리로, 흥미로운 아이디어에서 미국 내 사실상의 연구개발 부문으로 전환되는 변곡점에 접근한다. 그리고 변곡점에 도달한 상장·비상장 기업 중 상당수가 보기 좋게 물을 먹고 만다. 게다가 이 변곡점에 도달하고도 작은 규모로 머물기로 선택하는 기업도 상당히 많다.

우리는 빌 게이츠나 스티브 잡스 같은 성공적인 기업가들을 숭배하고 그들의 성공 비밀을 열렬히 추구한다. 보 벌링엄은 『스몰 자이언츠(Small Giants)』에 다음과 같이 쓴 바 있다. "'더 큰 것이, 그리고 더 많은 것이 더 나은 것이다'라는 개념은 우리 문화 전반에 너무나 깊게 스며 있어서, 사람들은 모든 경영자들이 가능한 한 기

성장의 늪 변곡점

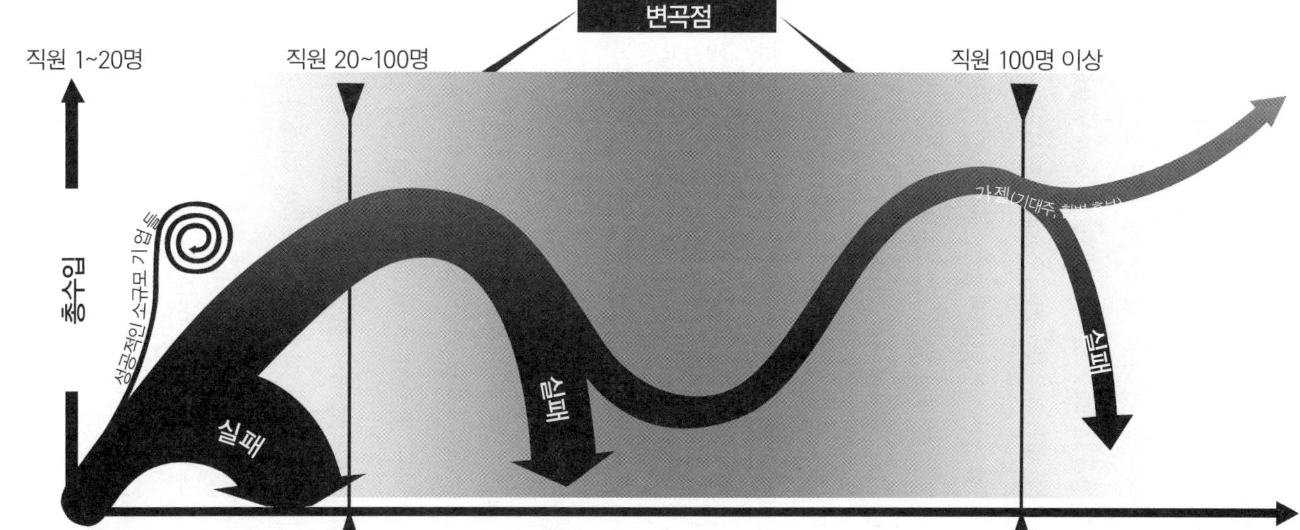

신생 기업

· 직원 수 1~20명.
· 높은 실패율.
· 기업들은 성장의 늪에 다다를 때까지 최대 15년 정도 작은 규모에 머무른다.
· 그중에는 영원히 '작은 거인(성공적인 소규모 기업)'으로 남는 기업도 있다.

· 기업들은 대개 직원 수가 20명을 넘는 시점부터 성장의 늪 초기 단계를 경험하기 시작한다.
· 시기에 상관없이 미국 내에는 항상 약 35만 개의 가젤이 있는 것으로 추산된다. 그리고 그중 80%가 직원 수 20명 이하이다.
· 그 가젤들 중 5% 미만이 변곡점을 무사히 넘기고 합병 대상이 될 만한 후보들로 꼽히는 기대주가 된다.

· 성장의 늪에서 살아남고 성장을 계속해 두 번째 변곡점을 무사히 넘긴 기업들은 탄탄한 입지를 굳히게 된다.
· 보통 직원 수가 100명 이상이거나 총수입이 5,000만 달러를 넘기는 것을 기준으로 기업의 입지가 탄탄한지 아닌지를 판단한다.

결과: 실패 · 사업 돌파구 마련 · 합병 후보자 · 가젤

출처: 데이비드 톰슨, 『블루프린트 컴퍼니』

회는 모두 잡고 기업을 되도록 빠르게 성장시켜 차세대 마이크로소프트나 시티 은행을 세우고 싶어 할 것이라고 가정한다."[5] 하지만 성장이 사람들이 생각하는 것만큼 필수적인 선택은 아니다. 그리고 기업이 성장과 번영을 누리고 있다고 해도 그 소유주들이 꼭 성공의 조건을 받아들일 용의가 있는 것도 아니다. 회사의 규모를 키우는 것은 예기치 못했던 무수한 문제들을 불러오는 경우가 많기 때문에 경영자들은 그런 문제에 맞서 고군분투하다가 차라리 소규모로 남는 편이 낫겠다고 생각하기도 한다.

이 책 『5년 후』에서는 기업 생애 주기의 결정적 시기, 즉 작다고 하기에는 너무 크고, 크다고 하기에는 너무 작은 사춘기에 초점을 맞춤으로써 고속 성장 기업이 부딪히는 현실을 탐색한다. 그 과도기는 톰슨과 버치가 실시한 연구에서 '변곡점'이라고 지칭한 시기와 일치한다. 이 책에서 '성장의 늪(No Man's Land)'이라고 부르는 그 시기 동안 기업가들은 미처 생각지도 못했던 문제에 직면하게 된다. 우리가 사춘기를 겪을 때 그렇듯, 기업도 성장하기 위해서는 그 과도기 동안 자아를 발견하고 자기 수양을 해야만 한다. 하지만 그 과도기 동안 기업가는 자신의 타고난 성향과 불변의 성장 법칙 사이에서 고통스럽게 홀로 싸워야 하는 경우가 많다. 그들은 그 과정에서 혼란, 좌절, 침체, 사기 저하를 경험하며, 최악의 경우에는 파산에 이르기도 한다.

성장 과도기의 독특한 성질들을 이해한다면, 어떤 경영자든 회사를 어떻게 성장시킬지, 그리고 때로는 과연 성장시키는 것이 좋은 것인지 현명하고 신뢰할 수 있는 결정을 내릴 수 있을 것이다. 그리고 기업이 이미 확장되고 있는 상황이라면 '성장의 늪'은 성공을 향해 나아가기 위해 꼭 거쳐야만 하는 불가피한 난관이라는 점을 납득하게 될 것이다. 이 책은 경영자인 당신에게 더 나은 위치에서 회사를 이끌어갈 수 있는 시각을 제공해줄 것이며 당신은 이 책이 제공하는 수단들을 활용해 꿈을 모두 이루게 될 것이다. 그리고 기업가가 되려는 꿈을 꾸고 있는 사람이라면 이 책을 통해, 자신이 상상했던 것보다 더 멋진 일을 실행에 옮길 준비를 할 수 있을 것이다.

거칠고 사나운 성장의 늪

성장의 늪을 통과하면서 얼마나 거칠고 사나운 위협에 맞서 싸워야 하는지는 버트 프래터의 사례를 보면 잘 알 수 있다. 1990년대 초반, 프래터는 잘나가던 개업의로서의 경력을 버리고 사업을 시작해 애틀랜타에 본사를 둔 의료 검진 회사인 EMR(Environmental Medical Resources)을 설립했다. EMR은 정부 위탁을 받아 열악한 쓰레기 처리장에서 일하는 근로자들의 건강 검진을 실시하고, 그 결과를 보고서로 제출하는 일을 했다. 처음에 그는 빌린 돈으로 회사를 시작해 쥐꼬리만 한 예산으로 허리띠를 졸라매가며 회사를 운영해야 했다. 하지만 곧 사업이 번창하기 시작하면서 EMR은 건강 검진 업계의 신흥 강자로 떠올랐고, 미국 내 최고 사모 투자회사의 투자도 여러 차례 받았다. 설립한 지 6년이 지날 무렵에는 「포춘」지 선정 50대 기업 중 한 곳의 근로자 보건, 안전, 산업재해 보상 관련 업무를 5년 동안 대행하는 일을 놓고 협상을 벌이게 되었다. 그 계약만 성사된다면 EMR은 총수입을 두 배로 늘릴 수 있을 뿐 아니라 수익성이 있어 보이는 시장인 '산업재해 아웃소싱' 분야에 새로운 발판을 마련할 수 있을 것이었다. 하지만 그 계약서에 서명하려면 자본을 더 끌어모으기 위해 투자자들에게 손을 벌려야만 했다.

계약 여부를 확정해야 하는 날짜가 점점 다가오고 있던 무렵, 프래터는 필요 자금을 마련하려면 회사의 소유권 중 상당 부분을 양도해야만 한다는 사실을 알게 되었다. 그는 이 사실을 깨닫고 충격에 휩싸였다. 다른 기업가들이 그렇듯, 그도 백지 상태에서 회사를 손수 일구어 하나하나 만들어나가는 과정에서 기쁨을 느꼈다. 그런데 소유권을 누군가에게 양도한다면 그는 또다시 다른 사람 밑에서 일해야 했다. 프래터는 지금껏 혼자 힘으로 무에서 유를 창조해왔는데 이제 와서 또다시 자본 시장의 하수인 노릇을 해야 한다는 것이 썩 내키지 않았다. 게다가 제3자의 간섭과 개입을 받게 될 경우, 상당수가 자신과 친한 친구 사이인 직원들의 앞날을 지금처럼 확실히 보장해줄 수도 없을 것이었다.

계약을 따내기 위해 새로 투자해야 하는 돈의 규모를 생각해보았을 때, 그 거래를 성사시킨 후 얼마나 재정적으로 나아지느냐가 그 일의 성패를 판가름할 것이었다. 맨손으로 창업해 지금껏 혼신의 힘을 다해 회사를 키워온 프래터가 도박이라고도 할 수 있는 이 거래를 정말 성사시키고 싶어 했을까? 이것은 그에게 일생일대의 기회일까 아니면 악마와의 거래일까?

과도기

EMR이 최근 겪고 있는 거센 변화의 바람을 고려하면 프래터는 더욱 결정 내리기가 힘겨웠다. 미국 정부는 1980년대에 공해 방지를 위한 대형 기금인 이른바 슈퍼펀드(Superfund)를 조성해 수십억 달러를 비축해놓았었다. 또한 미국 정부는 환경 분야 근로자들의 건강과 안전을 보호하기 위해 기업주가 정기적으로 직원들의 건강 검진을 실시할 것을 의무화한 연방법도 제정했다. EMR은 그 연방법 제정에 발 빠르게 대응해 국가 차원의 건강 검진 서비스를 처음으로 제공한 기업이었다. EMR은 전국에 있는 병원들과 업무를 제휴해 그곳에서 건강 검진을 실시하고 그 자료들을 모아 작성한 보고서를 환경 관련 업체들에 제공했다. 환경 업체들 쪽에서 보면, 새로 제정된 법에 저촉되지 않기 위해서는 관련 업무를 모두 EMR에 맡기기만 하면 되므로 EMR이 제공하는 서비스에는 분명 이점이 있었다.

하지만 1990년대 중반에 이르러 경쟁이 치열해지면서 EMR의 수익 전선에 빨간불이 들어왔다. 프래터가 앞서 나온 「포춘」지 선정 50대 기업 중 한 곳과 거래를 트기 위해 협상을 벌이고 있을 무렵, 경쟁업체 중 한 곳이 더 낮은 가격을 불러 EMR의 주거래 고객을 하나 빼앗아 갔다. 그 고객은 EMR 전체 매출의 20%나 차지하던 핵심 거래처였다. 이제 EMR은 딜레마에 빠지게 되었다. EMR의 핵심 사업은 이제 고객들에게 특별한 가치나 매력이 있는 서비스가 아니었다. 비슷한 품질의 서비스를 더 저렴한 가격에 제공하는 업체들이 늘어나는 상황에서, 프래터는 새로운 수익 달성 모델을 제공해줄 수도 있는 신규 사업 분야에 진출하느냐 마느냐를 결정해야만 했다.

프래터는 선택의 기로에 놓여 있었던 그 시기가 자신의 생애에서 가장 힘겹고 두려운 때였다고 말한다. "그때 제 심정은 겪어보지 못한 사람은 절대 모를 겁니다. 필요한 자금을 마련하려면 회사에 대한 제 소유권을 양도해야만 한다는 사실을 깨달았을 때는 이미 그 계약을 따내기 위해 백만 달러를 쏟아부은 상태였어요. 상대측은 우리가 계약 체결을 위해 논의 중이라는 걸 공개적으로 알렸어요. 그 상황에서 제가 발을 빼면 저 자신을 포함해 많은 사람들을 실망시킬 수밖에 없었죠. 하지만 그들과 계약하는 것이 올바른 선택인지 확신할 수 없었기에 고민이 컸어요. 어떻게 해야 할지 모른 채 고민에 고민을 거듭하다 보니 하루하루 피가 마르는 심정이었어요. 계약을 포기하자니 이미 돈은 돈대로 투자를 한 상태이고, 계약서에 서명을 하자니 앞으로 제가 키를 잡지 못하는 선장 꼴이 되어버릴 테고. 이러지도 저러지도 못하는 진퇴양난 신세였죠."

■ ■ ■

그래서 프래터는 어떤 선택을 내렸을까? 그의 선택과 뒷이야기는 7장에 더 자세히 나온다. 여기서는 가젤 기업의 높은 실패율이 해당 기업가와 직원들에게만 고통을 주는 것이 아니라는 점을 짚고 넘어갈 것이다. 가젤의 실패는 모두에게 고통을 준다. 미국 내 신흥 성장 기업의 숫자는 전체 기업의 5%가 채 되지 않지만 가젤들은 일자리 창출을 자극하고 연구와 제품 개발을 촉진한다는 점에서 국가 경제에 지대한 영향을 끼친다.[6]

「잉크 매거진」이 보도했듯, 1995년에서 1996년까지 미국 내에서 새로 생긴 일자리(1,110만 개) 중 신흥 성장 기업들이 창출한 일자리는 1,070만 개에 이른다.[7] 국가 기업 위원회(National Commission on Entrepreneurship)에서 실시한 한 조사에 따르면 '새로운 일자리의 3분의 2 이상, 경제 혁신의 3분의 2 이상, 선진국들 간 경제 성장률 차이의 3분의 2 이상'을 신흥 성장 기업들이 만들어낸다고 한다.[8] 이를 역으로 생각하면 신흥 성장 기업의 실패율이 높을수록 국가 경쟁력도 떨어진다는 결론이 나온다. 신흥 성장 기업들이 부진한 실적을 내면 경제 성장 속도도 저하되며 신규 일자리도 줄어들게 되는 것이다.

다른 소규모 기업들과 달리, 가젤 혹은 고속 성장 기업들은 소비자들이 불편하게 여기던 문제에 대한 새로운 해결책을 내놓음으로써 시장을 뒤흔들고 대기업들이 혁신에 더욱 박차를 가하도록 만드는 자극제가 된다. 소수이긴 해도 가젤들 중에는 숨 막힐 정도로 빠른 속도로 성장해 전체 업계 판도를 변화시키거나 아예 새로운 사업 분야를 창출하는 기업도 있다. 한 학술 보고서에서도 설명했듯 "모든 사업체가 위험을 무릅쓰는 역동적인 기업가 정신을 발휘하는 것은 아니다. 사실 전체 기업체 중 5%에서 10%만이 기업가 정신을 발휘해 신선한 아이디어, 방식, 해결책으로 새로운 제품과 서비스를 시장에 내놓는다."[9] 기업가 정신이 살아 있는 이러한 소규모 가젤 기업들이 대기업에 인수될 경우, 그들은 대기업 연구개발 분야의 부흥을 자극하는 기폭제가 되어 궁극적으로는 국가 전체의 경쟁력을 강화하는 역할을 하게 된다.

그렇다면 이제 자연스레 몇 가지 의문이 떠오르게 된다. 기업가들이 '성장의 늪'에서 마주칠 수밖에 없는 불가피한 함정과 위기를 미리 알고 있었더라면 얼마나 많은 피해와 재앙을 막을 수 있었을까? 또한 기업가들이 꼭 성장을 택하지 않더라도 실용적이면서 만족스러운 결과를 얻을 수 있는 대안이 있다는 사실을 미리 알았더라면, 혹은 성장을 선택하는 것이 위험천만한 여행을 떠나는 것과도 같다는 사실을 미리 알았더라면 얼마나 많은 비탄과 탄식을 막을 수 있었을까?[10]

성장의 늪 이야기

사람이라면 누구나 자신이 내린 선택에 대해 비판 받는 것을 싫어한다지만 그중에서도 기업가들은 비판이라면 특히 질색하는 인종이다. 왜일까? 그것은 그들이 회사에 단지 돈만 투자하는 것이 아니라 자신의 온 마음과 영혼을 쏟아붓기 때문이다. 그들은 회사의 실패를 바로 자기 자신의 실패로 여긴다. 그리고 누군가 그들의 사업 결정에 대해 왈가왈부하면 그들은 그것을 개인적인 모욕으로 느끼기까지 한다.

나는 지금까지 다양한 기업에서 중역으로 일해보았으며, 회계학 겸임 교수로 교단에 서기도 했고, 내 이름을 따서 만든 전문 기업을 설립하고 운영해보기도 했다. 그 오랜 세월 동안 다양한 업계에서 다양한 규모의 기업들이 동일한 근본 문제 하나 때문에 휘청거리다 넘어지는 모습을 지켜보았다. 어떤 기업들은 바뀐 소비자의 취향과 욕구를 따라잡지 못해 결국 침몰했다. 또 어떤 기업은 늘어난 소비자 수요에 맞추어 제품을 생산할 수 있는 기반 시설을 미처 마련하지 못해서, 또 어떤 기업은 기반 시설을 세우기 위해 얼마나 비용을 투자하고 규모를 키워야 하는지 알지 못해서, 또 어떤 기업은 최측근을 제대로 단속하지 못해서 실패에 이르렀다.

처음에는 회사를 성공으로 이끌어주었던 자원과 접근법이 회사가 일정 수준 이상 성장하고 난 후에는 오히려 성장의 걸림돌이 되어버린 경우도 많았다. 고객들이 만족을 얻지 못해 떠나가는 상황에서, 도무지 그 이유를 알 수 없는 기업가는 통제력을 상실한 채 방향감각을 잃고 번민에 휩싸인다.

그러한 고속 성장 기업의 CEO와 경영자들은 자신들이 직면해 있는 변화가 일정한 '사업 진화'의 수순을 밟고 있을 뿐이라는 사실을 더 큰 맥락에서 이해하면 해방감을 느낄 수 있다. 한치 앞을 알 수 없는 미지의 영역에서 힘겨운 선택을 내려야만 하는 상황이라면, CEO와 경영자는 매출 하락, 직원들의 불만, 신용도 하락 등 회사가 직면한 여러 문제의 원인을 본능이나 직관이 아닌 객관적인 사실을 통해 논리적으로 찾아가야 한다.

『5년 후』는 기업을 운영하는 사람이라면 으레 한 번씩 앓게 되는 성장통을 생생히 그리고 있다. 이 책은 인간이 사춘기를 겪듯 기업이 꼭 겪고 지나갈 수밖에 없는 과도기를 지리적으로 빗대어 묘사한다.

현재 나는 미국 전역을 돌며 기업가들과 재계 지도자들에게 '성장의 늪'에 대해 강연하고 있다. 강연이 끝나면 사람들은 어느 곳에서든 비슷한 반응을 보인다. 그들은 슬픈 눈빛을 하고 나에게 다가와 이렇게 말한다. "더그, 회사를 경영하고 있을 때 성장의 늪에 대해 알았더라면 그렇게 허무하게 망하는 일은 없었을 거예요." 또 어떤 사람들은 '성장의 늪'에 대한 설명을 듣고 나니 마음에 쌓여 있던 우울함, 불안감, 긴장감이 모두 해소되었다며 열의에 찬 모습으로 말한다. "누구도 이런 심정을 모를 겁니다. 회사를 키우는 건 정말이지 외로운 일이에요. 누구도 어떻게 하면 좋을지, 앞으로 얼마나 힘든 일을 겪게 될지 말해주지 않죠. 제가 혼자가 아니고, 모든 일이 저만의 탓도 아니며, 무엇보다도 어떻게든 해볼 수 있는 방법이 있다는 말을 들으니 펄쩍 뛸 듯이 기뻤습니다." 기업가들과 이야기를 나누면 나눌수록 '성장의 늪'이란 어떤 기업이든 한 번씩은 거쳐 가야만 하는 과도기적 현상이며 기업에 따라서는 그것이 치명적인 위험이 될 수도 있다는 것을 확신하게 되었다. 더불어 그런 어려움에 처해 있는 기업가들을 도와야겠다는 결심도 섰다.

성장 기업을 지켜라

내가 만났던 기업가들이 겪어온 어려움들이 머릿속에서 떠나지 않는다. 지금까지는 경제의 중추라고도 할 수 있는 신흥 성장 기업들을 위한 어떤 정책적 뒷받침도 없었다. 오히려 가젤의 발전을 저해하는 법령이나 규제가 많았다고 할 수 있다. 예를 들면 미국 정부는 기업 비리를 뿌리 뽑는다는 명목으로 기업 임직원에게 인센티브로 스톡옵션을 제공하는 행위를 법으로 금지시켰다. 이로써 신흥 성장 기업들은 노련한 전문 경영인을 회사로 영입할 수 있는 핵심 수단을 하나 잃게 되었다. 그 결과 시장 원리에 따라 중소기업들-그중에는 가젤도 많이 포함되어 있다-은 고급 인력 부족 현상을 겪고 있다. 또한 기업 투명성을 높인다는 명목으로 사베인즈-옥슬리 법(Sarbanes-Oxley Act)을 제정한 이후 각종 규제가 강화되면서 기업공개(IPO) 시장이 극적으로 변화되어 소규모 기업들의 자본 비용이 급격히 증가했다.

나는 이와 관련된 내용들을 국회, 증권거래위원회, 연방정부 등에 알리고자 노력했다. 하지만 신흥 성장 기업 지도자들과 이야기를 나누면 나눌수록 가젤을 위한 최우선 과제는 무엇보다도 성장 기업이 꼭 거칠 수밖에 없는 '성장의 늪'에 대해 좀 더 일반적으로 알리는 것이라는 생각이 들었다. 내가 만났던 경영자들은 대개 '잡초를 뽑아버리는 능력'을 키우지 못했기 때문에 경영상의 급한 불을 끄지 못하고 새로운 전략적 활로를 찾지 못했다. 하지만 '성장의 늪'을 헤치고 나아가려면, 경영자는 회사가 처한 상황에 대해 철저히 객관적인 시각을 유지하면서 전략적 대안을 짜내야만 한다.

그들에게는 또한 계획이 필요하다.

4M

나는 '성장의 늪'에 대해 연구하면서 성장 기업들이 겪는 어려움을 네 가지 범주로 분류할 수 있다는 사실을 알게 되었다. 그리고 그 네 가지 범주에서 고속 성장 기업을 경영하는 데 꼭 필요한 기본 항해 법칙들을 도출했다. 네 가지 범주는 다음과 같다.

- 시장(Market): 시장에서 벌어지고 있는 변화를 이해한다.

- 경영(Management): 그 변화에 발맞추어 경영진을 쇄신한다.
- 사업 모델(Model): 회사 규모 확대에 발맞추어 어떤 사업 모델을 채택해야 지속적인 수익을 낼 수 있을지 시험한다.
- 자금(Money): 필요 자금을 끌어들이기 위해 어떤 요건들이 필요할지 파악한다.

이 네 가지 개념을 가리키는 4M은 단순히 이론적으로 도출해 낸 것이 아니라 오랜 기간에 걸쳐 시장을 관찰해 얻어낸 수확물이다. 시장(Market)을 예로 들어보겠다. 기업은 경영자의 독특한 재능을 바탕으로 첫 번째 고객이나 의뢰인들을 끌어들인다. 초기 고객들은 간단한 교환 과정을 통해 경영자가 개별적으로 제공하는 관심과 노력을 얻어간다. 하지만 기업이 일정 크기 이상으로 커져서 경영자 개인이 물리적으로 감당할 만한 수요 수준을 넘어서게 되면 고객들에게 맞춤식 가치를 제공해줄 수 없게 된다. 특히 경영자들은 진화하는 기존 고객의 욕구나 새로운 고객들의 차별화된 욕구를 충족시켜주지 못하고 있는 자신의 모습을 발견하게 된다. 그렇게 고객과의 소통이 끊어지고 나면 기업은 매출 하락, 품질 저하, 신제품 개발 차질, 고객 서비스 미흡 같은 문제를 겪게 된다.

시장과 관련된 이러한 불가피한 변화에 제대로 대처하려면, 경영자는 변화하는 고객의 욕구에 발맞추어 적절한 제품을 개발하고, 핵심 가치를 제안하고, 조직 운영 체제를 단순하게 유지할 수 있도록 회사를 재정비할 필요가 있다. 다시 말해, 경영자는 자신의 회사가 이전에 잘했던 일을 앞으로도 계속 잘하도록 만드는 일을 책임져야만 한다. 성장세를 유지할 수 있는 방법은 이것밖에 없다.

전쟁터에 나가 있는 것과 다름없는 기업가들에게 4M은 뉴턴의 중력 법칙과도 같다. 악어 떼가 우글거리는 위험천만한 '성장의 늪지대'를 가로질러 가기 위해서는 4M을 명심해야만 한다. 경영자인 당신은 일상적인 문제들에서 잠시 손을 떼고 한 걸음 뒤로 물러나 스스로와 회사에 대해 4M에 비추어 정직하게 평가하는 시간을 보낼 필요가 있다. 그런 심사숙고의 시간을 보내지 않는다면 아무리 순항하는 것 같아 보이는 사업이라도 언젠가는 침몰하게 되어 있다. 나는 그런 일이 벌어지는 것을 보고 또 보아왔다.

우리 회사에 속한 컨설턴트로서 고객 업체들에 CFO(최고 재무 책임자)로 파견을 나가는 전문가들은 4M과 관련된 내용들을 주요 이론적 토대로 사용하고 있다. 우리 회사는 4M 틀을 이용해 다양한 업계의 기업들이 성장에 내재한 위험과 문제를 예측하고 해결할 수 있도록 도와주었다. 그 결과, 우리 회사인 테이텀 LLC(Tatum LLC)는 성공에 성공을 거듭해 업계 최고의 재무 및 기술 전문가 파견 업체가 되었다. 테이텀 LLC는 현재 37개 도시에 진출해 있으며 소속 전문가만 1,000명이 넘는다.

이 책은 성장하면서 겪는 어려움을 어떻게 하면 극복할 수 있는지 소개하는 단순한 사용설명서가 아니다. 고속 성장 기업을 운영하는 경영자들의 실제 경험을 속속들이 파헤친 문화 논문이다. 1장에는 고속 성장 기업을 이끌고 '성장의 늪'을 성공적으로 건너 결국 살아남은 경영자들의 실제 경험이 담겨 있다. 이어지는 장에서는 그들의 사례를 면밀히 파헤쳐, 찬란한 미래가 보장되어 있다고 평가받던 기업마저도 침몰하게 만드는 숨겨진 함정에는 어떤 것들이 있는지 더욱 심도 있게 알아볼 것이다. 이후 이 위험하기 짝이 없는 늪지대를 무사히 지나갈 수 있는 항해 규칙에 대해 자세히 설명하고 자신의 회사가 '성장의 늪'에 빠졌는지 아닌지를 판단해볼 수 있는 평가 도구를 제공할 것이다. 각 장 마지막 부분에는 성장을 선택하는 것이 과연 현명한 일인지를 판단하고, 항해 규칙에 대해 전략적으로 고찰해볼 수 있는 '쉬어 가기' 코너를 마련해두었다.

차차 알게 되겠지만 '성장의 늪'에 직면한 경영자들이 선택할 수 있는 길은 딱 세 가지로 귀결된다. 업계를 선도하는 주요 기업으로 성장하는 것, 소규모 기업으로 남는 것, 더 큰 기업에게 회사를 넘기는 것. 매 장마다 나오는 '쉬어 가기' 코너를 통해 당신은 회사를 위해 어떤 길을 선택하는 것이 최선일지 심사숙고해볼 수 있을 것이다.

7장에서는 전도유망한 기업가인 버트 프래터가 회사의 딜레마를 해결하는 고통스러운 과정을 낱낱이 파헤침으로써 '성장의 늪'에 직면한 기업의 선택을 전체적인 관점에서 보게 될 것이다. 마지막 장인 8장에서는 신흥 성장 기업들이 경제에 어떤 기여를 하고 있는지 탐색한 후, 그런 기업들을 도와 국가의 번영을 꾀하기 위해 정부 차원에서 할 수 있는 조치로는 어떤 것들이 있을지 제안할 것이다.

내가 이 책을 집필한 궁극적인 목적은 국내 신흥 성장 기업들의 실패율을 낮추도록 도와 국가 경제에 이바지하는 것이다. 나는 훌륭한 아이디어 하나로 시작해 혼신의 힘을 다해 기업을 일군 경영자들이 고개를 숙인 채 눈물을 훔치는 일이 없도록 돕고 싶다. 나는 온 가족이 함께 힘을 모아 세운 가족 기업이 성장의 늪에 빠져 1세대에 무너지고 마는 일이 없도록 돕고 싶다. 그리고 그 기업을 자식, 손자들에게 물려주려면 어떤 문제들을 예측하고 해결해야 하는지 알려주고 싶다. 나는 암초를 만나 물이 새고 있는 배에서 뛰어내리는 것이 최선일지 아닐지를 결정하는 데 도움이 되고 싶다. 나는 울창한 나무가 될 가능성이 있는 될성부른 싹들을 돕고 싶다.

'성장의 늪'이 어느 기업이든 꼭 겪어야 하는 과도기이며 그 과도기를 무사히 넘기려면 항해 규칙을 꼭 따라야만 한다는 점을 납득한 경영자는, 사업을 운영하다 보면 이따금씩 마주치게 마련인 각종 문제에 반응하는 방식을 변화시킬 수 있다. 이 책에 나오는 개념들과 성장을 위해 꼭 해결하고 넘어가야만 하는 과제들을 읽고 심란해 할 경영자가 많을지도 모른다. 하지만 혼란과 두려움을 이기고 이 책을 끝까지 읽은 경영자는 성공으로 가는 데 필수적인 도구와 기업 운영에 대한 미시경제적인 이해를 얻게 될 것이다. 요컨대 이 책을 통해 경영자들은 새롭고 훨씬 더 오래 지속될 희망의 근거를 손에 넣게 될 것이다.

1장

잘나가는 기업에
닥치는 문제들

경영자라면 누구나 고속 성장을 꿈꿀 것이다. 기업가들에게 자신의 비전에 따라 자신만의 방식으로 제품이나 서비스를 생산하고 시장이 그에 열광적으로 반응하는 모습을 지켜보는 것만큼 유쾌하고 보람 있는 일은 없다. 하지만 그런 식으로 사업 규모를 키워나가는 것은 생각보다 훨씬 큰 마음의 짐을 안겨줄 뿐 아니라 예기치 못했던 위험을 불러온다. 누차 말했지만, 나는 성장에만 몸이 달아 제동장치 없는 폭주 기관차처럼 앞으로 달리기만 하다가 결국 선로를 이탈하고 전복되어버린 기업들을 숱하게 목격했다. 나는 앞뒤 분간 없이 회사의 몸집 불리기에만 열중했던 경영자들이 예상보다 훨씬 더 복잡하고 까다로운 문제에 직면해 고군분투하다가 결국 지쳐 떨어지고 마는 모습을 허다하게 지켜보았다.

성장을 선택한 후 예기치 못했던 문제 때문에 발을 동동 굴러야 했던 릭 셸리의 예를 보면 몸집 불리기에만 신경 쓰는 것이 얼마나 위험할 수 있는지 이해하기 쉬울 것이다.

릭 셸리는 1988년에 '퍼스트 스탠더드 화물 운송(First Standard Freight, Inc.)'을 설립했다. 뉴욕에 본사를 둔 퍼스트 스탠더드는 기업 고객들을 상대로 육로, 해상로, 항공로를 통해 화물을 운송해주고 관세 관련 업무를 대신 맡아서 처리해주는 업체였다.[1] 1990년대 중반 무렵 릭 셸리의 회사는 날개를 달고 순항 중이었다. 여기저기 사무소를 늘려갔고 수익도 업계 평균을 웃돌고 있었다. 처음에 빈털터리로 시작했던 것을 생각하면 그런 성공은 더욱 달콤했다. 사업 초기를 떠올리며 셸리는 이렇게 말한다. "처음 연 사무실은 콘크리트 벽에 칸막이, 책상 네 개, 문짝 하나가 전부였어요. 당시 특별한 사업 전략이 있었던 것도 아니고 제가 사업 분석력이 뛰어난 것도 아니었어요. 저는 그냥 주먹구구로 육감에 따라서 회사를 운영했어요. 그런 식으로 해서 1995년과 1996년 무렵에 그런 위치까지 오르게 된 거죠. 그때 기분이란 정말 끝내줬어요. 드디어 해냈구나 하는 뿌듯한 심정이었죠."

불행히도 하늘을 날 듯한 그 기분은 오래가지 못했다. 1990년대 말, 퍼스트 스탠더드는 꾸준히 돈을 벌어들이고 있었지만 파죽지세로 성장을 거듭하던 상승세는 한풀 꺾였다. 고객에게 약속을 지키고 만족을 주려면 IT, 회계를 비롯한 비영업 부문 인프라에 꽤 많은 투자를 해야만 했다. "어느 순간부터 간접비용 때문에 손에 쥐는 돈이 얼마 남지 않게 되었어요. 여전히 수익은 내고 있었지만 각종 경비들이 자본을 빠른 속도로 잠식하고 있었어요. 특히 IT 분야에 돈을 들이부었죠. 화물 이동 상황을 추적하고 싶어 하는 고객들의 욕구를 충족시키기 위해 홈페이지를 개편하느라 큰돈이 들었어요. IT 부문이 회사의 발목을 잡고 있는 상태였어요."

그런데 9·11 사태가 벌어지면서 상황이 더 악화되었다. 사건의 여파로 화물 운송업에 대한 정부 규제가 더 까다로워진 것이다. 9·11 이후, 화물 운송 업체들은 소금통처럼 일상적인 제품을 나라 안팎으로 운송할 때조차도 전보다 훨씬 더 많은 서류를 준비해야만 했다. "정부 규정에 맞는 서류 작업을 대신 해주는 게 우리 회사의 주요 업무였어요. 까다로운 그 과정 때문에 자신들의 업무를 우리에게 아웃소싱한 기업체들이 많았지만 정부 규제가 엄격해지면서 일이 점점 힘들어졌어요. 아, 그리고 불리해진 게 하나 더 있었어요. 규제 강화 이후 일을 망치기라도 하면 곧장 철창행이 될 수도 있는 상황이 된 거예요. 까딱 잘못했다가는 '범죄자' 신세가 될 수도 있었죠."

2005년 무렵까지도 사업은 불안한 상태였다. 간접비용은 줄어들었지만 업계에 규모가 큰 기업들이 늘어나면서 경쟁이 치열해지는 바람에 수익률이 현저히 떨어졌다. 퍼스트 스탠더드의 연간 총수입은 2,000만 달러 정도로 나쁘지 않은 수준이었지만 문제는 주요 고객 대부분이 개인적 친분을 통해 유지되고 있다는 사실이었다. 주요 고객이 변덕을 부릴 경우 퍼스트 스탠더드는 매출이 뚝뚝 떨어지는 모습을 무방비 상태로 지켜보는 수밖에 없었다. 매달 직원들 봉급으로만 60만 달러를 지출해야 하는 부담을 지고 있던 셸리는 혼란과 좌절 속에 번민했다. '언제쯤이면 퍼스트 스탠더드가 안정적인 궤도에 오를 수 있을까? 속수무책으로 걱정만 하며 발을 동동 구르지 않으려면 어떤 전략을 세워야 할까? 내가 회사를 잘못 경영하고 있는 게 아닐까?'

셸리는 말한다. "최고의 자리에 있는 사람은 누구나 외로운 법이죠. 고객들은 이런저런 조언을 하지만 의견이 천차만별이라 자원을 어떻게 관리 감독해야 할지 감을 잡지 못하겠어요. 웹서버에 돈을 더 들여야 할까요? 아니면 업무 중 일부를 아웃소싱해야 할까요? 하루하루 살얼음판 위를 걷는 기분이에요. 요즘같이 치열한 경쟁 속에서 어떻게 해야 살아남을 수 있는지 도무지 모르겠어요. 정말, 정말 힘이 듭니다."

셸리의 사례에서 볼 수 있듯, 급속한 성장은 결코 쉽게 찾아오지 않는다. 그리고 고속 질주에 성공하더라도 딜레마가 따라오는 경우도 많다. 사업 아이디어가 아무리 시대를 앞서는 것이었다 할지라도 회사가 점점 커가면서, 시작할 때는 상상도 하지 못했던 문제들이 번번이 앞길을 가로막는다.

경영자들이 회사의 잠재력에 대해 무한한 확신을 가지고 있다고 해도 간혹 당혹스러운 상황에 직면하게 되는 것은 피할 수 없는 일이다. 한때 호황을 누리던 사업이 추진력을 점점 잃어간다. 고객들이 몰려와 제품을 구매하겠다고 아우성인데 회사 일을 자기 일처럼 열심히 해줄 직원이 없어 폭발적인 수요 증가를 따라잡지 못한다. 그나마 자기 몫을 다하고 있는 몇 안 되는 핵심 직원들은 지치고 힘든 기색이 역력하다. 회사가 작다고 하기에는 너무 크고, 크다고 하기에는 너무 작은 것처럼 느껴진다. 그런데 그런 난국을 타개하기 위해 무엇을 해야 할지 도무지 모르겠다.

한 기업의 지도자인 당신은 행동해야만 한다. 그래서 당신은 새로운 규칙을 만들고 기강을 확립해보려고 한다. 당신은 그 어느 때보다도 열심히 일하는데 상황은 나아질 기미가 전혀 보이지 않는다. 대체 무슨 일이 벌어지고 있는 것일까? 대체 무엇이 잘못된 것일까? 회사를 앞으로 나아가게 만들려면 어떻게 해야 할까?

내가 보아온 기업가들은 대개 위의 물음들이 마음속에 떠오르면 몹시 괴로워하면서 스스로를 탓했다. 다음과 같은 식으로 생각하는 것이다. "바로 내가 문제야. 내 성격 탓이야. 사업 성공을 위해 꼭 필요한 그 무엇인가가 나에게는 없는 게 분명해." 아니면 그들은 회사가 겪고 있는 문제가 과거의 잘못된 결정, 혹은 업계 흐름을 따라잡지 못한 데서 비롯되었다고 생각한다.

신흥 성장 기업을 이끄는 경영자가 맞닥뜨리곤 하는 문제들은 근본적으로 그들 탓이 아니다. 오히려 문제들은 '성장의 늪'이라는 자연스러운 변화의 시기에 찾아오는 외부 요인에서 비롯되는 경우가 많다. 인간이 안정적인 성인기를 맞이하기 위해 청소년기에 고통과 어색함의 시기를 거치듯, 기업도 성장이라는 단 열매를 맛보기 위해 까다롭고 치명적일 수도 있는 문제들과 연달아 맞서 싸워야만 한다.

다시 한 번 말하겠다. 당신이 겪고 있는 여러 문제는 당신 탓이 아니다. 당신이 문제를 겪는 것은 당신의 회사가 현재 사춘기를 겪고 있기 때문이다. 마이크로소프트, 스타벅스, 구글같이 유명한 기업들도 한때는 십 대였다. 그들 또한 당신이 지금 겪고 있는 것과 똑같은 어려움에 직면했었다. 그리고 그들은 살아남았다.

다음 부분에서는 신흥 성장 기업이 마주치게 될 어려움들을 구체적으로 생생하게 묘사할 것이다. 앞으로 나올 내용을 읽고 나면 소기업을 대기업으로 성장시키는 것에 대해 새로운 방식으로 생각하게 될 것이다. 등장하는 이야기들은 상상력으로 빚어낸 허구가 아니라 과거 여러 기업이 경험했고 앞으로도 많은 기업이 경험하게 될 현실이다. 그리고 이 장 마지막 부분에 그런 어려움들에 대한 해결 방법을 덧붙일 것이다. 아무리 저돌적인 추진력을 발휘하며 성장해온 기업이라 할지라도 일단 '성장의 늪'에 다다르고 나면 이전까지의 추진력은 아무런 힘을 발휘하지 못한다. 성장의 늪에서 살아남으려면 지금까지와는 다른 전략적 단계를 밟아야만 한다. 경영자는 일상적이고 주관적인 경영 스타일에서 벗어나 엄격하고 객관적인 시각으로 기업을 분석해야만 한다. 철저한 분석을 통해 경영자 자신과 기업의 장단점을 이해할 때에만 위기를 무사히 넘기고 새로운 성장 돌파구를 마련할 수 있다.

고속 성장이란?

랍 와이트가 회사를 설립하고 사업을 안정적인 궤도에 올려놓기까지 겪었던 흥미진진한 경험을 들어보면 고속 성장이란 무엇인지 개념을 명확히 파악할 수 있을 것이다. 랍 와이트는 첨단 기술 회사인 채널 인텔리전스(Channel Intelligence)를 동업자와 함께 설립한 후 캘리포니아를 주 무대로 선전했다. 그는 회사를 설립해 성장시키는 것이 모험과도 같다고 말한다.

사업을 시작하는 건 모험을 떠나는 것과도 같아요. 어느 날 갑자기 한 섬에 낙하산을 타고 뚝 떨어집니다. 낯선 곳에서 먹고 잘 공간을 마련하기 위해 일단 천막을 칩니다. 그러고 나서 정찰병을 내보내는 거지요. 그중 많은 수가 영영 돌아오지 않습니다. 하지만 몇몇은 돌아와 말할 겁니다. "이쪽으로 가면 됩니다." 이제 당신은 용기 있는 결단을 내려야만 합니다. 그리고 당신을 따르는 사람들에게 선언하는 겁니다. 천막을 걷어 불태운 후 이제 미지의 지역으로 떠나서 다시는 이곳으로 돌아오지 않을 것이라고.

와이트는 기업을 성장시키는 일의 어려움을 묘사하기 위해 또 다른 비유를 사용하기도 한다. "회사를 경영하는 것은 구불구불한 데다가 가드레일도 없고 양옆은 모두 천길만길 낭떠러지인 산길을 차를 몰고 지나가는 것과 같습니다. 경영자의 목표는 추락하지 않고 계속 차를 안전하게 운전해 앞으로 나아가는 것이지요.”

와이트가 즐겨 쓰는 이 두 가지 묘사는 급속한 성장의 시기를 지리적 표현(낯설고 위험한 섬, 굽은 길)을 써서 설명한다는 점에서 가치가 있다. 내가 지난 몇 년간 대화를 나눈 수백, 수천의 기업가들 또한 회사를 성장시키는 것은 특정한 지역을 건너가는 것과 유사하다고 말했다. 물론 그들이 사용한 구체적인 이미지는 다양했다. 이를테면 그들은 기업을 성장시키는 것을 사하라 사막을 횡단하는 것, 배를 몰고 위험한 해협을 지나가는 것, 수목이 우거진 숲을 건너는 것 등에 비유했다. 하지만 그런 비유의 기본적인 가정은 성장을 방향을 종잡을 수 없는 위험한 지역을 탐험하는 것으로 본다는 점에서 동일했다. 이 책에서는 메시지를 분명하게 전달하고 독자들의 이해를 돕기 위해 ‘성장의 늪’이라는 용어를 사용하고 있다.

‘성장의 늪지대’를 가로질러 가는 것은 기업을 키우면서 겪는 실제 경험과 유사한 면이 무척 많다. 위험한 미지의 지역을 탐험하다 보면 간혹 당혹스럽고 힘겨운 난관에 처하곤 한다. 마찬가지로 고속 성장을 거듭하고 있는 회사를 경영하다 보면 여러 차례 고비와 난관을 마주치게 된다. 그리고 모험을 떠나는 것과 회사를 경영하는 것 모두 극도로 외롭고 불안을 유발하는 일이라는 공통점이 있다. 크리스토퍼 콜럼버스를 비롯한 유명한 탐험가들이 그랬듯, 신흥 성장 기업의 경영자는 자기 자신의 안녕에 신경 써야 할 뿐 아니라 직원들과 그들의 가족까지도 걱정하고 보살펴야 한다. 핵심을 파고들다 보면 결국 모험과 회사 경영은 모두 정체성 위기와 관련

된다는 사실을 알 수 있을 것이다. 한 기업을 이끌고 있는 경영자라면 이런 의문을 품어본 적이 있을 것이다. "나는 누구인가? 신대륙의 발견자인가, 아니면 그저 허황된 꿈을 꾸는 몽상가에 불과한가? 성공과 실패는 나에게 무엇을 의미하는가?"

이제 이런 질문을 던지는 사람이 있을지도 모르겠다. "'성장의 늪'이라는 용어가 무엇을 뜻하는지 이제 알겠습니다. 하지만 그런 식으로 생각한다고 해도 저에게는 썩 도움이 될 것 같지 않네요. 저는 숨 돌릴 틈도 없이 바쁜 사람입니다. 홀로 조용히 앉아 이메일에 답장을 보내거나 이 책을 끝까지 읽을 시간도 내기 힘들다고요. 그런데 '성장의 늪'을 이해하고 말고 하는 것이 뭐가 그렇게 중요한 일이죠?"

급속한 성장을 특정한 지리적 요건에 빗대어 표현하는 것은 두뇌를 훈련시키기 위한 단순한 지적 유희가 아니다. 비유적 표현을 통해 경영자들은 급속한 성장의 특성을 파악해 궁극적으로는 그 과정에서 겪게 될 어려움을 해결할 수 있는 수단을 얻어 갈 수 있다. 그 수단인 4개의 M에 대해서는 이 장 마지막 부분에서 간단히 소개할 것이다. 일단은 '성장의 늪' 패러다임의 논리적 의미를 탐색하고, 사업체를 키우면서 마주치게 될 영문 모를 현상들로는 무엇이 있는지 알아보자.

성장의 늪의 특성 1
: 급속한 성장에는 분명한 시작점이 있다

모든 여행과 마찬가지로 성장의 늪을 가로질러 가는 여정에는 분명한 시작 지점이 있다. 어떤 경우에는 경영자가 성장의 늪을 가로지르겠다고 의식적으로 결정함으로써 모험이 시작되기도 한다. 와이트가 말했듯, 경영자가 대담하게 천막을 걷어 불태운 후, "이제 미지의 지역으로 떠나서 다시는 이곳으로 돌아오지 않을 것"이라고 선언하면서 급속한 성장이 시작되는 것이다.

하지만 대부분의 모험은 그런 식으로 시작하지 않는다. 경영자들은 자신도 깨닫지 못하는 사이에 성장의 늪지대에, 즉 회사가 작다고 하기에는 너무 크고 크다고 하기에는 너무 작은 시기에 들어선다. 그들은 자신들이 어디를 향하고 있는지도 모른 채 앞뒤 없이 뛰어들어 성장을 향해 나아간다.

성장의 늪에 들어선 기업은 물 깊은 줄 모르고 천진난만하게 첨벙거리며 물가에서 뛰노는 아이와도 같다. 언제 위험한 상황이 닥칠지 모른다. 성장의 늪은 경영자들도 자각하지 못하는 사이에 슬금슬금 교묘하게 찾아온다. 경영자가 뭔가 심각하게 잘못되었다는 사실을 깨달았을 때쯤이면 이미 너무 늦은 경우가 많다. 그리고 곤경에 처했을 때 문제와 씨름하는 과정은 힘겹고 짜증나는 것일 수 있다. 막연하게밖에 알지 못하는 대상과 싸우는 것이 얼마나 답답하겠는가? 와이트가 말했듯, "많은 경우 싸움의 유일한 무기는 어떤 시련이 닥치더라도 묵묵히 참아내며 다음 날 아침에도 회사로 향하는 것"일 수 있다. 견딜 수 없을 만큼 고통스럽더라도 꾹 참고 다음 날 또 출근해야만 하는 것이다.

세미나에서 처음으로 '성장의 늪'이라는 개념을 소개했을 때 참가자들은 망치로 머리를 얻어맞은 듯 복잡 미묘한 표정을 보였다. 그들은 자신들이 겪고 있는 문제가 자신의 탓이 아니라는 사실에 안도했지만, 동시에 굉장한 죄책감도 느끼는 듯했다. 그들은 한 기업의 경영자라면 '성장의 늪'에 대해 미리 알고 있어야만 했다고 자책했다. 어떤 사람들은 앉은 자리에서 그대로 얼어붙었다. "정말 당혹스럽군요. 방금 하셨던 이야기는 바로 제 이야기예요."

당신의 회사가 '성장의 늪'에 갇혀 있다는 사실이 썩 유쾌하지 않다면, 앞선 모든 기업과 모든 경영자들이 거쳤던 시기를 당신이 지금 겪고 있는 것일 뿐이라는 사실을 기억하라. 신흥 성장 기업의 경영자인 당신은 엄청나게 복잡한 일상 업무들을 처리하느라 회사가 완전히 새로운 지대에 진입했다는 사실을 미처 깨닫지 못했을 수도 있다. 당신은 형편없는 경영자가 아니다. 당신은 그저 누구도 말해주지 않았고 이전에 경험해본 적도 없으며 말로 설명하기도 힘든 현실에 압도당한 것일 뿐이다.

성장의 늪의 특성 2
: 성장 기업들이 직면하는 문제에는 공통점이 있다

성장의 늪은 지리적으로 확연히 구분되는 지역이며, 그곳을 지나가는 사람들은 누구나 비슷한 경험을 한다. 경영자들이 성장의

늪지대에서 직면할 수밖에 없는 사업 관련 문제들을 꼽아보자면
다음과 같다.

- 고객과의 약속을 지키기가 어려워지면서 성장 속도를 유지하
  는 것이 힘겨워진다.
- 주요 결정을 내리기 위한 절차가 점차 복잡해지면서 문제를
  경영자의 직관만으로 해결할 수 없게 된다.
- 어떻게 해야 돈을 벌 수 있는지, 미래의 수익을 어떻게 보장할
  수 있을지에 대한 선명한 그림이 그려지지 않는다.
- 자본 시장이 문을 닫아버려 필요한 자금을 확보하기가 어려
  워진다.
- 경영자가 마치 사방이 막힌 곳에 갇혀 있는 것처럼 답답함을
  느낀다.
- 기존의 보고 절차로는 더는 의미 있는 정보를 얻을 수 없다.

일단 성장의 늪지대에 들어서고 나면 경영자들은 위의 문제들로
더욱 당혹감을 느끼게 될 것이며, 시간이 흐를수록 자신이 점점 통
제력을 상실하고 있다고 느낄 것이다. 과거에 유효했던 전략과 규칙
들이 이제 더는 제대로 작동하지 않는다. 회사가 추구하는 비전이
근본적으로는 옳지만 직원들은 점점 비전을 제대로 따르지 못한다.
이런 현상이 익숙하게 느껴지는가? 그렇다면 당신의 회사는 성장
의 늪에 들어서 있는 것이다.

성장의 늪의 특성 3

: 급속한 성장을 가로질러 갈 수 있는 지름길은 없다

당신이 탐험가 루이스와 클라크라고 가정해보자. 때는 19세기. 당신은 미 대륙을 횡단해 태평양까지 가보려는 모험을 꿈꾸고 있다. 모험이 아무리 힘들더라도 도중에 비행기에 올라타거나 엔터프라이즈호를 타고 단숨에 목적지에 갈 수는 없다. 당신이 할 수 있는 선택은 단 두 가지다. 출발했던 곳으로 돌아가거나 아니면 난관과 역경에 굴하지 않고 계속 새로운 해결 방법을 찾아내면서 앞으로 나아가는 것.

성장의 늪을 가로질러 갈 경영자들도 그와 유사한 어려움을 헤치고 나아가야 한다. 한곳에서 오랫동안 머무르는 기업은 살아남을 수 없다. 앞서 나온 통계 수치를 떠올려보라. 어떻게든 성장의 늪을 건너갈 방법을 찾지 못하면 그 기업은 결국 시작 지점으로 되돌아가거나 파멸하는 수밖에 없다.

물론 사춘기를 통과하는 데 걸리는 시간은 기업마다 다르다. 레스토랑 체인인 누들즈 앤 컴퍼니(Noodles & Company)의 경우, 브랜드 구축에 일가견이 있었던 설립자의 능력을 대체할 경영진을 찾을 때까지 2~3년이 걸렸다. 그 이후 누들즈 앤 컴퍼니는 극적으로 도약했다. 플로리다를 주 무대로 활동하고 있는 전화 응답 서비스 회사 팻라이브(PATLive)의 경우에는 사춘기가 5년 동안이나 계속되었다. 원래 사업 모델의 장점을 반영하는 경영진을 확충하지 못해 오랫동안 제자리걸음을 했던 탓이다.

여느 모험과 마찬가지로, 성장의 늪을 가로지르는 여행은 고통스러우며 변화를 불러온다. 목적지에 이르기 위해서는 난관에 봉착할 때마다 가능한 한 빠르고 효과적으로 대응해야만 한다.

성장의 늪의 특성 4

: 성장의 늪이라는 과도기는 단 한 번만 거친다

성장의 늪을 가로지르는 여정은 기업 생애 주기의 초기에 발생하는 유일무이한 과도기라고 할 수 있다. 인간이 겪는 사춘기와 마찬가지로 성장의 늪은 소규모 기업이 대규모 기업으로 발전하기 위해 꼭 건너야만 하는 다리이다. 일단 그 거북한 시기를 거치고 나면 경영자로서 할 수 있는 일은 모두 마친 셈이다. 질풍노도의 시기를 무사히 건너 살아남은 것이다.

기업들이 생애 주기 초기 단계에 성장의 늪을 거친다고 해서 모든 기업이 설립 직후에 그 시기에 들어서는 것은 아니다. 연구 결과에 따르면 소규모로 여러 해를 보낸 후에야 직관과 혁신을 통해 성장의 흐름을 타기 시작하는 기업이 많다고 한다. 식품 유통업체인 페이트 도슨(Pate Dawson)의 예를 보면 이를 잘 알 수 있다. 설립된 지 100년이 넘은 페이트 도슨은 노스캐롤라이나 주 골즈버러에 있는 비교적 소규모의 가족 기업이었다. 그런데 1990년대 초반에 맥 설리번이 아버지와 삼촌에게 회사를 물려받으면서 페이트 도슨의 역사는 180도 바뀌었다. 새로운 사장인 설리번이 사업 모델을 대대적으로 혁신하면서 이 회사는 총수입이 2억 5,000만 달러에 이르게 되었다. 이는 15년 전보다 열다섯 배나 증가한 수치였다. 페이트 도슨과 마찬가지로 컨설팅 회사인 헤리티지 인포메이션 시스템스(Heritage Information Systems)는 10년 동안 소규모로 머무르다가 설립 10년을 기점으로 폭발적으로 성장하기 시작했다. 헤리티지 인포메이션은 설립자의 재능에 의지해 약국들을 상대로 회계 컨설팅 일을 해주면서 그럭저럭 사업을 운영해왔다. 그러다가 2001년, 약국에서 처방전대로 약을 조제하기 전에 자동으로 의료보조 혜택(Medicaid) 승인을 받을 수 있도록 해주는 소프트웨어를 개발해 판매하기 시작하면서 폭발적인 성장을 경험했다.

하지만 기업들이 성장의 늪을 단 한 번만 거친다고 해서, 일단 그 시기를 지나고 나면 쭉 평탄하게 사업을 운영할 수 있다는 것을 의미하지는 않는다. 오히려 그 정반대가 옳다고도 할 수 있다. 성장의 늪 시기를 거치고 살아남은 기업들은 매 3년에서 4년마다 회사를 전면적으로 재정비해야만 한다. 한 기업이 성장 궤도에 계속 머무르기 위해서는 각 부문별로 큰 모험을 감행해야만 한다.

오랜 역사를 자랑하는 투자 은행인 골드만삭스(Goldman Sachs)의 사례를 보면 이해가 쉬울 것이다. 골드만삭스는 많은 고객들에게서 위험 관리가 더 용이한 스왑(Swap)이나 파생상품(Derivatives)도 판매해달라는 요청을 받게 되었다. 문제는 그런 금융 상품을 시장에 내놓기 위해서는 조직 변화를 단행하고 자기 자본 거래(Proprietary trading) 시스템에 막대한 투자를 해야만 한다는 사실이었다. 골드만삭스 경영진은 변화를 선택했다. 변화를 꾀하면서 물론 진통을 겪긴 했지만 결과는 성공적이었다. 골드만삭스는 최근 1분기 자기 자본 수익률 40%를 달성했으며 덕분에 2만 4,000여 명에 이르는 직원들은 평균 52만 달러의 보너스를 받을 수 있었다.[2]

십 대 자녀를 둔 사람이라면 자녀들이 겪는 사춘기에 대해 누구보다도 잘 알 것이다. 사춘기의 고통은 견디기 힘들지만 그 고통은 남은 인생 동안 약이 될 교훈을 남긴다. 성장 기업들에게는 성장의 늪 시기가 바로 사춘기라고 할 수 있다. 모험을 하는 것은 물론 힘이 들지만 모험 도중 죽지만 않는다면, 경영자는 미래에 어떤 변화가 닥치더라도 이겨내고 성장세를 계속 유지할 수 있는 귀중한 도구를 손에 넣을 수 있다. 그런 도구들로는 브랜드, 기업 가치, 기업 문화 등을 들 수 있다. 각각을 자세히 설명해보면 다음과 같다.

- 브랜드: 시장은 성장의 늪 시기를 거치고도 살아남은 기업들에게 '신뢰'라는 선물을 선사한다. 고객은 자신들의 필요를 충족시켜줄 업체로 성장의 늪을 거치고도 살아남은 기업을 가장 먼저 떠올릴 것이다. 다시 말해, 성장의 늪 시기는 소비자의 뇌리에 그 기업의 브랜드를 긍정적으로 각인시키는 기간이라고 할 수 있다. 소비자는 자신의 머릿속에 긍정적으로 각인된 브랜드에서 내놓는 제품과 서비스라면 의심하지 않고 신뢰하는 경향이 있다. 각인된 브랜드는 대개 타 업체들과의 경쟁에서 유리하게 작용할 것이 분명하다. 게다가 성장 궤도를

계속 유지하기 위해 필요한 제품과 서비스를 지속적으로 개
발하는 데에도 브랜드가 큰 역할을 한다.

- 기업 가치: 2장에서 더 자세히 알아보겠지만, 자신의 핵심적
인 제품 및 서비스가 무엇인지 인지하고 그것들을 적극적으
로 육성한 기업만이 성장의 늪에서 살아남게 된다. 경영자가
기업의 핵심 제품과 서비스가 무엇인지 파악했다는 것은 바
로 기업이 제공해야 할 핵심 가치가 무엇인지 파악했다는 것
을 의미한다. 그리고 시장은 그들이 제안하는 가치를 웃돈을
얹어서라도 구매함으로써 그들에게 박수갈채를 보낸다.

- 독특한 기업 문화: 성장의 늪을 통과한 기업은 새로운 아이디
어와 관점을 흡수할 능력이 있다는 것을 만천하에 증명해 보
인 것이나 다름없다. 이는 판매상, 직원, 단골 고객들이 회사
경영진의 의사 결정 능력을 신뢰하게 되었다는 것을 의미한
다. 6장에서 자세히 살펴보겠지만, 의사 결정 절차는 그 자체
만으로도 기업의 독특한 문화를 창조하는 역할을 한다. 그리
고 그 독특한 문화는 앞으로의 성장에 추진력을 제공해준다.

요약하자면, 성장의 늪은 최초의 발전적인 과도기라고 할 수 있
다. 기업은 과도기 동안 자기 변혁을 통해 '기업 문화'를 손에 넣게
된다. 그리고 그 기업 문화는 추후에 시장 위기가 닥쳤을 때 거기
에 맞설 수 있는 힘을 제공한다. 즉, 성장의 늪을 통과한 기업은 위
기를 극복하기 위한 안정적인 수단을 손에 넣은 것이나 다름없다.

기업은 여전히 이따금 심각한 문제에 맞닥뜨릴지도 모르지만, 위기가 닥치더라도 기업의 생존이 위협받을 일은 없게 된다. 적어도 기업이 소리 소문 없이 어느 날 갑자기 사라져버리는 일은 없게 되는 것이다.

그러한 사실은 누구보다도 경영자 자신이 가장 잘 안다. 경영자는 이제 자신이 수고로이 회사 일에 매달리지 않더라도 기업이 어느 정도 순탄하게 운영되리라는 사실을 명확하게 인식한다. 사업은 자가 발전을 통해 추진력을 유지하며 어떤 문제도 기업에 위협을 주지 못한다. 이제 경영자는 다시 한 번 회사에 일하러 나오는 것을 즐기게 된다. 과거에는 당장 내일의 생존을 걱정해야만 했지만 이제는 장기 투자자의 관점에서 먼 미래를 내다보는 호사를 누릴 수 있다.

성장의 늪의 특성 5
: 고속 성장의 종착점은 분명하다

모험을 통해 특정 장소에 도달하듯, 기업은 성장의 늪을 건너 몇 가지 가능한 종착점에 도착하게 된다. 성장의 늪에서 직면하게 될 위기와 곤경에 어떻게 대응하느냐에 따라 기업들은 다음 중 하나의 귀결점에 이를 것이다.

• 경영자 개인의 뛰어난 능력과 재능에 의존하는 소규모 기업으로 남는다. 이 길을 따르는 기업은 고객과의 친밀한 관계를

통해 '작은 거인'이 된다. '규모가 큰 기업이 되기보다는 위대
한 기업이 되기를' 선택하는 것이다.[3]

- 성장을 거듭해 시장을 극적으로 변화시키거나 새로운 시장을
  개척하는 기업으로 진화한다.[4]

- 다른 대기업의 인수 대상이 된다. 8장에서 자세히 알아보겠
  지만 이 경로를 따르는 기업은 대기업에 인수된 후, 그 기업의
  연구 및 개발 병기 역할을 하게 된다. 다시 말해, 해당 대기업
  에 새롭고 산뜻한 아이디어와 문화를 제공해 혁신을 일으키
  는 역할을 한다.

- 성장의 늪에 빠져 침몰하고 만다.

마지막 종착점을 제외하고 위의 세 가지 귀결점에는 각각 일장
일단이 있다. 이 책은 사업의 장단점과 경영자 자신의 가치와 개성
을 객관적으로 파악해 어느 방향이 옳은지 판단하도록 돕기 위해
씌어졌다. 신흥 성장 기업이라면 어떤 기업이든 종국에는 위에 나온
세 가지 경로 중 하나를 걷게 되리라고 단언할 수 있다. 가족 기업
을 이끌고 있는 경영자들은 대개 자신의 회사를 자녀에게 물려주고
싶어 한다. 그들의 그런 바람은 전혀 잘못된 것이 아니다. 하지만 가
족 기업 또한 소규모 기업으로 남을지, 규모를 더욱 키울지, 아니면
큰돈을 받고 대기업에 회사를 팔아넘길지 결정해야만 한다.

그렇다면 어떻게 성장의 늪을 통과할 것인가?

질문을 하나 던지겠다. 지금 당신은 위험이 도사리고 있을지도 모르는 미지의 지역을 가로질러 가야 한다. 당신에게 가장 필요한 세 가지는 무엇일까? 답은 다음과 같다. 지도, 당신이 향하는 곳이 어디인지 볼 수 있는 높은 시야, 앞으로 나아가면서 자신이 어떤 상태인지 확인할 수 있도록 도와줄 항해 규칙. 이 책 2장에서 5장까지 그 세 가지를 더욱 자세히 설명할 것이다.

이 장에서는 성장의 늪이라는 새로운 개념을 도입해 지금까지 누구도 명확하게 밝혀내지 못했던 기업 성장 과정 중의 유일무이한 과도기를 설명했다. 이어질 2~5장에서는 기업들이 성장의 늪을 통과하는 동안 겪게 될 현상들을 시장(Market), 경영(Management), 사업 모델(Model), 자금(Money)이라는 네 가지 범주로 구분해 설명할 것이다. 이 네 가지 범주는 성장의 늪지대를 분석해놓은 지도라고 할 수 있다. 이들을 차례로 분석하다 보면 기업이 성장의 늪을 통과하기 위해 명심해야 할 네 가지 항해 규칙을 찾아낼 수 있다. 이 규칙들은 업계, 업종, 업태를 불문하고 분명한 효과를 낸다. 이 책이 제안하는 지도와 항해 규칙으로 무장한 경영자는 과도기를 거치는 동안 치명적 위협이 될 수 있는 문제를 꿰뚫어보게 될 것이라고 장담할 수 있다.

모든 항해 규칙이 그런 것은 아니지만 일부는 당신의 직관에 반하거나, 납득이 가지 않거나, 심한 경우 당신의 사업에 방해가 되는 것처럼 보일지도 모른다. 하지만 여기 나온 항해 규칙들은 모두 당신이 원하는 방향으로 사업을 이끌어줄 중요한 도구들이다. 당신이 지금 악천후 속에 비행기를 조종하고 있다고 가정해보자. 현기증이 날 정도로 비행기가 심하게 요동치고 있다. 이 상황에서 감정에 의존해서 비행기를 조종했다가는 땅바닥에 처박히기 십상이다. 당신은 감정이 아니라 계기판이 말해주는 수치들에 근거해 비행기를 조종해야만 한다. 기업을 이끌고 성장의 늪 시기를 통과할 때도 마찬가지 원칙이 적용된다. 이 책에서 제시하는 규칙들이 당신의 직관에 반할지라도 당신은 감정과 상관없이 항해 규칙들을 따라야만 한다. 항해 규칙은 곧 비행기의 계기판이기 때문이다. 당신과 당신의 회사를 구하는 유일한 방법은 계기판이 말해주는 수치를 따르는 것뿐이다.

지도와 항해 규칙을 따르는 것이 중요하다는 당부의 말은 이 정도로 마치고 지도와 항해 규칙을 제대로 활용하기 위해 꼭 필요한 마지막 한 가지 요건에 대해 이야기하겠다. 당신에게는 원하는 목표지점이 표시된 지도가 있으며 당신은 그 지역을 안전하게 통과할 수 있는 규칙도 알고 있다. 이제 모험을 떠나기 위해 당신이 꼭 알고 있어야만 하는 또 다른 하나는 무엇일까? 바로 당신의 현재 위치다. 당신은 자신이 현재 어떤 좌표에 있는지를 알아야만 어떤 경로를 밟아 성장의 늪지대를 통과할 수 있을지 계획할 수 있다. 다시 말해, 당신은 회사를 운영하기 위해 신경 써야만 하는 온갖 자질구레한 일들에서 잠시 눈을 떼고 높은 곳으로 올라가 더욱 넓은 시야로 회사가 앞으로 나아갈 방향을 전략적으로 생각해보아야만 한다.

회사가 곤경에 처해 숨 돌릴 틈도 없이 일하고 있는 당신에게 일상적인 일들에서 벗어나라고 말하는 것은 당신의 직관에 어긋날지도 모른다. 하지만 큰 그림을 그리기 위해서는 높은 곳에서 멀리 내다볼 수 있어야만 한다. 멀리 보는 시야가 없다면 이 책이 제공하는 도구들이 모두 무용지물이 되어버릴 것이다.

높은 곳에 올라 넓은 지역을 조망하는 행위를 낯설게 느껴서는 안 된다. 사업을 처음 시작했던 당시에 당신은 이렇다 할 경영 도구를 하나도 가지고 있지 않았다. 당신이 가진 것이라고는 사업 아이디어와 성공하겠다는 굳은 의지뿐이었다. 당시 당신은 바깥에 서서 업계를 들여다보고 있었던 것이나 다름없다. 그런 시각 덕분에 당신은 구체적인 경영 방법에 대해서는 잘 알지 못했을지언정 당신의 회사를 더 넓은 관점에서 전략적으로 평가해볼 수 있었다.

성장의 늪지대를 가로지르고 있는 현재, 당신이 해야 할 일은 이 본래의 전략적인 시각을 회복하는 것이다. 당신을 지루하고 피곤하게 만드는 일상적인 경영 문제는 잠시 잊고 당신 자신과 사업을 예전처럼 엄격하고 객관적으로 분석해야만 한다. 이때 '어떻게'라는 질문뿐 아니라 '왜'라는 질문도 던지는 것이 중요하다. "왜 고객들은 우리와 거래하고 싶어 하는 것일까?" "처음에 나는 왜 이 사업을 시작했나?" "내게 성장이 왜 중요한 것일까?"

어떻게 해야 일상적인 경영에서 잠시 손을 뗄 수 있는지 실용적인 문제들을 생각해보자. 나는 깊이 생각해야 할 때 기다란 시가를 피우곤 한다. 앞에 나왔던 버트 프래터의 경우에는 미치도록 바쁜 회사 일을 피해 잠시 심사숙고할 수 있는 시간을 내기 위해 미 대륙을 횡단하는 1등석 비행기 티켓을 예약한다고 한다. 그는 비행기에서 내리자마자 다시 돌아오는 비행기로 갈아탄다. 방해받지 않고 생각하려는 목적만으로 그렇게 하는 것이다.

이 책의 목적은 소규모 기업의 경영자들이 사업을 조망하는 눈을 얻고 더욱 분발하게끔 하는 것이다. 경영자들은 이어질 내용들을 통해 성장의 늪에 대한 정보를 얻고 한 발 뒤로 물러서서 전략적으로 사고해볼 수 있는 기회를 얻게 될 것이다. 이 책 곳곳에는 사업의 특정 부문에 대해 생각해보도록 고안된 질문들이 배치되어 있다. 특히 2, 3, 4, 5장을 순서대로 읽다 보면 회사가 직면하고 있는, 혹은 직면하게 될 위협과 문제들에 대해 점점 더 심도 있게 생각해볼 수 있을 것이다. 자, 이제 의자에 편히 기대 앉아 시가에 불을 붙이라. 생각해볼 거리들이 점차 나올 테니.

2장

시장과 다시 소통하기

　　고객이 무엇을 원하는지 알지 못한 채 성장하는 것, 즉 '시장과
의 소통 부재'는 성장의 늪을 건너는 기업들이 직면하는 가장 근본
적인 위험이라 할 수 있다. 설립 초기 기업들은 대개 고객과 단일한
접점을 통해 단순하고 직접적인 거래를 함으로써 성장한다. 경영자
는 어떤 고객들에게 어떤 가치를 제안할지 결정한 후 그 약속을 지
키기 위해 기업 내부를 변화시킨다. 그런 변화 과정을 통해 기업은
꾸준히 실험과 혁신을 시도하게 되며, 그러면서 앞으로 나아간다.
하지만 급속하게 성장하는 기업의 경영자는 성장 속도를 따라잡는
것만으로도 버거운 상태이기 때문에 변화하는 고객의 욕구와 필요
를 추적하는 것이 불가능해진다. 그 결과 고객에게 약속한 가치와

그 약속을 지키기 위해 필요한 경영 사이에 공백이 생겨나게 된다. 경영자는 성장세를 유지하는 동시에 고객들을 만족시키고자 애쓰지만, 이제 더 이상 고객과 기업 간의 상호작용은 단순하지가 않다. 결국 그 기업은 추진력과 경쟁력을 잃게 되며 매출은 부진해지기 시작한다.

혁신의 탄생

1986년, 주디 스타키가 체임벌린 에드먼즈(Chamberlin Edmonds)를 설립했을 때 그녀에게는 엄청난 자본도, 줄 선 고객들도, 체계적인 사업 계획도 없었다. 하지만 그녀에게는 훌륭한 아이디어가 있었다. 스타키는 회사를 설립하기 전까지 사회복지 담당 공무원으로 일했는데, 그 일을 하는 동안 가난한 환자들과 병원들이 까다로운 신청 과정을 어떻게 밟아야 할지 몰라 환자들이 마땅히 누려야 할 사회보장이나 의료보장 혜택을 받지 못하는 사례를 숱하게 목격했다. 스타키는 병원을 고객으로 삼아 보장 혜택을 받을 자격이 있는 환자들을 선별하고, 서류를 작성하는 일을 도맡아 해주는 사업체를 차리면 수익을 낼 수 있으리라고 생각했다.

오랜 세월 직장생활을 했던 스타키에게 사업체를 꾸리는 일은 그리 호락호락하지 않았다. 우선 개인적으로는, 처음으로 서비스를 이용하겠다는 의사를 밝힌 병원이 조지아 주 남부에 위치해 있었기 때문에 스타키는 가족에게서 세 시간 떨어진 곳으로 가서 홀로 정착해야만 했다. 사업적으로도 숱한 난관들이 이어졌다. 스타키와 회사를 함께 세운 동업자는 불성실하고 신뢰하기 어려운 사람임이 갈수록 분명해졌다. 또 고객 병원의 임원 중에서 업무를 위탁하는 것에 반대하는 사람도 출현했다. 현금 흐름 또한 큰 문제였다. 체임벌린 에드먼즈는 병원이 정부에서 지원받는 금액 중 일정 퍼센트를 수수료로 받음으로써 수익을 냈다. 그런데 정부의 복지 업무 처리 속도가 너무 더뎌서 각종 서류를 제출한 후 아홉 달에서 열 달을 기다려야만 수수료를 받을 수 있었다. 당장 필요한 현금이 부족해지다 보니, 스타키는 크리스마스에 가족들을 위해 쓸 돈이 없어 150달러를 빌려야 하는 지경에까지 이르렀다.

하지만 스타키는 어떤 어려움에도 굴하지 않고 끈기 있게 버텼다. 사실 그녀에게는 선택할 수 있는 대안이 별로 없었다. 스타키에게는 입양한 아들이 하나 있었다. 그런데 안타깝게도 애지중지하는 그 아들이 자폐를 앓고 있어서 24시간 돌보는 데만도 돈이 꽤 들었다. 스타키는 말한다. "저에게 실패란 있을 수도, 있어서도 안 되는 일이었어요. 내 아이의 행복이 온전히 내 어깨에 달려 있었으니까요. 사업을 시작한 지 얼마 되지 않았을 때 저는 수시로 '나는 절대로 실패할 수 없다.'고 되뇌곤 했어요. 회사를 경영하는 일은 설레고 흥분되기도 하지만 한편으로 정말 두렵기도 해요."

스타키는 실패하지 않았다. 1990년대 초반, 사업 실적은 호조를 보였다. 체임벌린 에드먼즈에 일을 의뢰한 환자의 94%가 의료보장 혜택을 받는 성과를 거두었다. 고객 수는 점차 늘어났고 직원 수도 마찬가지였다.

스타키가 초반에 그렇게 큰 성공을 거둔 이유는 무엇이었을까? 답은 간단하다. 체임벌린 에드먼즈가 고객의 가려운 곳을 시원하게 긁어주었기 때문이다.

기업은 고객의 욕구와 필요를 충족시켜주기 위해 존재한다. 다시 말해, 고객이 원하는 가치를 제공하기 위해 존재한다. 어떻게 보면 한 기업이 거두어들이는 수익은 그 기업이 고객에게 (저렴한 비용으로) 제공해준 가치에 대한 박수갈채에 지나지 않는지도 모른다. 신흥 성장 기업들이 고객에게 제공하는 가치는 대부분 적은 보수를 받으면서도 효율적인 노동력을 제공해주는 CEO, 경영진, 직원들에게서 나온다. 물론 그 기업이 수익을 내는 것은 고객에게 혁신적이고 뛰어난 제품과 서비스를 내놓기 때문이기도 하지만 결국 그러한 제품과 서비스를 생산할 수 있는 것은 경영자 자신과 직원들의 헌신적인 노고 덕분이라고 할 수 있다. 경영자가 고객의 욕구와 필요를 충족시켜주겠다는 약속을 하면—대개 경영자 자신의 재능이나 아이디어를 바탕으로—기업은 그 약속을 수행하는 기능을 맡아 한다. 시간이 흐름에 따라 경영자는 이 과정을 반복해서 관리하는 역할을 맡게 되며, 핵심 직원들은 고객들에게 더욱 혁신적인 가치를 제안하기 위해 제품과 서비스를 구체화하고 다듬는 일을 한다.

스타키는 매우 상이한 세 고객(정부 기관, 병원, 가난한 환자들)의

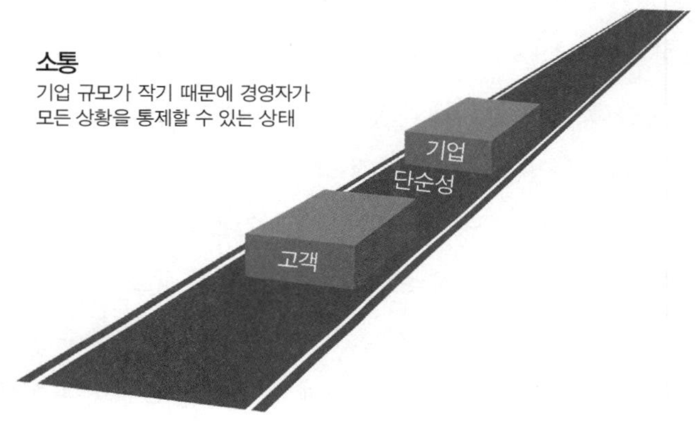

욕구와 필요를 원활하게 조정함으로써 병원에 부가가치를 창출해주었다. 병원들은 의료 혜택과 관련된 정부 규정을 잘 몰랐다. 심지어 그들은 정부 기관에 의료 혜택을 신청하는 방법조차 몰랐다. 게다가 대부분의 병원에는 어려운 처지에 놓인 환자들과 면담을 할 인력이나 전문가도 없었다. 그들에게는 어떤 환자들이 의료 혜택을 받을 자격이 있는지 확인할 자료도 없었기에 의료 혜택을 신청하는 것은 매우 드문 일이었다. 한편 처지가 어려운 환자들은 자신의 상황을 정부 기관이나 병원에 알릴 지식도, 전문성도, 자원도 가지고 있지 못했다.

공무원이었던 스타키에게는 까다로운 사회보장 제도 및 의료보조 제도에 대한 지식과 인맥이 있었다. 게다가 나중에 발견한 사실이지만, 스타키는 형편이 어렵고 보험에 가입되어 있지 않은 환자들을 배려하면서 그들에게 효과적으로 응대하는 요령을 알고 있었다.

환자가 혜택을 받을 자격이 있는지 평가할 때, 스타키는 우선 환자들의 의료 기록과 직장 경력, 사는 형편, 인간관계, 자산 등에 대한 질문을 해서 그들의 삶을 면밀히 조사한다. 스타키도 곧 깨달았지만 사업을 운영하는 데 결정적이라고도 할 수 있는 이 업무를 제대로 하려면 무엇보다도 환자를 인격적으로 대우하고 존중해야 했다. "우리 일에서는 사소해 보이는 것들이 정말 중요한 역할을 해요. 예를 들어 저는 처음 일을 시작했을 때 환자들과 면담하는 자리에는 꼭 정장을 입고 갔어요. 지나치게 캐주얼한 복장이나 청바지는 절대 입지 않았어요. 지금도 저는 직원들에게 전문가답게 보이도록 옷을 잘 차려입으라고 당부하곤 합니다. 복장은 시작에 불과해요. 우리 업계에서 환자에게 무례하게 굴었다가는 그날로 당장 해고감이에요. 예외는 없습니다."

병원과 환자들의 필요와 욕구를 충족시켜줄 수 있었던 지식과 인맥뿐 아니라 처음부터 환자를 존중할 필요가 있다는 것을 알아낸 스타키의 능력이 성공에 지대한 역할을 했다는 점은 분명하다. 스타키는 의료 혜택을 받기 위해 필요한 내외 요건들을 속속들이 알고 있었다. 또한 그녀는 환자들과 병원 직원들이 좋아하는 것과 원하는 것이 무엇인지를 직관적으로 이해하고 있었다. 이러한 그녀만의 지식, 전문성에 환자들의 사정을 세심하게 배려하는 태도가 더해져 체임벌린 에드먼즈는 독창적이고 혁신적인 가치를 고객들에게 제공할 수 있었다. 체임벌린 에드먼즈의 고객들은 회사가 문을 연 순간부터 간단한 거래를 통해 설립자가 직접 제공하는 희석되지 않은 가치를 누릴 수 있었다.

고객과의 소통 유지하기

그런데 고객의 요구에 부응해 그들과 소통하는 것과 그 상태를 변함없이 유지하는 것은 상당히 다른 문제이다. 기업 설립 초기에는 어떤 고객층에게 어떤 약속을 할 것인지, 즉 어떤 가치를 제공할 것인지 결정하는 것이 경영자 자신이기 때문에 경영자는 그 약속들을 지키기 위해 회사를 어떻게 변화시켜야 할지 본능적으로 파악할 수 있다. 고객에게 올바른 가치를 제안하면 기업은 그에 어울리는 혁신을 지속할 수 있으며 그 당연한 결과로 기업의 매출은 계속 상승세를 유지한다.

성공했다고 평가받는 신흥 기업의 지도자들은 대부분 아주 사소하고 미묘한 시장 변화라 할지라도 즉시 알아차리고 그에 대응하기 때문에 고객들에게 가치를 전달할 수 있다. 사업체의 규모가 작고 고객 수도 적을 때는 경영자 자신이 제품과 서비스를 전달하는 데 핵심적인 역할을 하기 때문에 고객의 욕구와 필요가 무엇인지 민감하게 포착할 수 있다. 이처럼 기업 설립 초기에는 경영자들이 유기적으로 중간 역할을 해줌으로써 고객의 욕구 및 필요와 기업이 제공하는 가치 사이에 영구적으로 존재할 수밖에 없는 공백을 메워준다.

예를 들어 체임벌린 에드먼즈 설립 초창기에, 스타키는 조지아 주 방방곡곡을 돌아다니며 병상에 누워 있거나 자리보전하고 있는 위독한 환자들을 직접 찾아가 면담했다. 상당히 성가시고 짜증스럽게 느껴질 수도 있는 일이었지만 스타키는 그 일이 당연히 자신의 몫이라고 여겼다. "그때는 정말 건건이 제 손길이 닿지 않는 일이 없었어요. 한번은 우리 고객이었던 어느 알코올 중독 환자가 심사 시간이 다 되어서 길거리 난투극을 벌이는 바람에 현장으로 달려가 그를 끌어낸 적도 있었어요. 또 시골 지역에 사는 난폭한 정신병 환자들과 홀로 면담하기도 했어요. 지금 생각하면 어떻게 그랬나 싶어요. 보호해줄 사람 하나 없이 혼자 그런 곳에 가다니요. 사업 초기에 도움을 주었던 실비아라는 환자의 일도 떠오르네요. 실비아는 당뇨병을 앓고 있었는데 형편이 그리 좋지 않았어요. 그녀가 지내던 농장에 몇 차례 방문해 면담을 하고 나니 잘하면 정부 혜택을 받을 수도 있겠다는 계산이 나왔어요. 그런데 마침 그때 암퇘지 한 마리가 콧김을 내뿜으며 저에게 확 달려들었어요. 그 순간 심장이 멎는 줄 알았어요. 정신을 차리고 보니 그 돼지는 새끼를 밴 상태였는데 시세가 꽤 나갈 것처럼 보였어요. 실비아에게 돼지 시세를 물어본 후 그 돼지를 처분하지 않으면 지원 대상자가 되지 못할지도 모르겠다고 말해주었어요. 실비아는 제 말을 따라서 돼지를 도살했어요. 그리고 결국 혜택을 받았죠."

하지만 결과가 신통치 못한 때도 간혹 있었다. 희귀한 심장 질환을 앓고 있던 장거리 트럭 운전수의 경우가 그러했다. 스타키가 그 때를 회상하며 말한다. "그 환자는 희귀병 때문에 심장 이식 수술 을 받아야 했는데 의료 보장 혜택을 신청했지만 8년 동안이나 번 번이 거절당한 상태였어요. 우리가 서류 작업을 대행해준 덕에 그 환자는 의료 혜택 승인을 받았을 뿐 아니라 이전에 들었던 비용도 모두 환급받을 수 있게 되었어요." 스타키는 그 환자에게 지원금과 환급금으로 꽤 큰돈을 받게 될 테니 너무 놀라서는 안 된다고 경 고했다. "저는 그분께 이렇게 말했어요. '심장 조심해야 하는 거 아 시죠? 미리 단단히 마음의 준비를 해두세요. 아마 집도 사고 여생 을 편하게 보낼 수 있을 만큼 큰돈이 들어올 거예요.' 몇 주 후, 9만 달러짜리 수표가 도착했어요. 그런데 그 환자는 돈이 든 봉투를 열 어보고는 그 자리에서 심장마비로 숨지고 말았어요. 좋은 소식이 그를 죽게 한 거죠."

스타키는 이렇듯 병원 및 환자들과 밀접한 관계를 맺고 있었기 에 그들의 욕구나 필요가 약간만 변해도 그것을 재빠르게 알아차 리고 변화에 대응하기 위해 회사 내부 절차나 지침을 신속하게 수 정할 수 있었다. 성공적이라 평가받는 신흥 성장 기업들은 대개 이 와 유사하게 민첩한 반응성을 보인다. 고속 성장 기업의 경영자들 은 시장(고객)에 변화가 생기는 것과 거의 동시에 그 변화에 대응하 기 위해 내부 자원을 재정비하며, 그렇게 해서 그 기업들은 비교적 단순하고 쉬운 거래를 통해 고객들에게 효용을 제공한다. 반면 규 모가 크고 관료적인 기업에서는 내부를 변화시키는 데 더 오랜 시간이 걸리기 때문에 반응 속도도 더디다. 대기업에서 일해본 경험이 있는 사람이라면 이를 잘 알 것이다. 이미 알고 있는 시장 변화에 발맞추기 위해 조직 구조를 개편한다는 명목으로 회의에 회의를 거듭하며 얼마나 많은 시간을 허비하고 있는지.

혁신의 핵심

시장과의 소통을 유지하기 위한 반복적인 노력은 그 기업의 혁신과 발전에 지대한 영향을 끼친다. 예컨대 국제적인 기업의 어떤 경영자에게든 애초에 해외로 진출했던 이유가 무엇이었는지 한번 물어보라. 그들이 무엇이라고 대답할 것 같은가? 십중팔구 "해외로 진출해서 무엇인가 해보라는 어느 고객의 요청 때문이었어요."라고 대답할 것이다. 또 경영자들에게 어떻게 그와 같은 혁신을 이루어 냈는지도 물어보라. 그들은 특정한 한 고객의 문제를 해결하려 노력하다 보니 자신들도 깨닫지 못한 사이에 미래 고객 전체를 위한 혁신을 이룩했노라고 대답할 것이다.

혁신은 대개 그런 식으로 진행된다. 고객들이 새로운 제품이나 서비스를 요청한다. 그런데 그들의 요청을 들어주기 위해서는 기업 내부를 대폭 변화시켜야 한다. 혹은 새로운 가치를 제공해달라고 요구하는 새로운 고객층이 등장한다. 새로운 가치들은 기업의 핵심이라 할 수 있는 전문성, 역량, 혁신을 새로이 정의하게 만든다. 일단 기업이 고객에게 어떤 약속을 하게 되면, 그 기업은 약속을 지키기 위해 특정한 방향으로 진화한다. 만약 어떤 기업이 예전에 고객들에게 다른 약속을 했더라면 현재 그 기업의 모습은 지금과는 사뭇 다를 것이다. 성장 기업들은 어떤 제품, 서비스, 목표 고객층이 적절할지 찾아내는 과정을 거치면서 계속되는 실험을 한다.

고객과의 소통을 유지하기 위해 꾀하는 일시적인 변화는 때로 조직의 더 깊은 변혁으로 이어지기도 한다. 내가 세운 회사 테이텀이 성장한 과정을 보면 이해하기가 쉬울 것이다. 테이텀을 처음 설립했을 때는 성장 기업들을 상대로 CFO(최고재무담당자)를 임시로 파견해 서비스를 제공하는 일이 회사의 주요 업무였다. 그런데 우리의 주요 고객이었던 성장 기업들이 사모 투자 기업들의 투자를 받는 일이 많아지면서 우리는 자연스레 사모 투자업체들과도 인맥을 쌓고 그들에게도 서비스를 제공해주게 되었다. 우리 서비스에 만족한 투자업체들은 우리 회사 소속 CFO들이 자신들의 회사에서 영구적으로 일해주기를 바랐다. 그리고 실력이 뛰어난 CTO(최고기술담당자) 감을 찾아서 그들을 자신들의 회사에 파견하는 서비스를 제공해주면 좋겠다고 요청했다. 최근에는 회계 감사 등의 지원 업무를 전담할 전문가들을 파견해달라는 요구도 여러 업체에서 나오고 있다. 사실, 이제 테이텀의 고객 업체들은 재무 및 기술 전문성이 뛰어난 지도자를 파견해 그들의 감독 하에 자신들 내부의 특정한 문제들을 전면적으로 컨설팅해주기를 희망하고 있다. 그래서 우리는 그러한 새로운 패러다임에 적응하기 위한 방법을 찾고 있다. 현재 테이텀은 처음 사업을 시작했을 때와는 완전히 다른 고객층을 대상으로, 전에는 상상도 하지 못했던 방식으로 서비스를 제공하고 있다.

때로 단일한 고객이나 단일한 고객층에게 한 약속이 연쇄적인 반응을 유발해 기업 전체의 성장과 혁신을 불러오기도 한다. 『블루프린트 컴퍼니』를 쓴 데이비드 톰슨은 이러한 변화를 불러오는 특정 고객층을 '마키 고객(marquee customers)'이라 명명했다. 마키 고객이란 특정 제품이나 기업에 대한 선호도가 높아, 시장에 출시된 제품을 가장 먼저 사용해본 후 자신의 친구와 동료들에게 그 제품을 추천하고 홍보하는 사람들을 말한다.[1] 톰슨에 따르면 이런 마키 고객을 잘 활용하는 것이 매출액을 기하급수적으로 늘릴 수 있는 비결이며 기업들은 마키 고객을 가장 중요한 자산으로 여기고 관리할 필요가 있다고 한다.

식자재 유통업체인 페이트 도슨의 사례를 보면 단일 고객이 유발한 혁신이 그 기업 전체에 얼마나 막대한 영향을 끼칠 수 있는지 잘 알 수 있다. 1990년대까지 페이트 도슨은 지역 식당들과 학교 몇 곳에 식자재를 납품하며 그럭저럭 수익을 올리고 있었다. 그러던 2003년 어느 날, 전국 지점이 300여 곳이나 되는 한 대형 레스토랑 체인 본사에서 계약을 하고 싶다며 페이트 도슨에 연락을 해왔다. 페이트 도슨 입장에서 그 거래 제안은 그야말로 넝쿨째 굴러들어온 호박이나 다름없었다. 하지만 이 단일 고객에게 서비스를 제공하기 위해 내부 기반을 극적으로 변화시켜야 한다는 점이 문제라면 문제였다. 페이트 도슨의 회장인 맥 설리번은 투자 효과를 면밀히 계산한 뒤 개별 식당을 상대로 서비스를 제공하던 사업 모델을 전면적으로 수정해 대규모 레스토랑 체인점에 서비스를 제공하기에 적합한 사업 모델을 새로 구축하기로 결정했다.

전통적으로 식자재 유통업체에서는 영업 사원들이 올리는 판매 실적에 따라 보상을 해주는 것이 일반적이었다. 그리고 식당 주인들은 각 식자재별로 여러 납품업체들 가운데 가장 가격 경쟁력이 있는 제품을 선정하곤 했다. 하지만 맥 설리번은 이번 기회를 활용해 이전과는 전혀 다른 협력적이고 투명한 접근법을 취해봐야겠다고 결심했다. 맥 설리번은 각 레스토랑 지점 주인들과의 협의를 통해 목표가를 세워놓고 그에 맞추어 식자재를 대량으로 구매하는 방식을 고안했다. 그는 주문을 합리화하고 대규모 체인망의 자원과 규모의 경제를 활용하면 새로운 방식을 충분히 적용할 수 있으리라 생각했다. 이를 위해 그는 식재료를 페이트 도슨에서만 배타적으로 구입한다는 동의서에 서명해야 한다는 조건을 내걸었다. 처음에 거래를 제안했던 레스토랑 체인은 맥 설리번의 제안에 동의했다. 그로써 개별 레스토랑은 안정적으로 식자재를 공급받으며 원활하게 사업을 이어갈 수 있게 되었고 페이트 도슨 또한 총수익을 세

배로 끌어올리게 되었다. 페이트 도슨은 이 거래를 통해 내부 효율성을 급격히 높이고 고객들에게 새로운 가치를 제안할 수 있었다. 이로써 페이트 도슨은 가장 경직되고 비혁신적으로 보이는 산업이라 할 수 있는 식자재 유통업에서 새로운 혁신을 이룩해냈다. 이 모든 성과는 한 고객업체의 요청이 계기가 되어 얻어진 것이었다.

시장과의 소통을 유지하려는 동기에서 발생하는 기업 내부의 변화는 매우 유기적인 성격을 지닌다. 그 변화는 빠르고 눈에 띄지 않게 일어나기 때문에 가젤의 경영자조차도 그것을 인식하지 못하는 경우가 많다. 나는 경영자가 자기 회사의 성장을 인식하는 과정을 부모가 자기 자식의 성장을 인식하는 것에 비유하곤 한다. 부모는 자기 자식을 늘 지켜보고 있기 때문에 자녀가 얼마나 빠르게 성장하는지 깨닫지 못하는 경우가 많다. 가끔씩 보는 이웃이나 친척은 아이가 얼마나 컸는지 한눈에 알아보지만 오히려 자녀와 늘 함께 있는 부모는 그렇지 못하다. 다른 사람들이 아이가 부쩍 컸다고 말해주면 그제야 부모는 이런 반응을 보인다. "세상에! 맞아요. 아이가 이렇게 크는 줄도 모르고 있었네요."

시장과의 소통을 유지하는 과정은 기업 내부의 진화와 혁신을 유발한다. 한 기업 성장의 핵심 동력이 되는 것이다. 1990년대에 페이트 도슨은 시가총액 2,500만 달러 정도 되는 기업이었다. 현재 페이트 도슨의 시가총액은 2억 2,500만 달러이다. 게다가 페이트 도슨은 업계의 성장 속도를 훨씬 앞질러 성장하고 있다. 그 주된 동력은 고객에게 새로운 가치를 제공하겠다고 약속한 후 그것을 지키기 위해 끊임없이 진화하는 것이다.

어떤 고객에게 어떤 약속을 할지 결정할 때는 정말 신중해야 한다. 올바른 결정을 내린 기업은 '성장의 늪지대'를 건너는 동안에도 성장세를 유지할 수 있지만 잘못된 결정을 내린 기업은 파멸에 이를지도 모른다. 경영자가 어떤 결정을 내리느냐에 따라 고객이 미어터지는 결과를 낳을 수도 있고 반대로 소수의 고객에게만 의미가 있는 약속으로 회사를 엉망으로 만들 수도 있다. 여기서 핵심은 한 기업의 경영자인 당신이 회사를 성장시키고 수익을 낼 수 있는 목표 고객을 제대로 선택하고, 그들에게 올바른 가치를 제안해야 한다는 것이다.

> ### 🔍 현실 점검
> 핵심 경영진에게 다음 질문을 해보라. '우리 회사가 고객들에게 하지 말았어야 할 약속을 했던 적이 있는가?' 다음으로 이 질문을 해보라. '고객에게 꼭 했어야 할 약속을 잊고 지나친 적이 있는가?'

어떤 고객에게 어떤 약속을 할지 결정하는 것을 경영계에서 널리 쓰는 말로 옮기면 바로 '전략 기획'이 된다. 시장과의 소통을 유지하기 위해 경영자가 내리는 결정은 향후 수년 동안 그 회사의 명운을 좌우한다.

경영학의 대가인 피터 드러커가 쓴 책『피터 드러커 매니지먼트(Management: Tasks, Responsibilities, Practices)』를 보면 전략이란 본질적으로 길 모퉁이 너머에 어떤 미래가 기다리고 있을지 예측하는 것이라는 내용이 나온다. 그는 이렇게 적고 있다. "경영이란 미래를 앞질러 내다보고, 미래를 창조하기 위해 시도하고, 단기 목표와 장기 목표의 균형을 맞추는 것, 그 이상도 이하도 아니다." 이런 관점에서 보면 전략에는 기업가 정신이 본래부터 담겨 있다고 할 수 있다. 피터 드러커가 자신의 책 중 한 장의 제목을 '전략 기획: 기업가의 기술(entrepreneurial art)'로 지은 것도 이 같은 이유에서다.[2]

성장 뒤에는 소통 부재 상황이 오게 되어 있다

1995년, 체임벌린 에드먼즈는 지금까지 상대했던 고객들 중 가장 규모가 큰 병원과의 계약을 따냈다. 미국에서 가장 큰 외상 전문 병원인 그래디 메모리얼 병원(Grady Memorial Hospital)에서 의료 혜택 환급 업무를 위탁하겠다고 의사를 밝힌 것이다. 그런데 체임벌린 에드먼즈가 그래디 병원에 서비스를 제공하기 위해서는 짧은 시일 내에 직원 수를 두 배로 늘려야 했다. 그래디 병원의 업무 위탁을 수락하는 것은 좋은 성장 기회이기도 했지만 동시에 체임벌린 에드먼즈를 시장과의 소통 부재 상태로 몰아넣을 수도 있었다.

당초 스타키는 그래디 병원의 업무를 위탁받기 시작하면 한 달에 400명가량의 의뢰인이 새로 찾아올 것이라 예상했다. 하지만 일을 맡은 첫 날에만 200명이 찾아오자 스타키는 당황했다. 결국 첫 달에 찾아온 의뢰인의 숫자는 예상을 훨씬 웃돌았다. 한 달 동안 1,000명이 넘는 사람이 찾아온 것이다. 스타키는 당시를 이렇게 회상한다. "우리는 미친 듯이 일했어요. 직원 모두가 밥 먹듯 야근을 하고 주말에도 나와서 일했어요. 우리는 활용 가능한 모든 인력과 자원을 동원해 새로운 직원들을 뽑고 그들을 교육시키기 위한 프로그램을 가동했어요. 우리는 의뢰 건을 빨리 해결하는 콘테스트를 열기까지 했어요."

과중한 업무를 소화하는 과정에서 겪는 그러한 어려움들은 사실 훨씬 더 깊은 문제의 시작인 경우가 많다. 표면상의 그러한 어려움 밑에 숨어 있는 근본 문제는 바로 그 기업이 더 이상 고객들의 욕구나 필요에 보조를 맞추지 못하게 되었다는 것이다. 어느 순간 한 개인이 물리적으로 감당할 수 있는 한계를 넘는 수준까지 업무량이 증가하면서 경영자는 더 이상 마케팅과 경영을 통합시킬 수 없게 된다. 경영자는 끝도 없이 눈앞에 밀어닥치는 업무를 처리하느라 고객의 욕구 변화를 점검하고 그에 맞추어 조직 내부를 변화시킬 수 없는 지경에 이른다. 경영자는 통제력을 상실하고 고객들에게 지키지 못할 약속을 하게 되며, 결국 시장의 중요한 변화들을 놓치게 된다.

나는 이따금 경영자들이 어떻게 그렇게 높은 수준의 고통을 참아낼 수 있는지 놀랄 때가 있다. 그들의 고통에 대한 역치는 일반인의 수준을 훨씬 뛰어넘는다. 그들은 보통의 인간이 참아낼 수 있는 지점을 훨씬 넘어서까지 스스로를 몰아붙이는 경우가 많다. 하지만 그들도 결국 인간이기 때문에 폭등하는 고객의 요구를 처리하다 보면 어느 순간 신체적 한계를 느끼게 된다. 그 경영자는 이제 더는 고객과 많은 시간을 함께 보낼 수 없게 되며 그 결과 고객욕구의 미묘한 변화를 감지할 수 없게 된다. 그리하여 그는 이제 변화하는 고객의 욕구보다는 자신의 개인적인 바람을 반영하는 가치를 약속하는 우를 범하게 된다. 고객에게 만족을 줄 수 없는 기업은 이제 동력 없는 배와 다름없는 신세가 된다. 기업이 경영자 개인의 능력을 뛰어넘지 못하면 매출은 어느 순간 둔화될 수밖에 없다. 성장하는 기업은 어느 순간 시장과의 소통 부재를 경험하도록 운명 지어져 있다고 말할 수도 있다. 그 피할 수 없는 소통 부재의 시기가 찾아왔을 때, 문제의 근본 원인을 인식하고 시장의 요구에 발맞추어 내부를 재정비하는 기업만이 성장의 늪을 무사히 건너 살아남을 수 있는 것이다.

기업가는 초인이 아니다

한동안 고공비행을 즐기며 급속한 성장의 단 열매를 맛보았던 경영자는 시장과의 소통 부재에서 오는 문제에 직면하면 대개 당혹스러움을 느끼게 된다. 앞서 1장에서 통제력을 상실했을 때 어떤 느낌이 들지 묘사했던 것이 기억나는가? 경영자들은 바로 이 지점에서 바로 가장 큰 당혹감과 현기증, 울렁증을 느끼게 된다. 최선을 다해 열심히 일하는데도 고객과 소통하지 못하고 사업이 지지부진한 상태에 머무르고 있는 것만 같다. 일도 이제는 재미가 없다. 어떻게 고객과 더 만족스러운 관계를 만들 수 있을까 집중해야 할 판에 고객에게 약속하고도 지키지 못해 생긴 피해를 관리하느라 온 시간을 허비한다.

시장과의 소통 부재를 극복하기 어려운 가장 근본적인 까닭은 그런 상황이 경영자들에게 정체성 위기를 초래하기 때문이다. 다양한 잠재 고객들이 간혹 수평선 위에 나타나지만 경영자들은 급한 불을 끄기에도 바빠 그중 어떤 고객이 미래의 수익원이 될지 생각해볼 시간을 내지 못한다. 고객에게 어떤 가치를 약속해야 회사의 미래를 보장받을 수 있을지 생각할 여력이 없기 때문에 기업 내부의 한정된 자원을 어디에 투자하는 것이 가장 효과적일지도 판단할 수가 없다. '회사가 지금 어떤 상황에 처한 것인가?' '고객 마음속에서 우리 회사를 경쟁사들과 차별화시켜주는 요인은 무엇인가?' 이 두 가지를 보는 눈을 잃게 된 경영자는 자신도 모르는 사이 마음속에 두려움을 키우게 되며 그 두려움은 결국 자신감의 위기를 불러온다.

경영자들은 회사의 정체성 문제를 놓고 고심하는 동안 홀로 웅크리고 앉아 자신의 내면에 초점을 맞추는 경향을 보이기도 한다. 또 어떤 경영자들은 성장의 늪지대에 들어서기 전에 경험했던 성장의 단맛을 다시 느껴보고자 기존 제품에서는 손을 떼고 새로운 제품 개발에 열을 올리기도 한다. 하지만 이는 가장 위험한 반응이다. 이런 말을 하는 사람이 있을지도 모르겠다. "잠깐만요. 한 기업을 성장시키려면 계속 새로운 제품을 개발하고 혁신을 꾀해야 하는 것 아닌가요? 전 그런 줄 알았는데요." 물론 그렇다. 하지만 고객에게서 시작된 변화에 발맞추어 변화의 방향을 포착하고 새로운 가치를 제안하기 위해 내부 구조를 혁신해 기업을 진화시키는 것과 회사의 모든 문제를 단칼에 해결해줄 아이디어를 백지 상태에서 새롭게 만들어내는 것 사이에는 엄청난 차이가 있다. 기억하라. 많은 기업이 핵심 사업을 체계화하는 지난하고 고된 과업을 완수하지 못한 채 몰락하고 말았다.

경영자 중에는 천성적으로 창의적이고 혁신적인 사람이 많다. 그들은 시장과의 소통 단절 문제를 고심하느니 차라리 과거처럼 백지 상태에서 새로운 것을 개발하면서 충만감을 느꼈던 때로 돌아

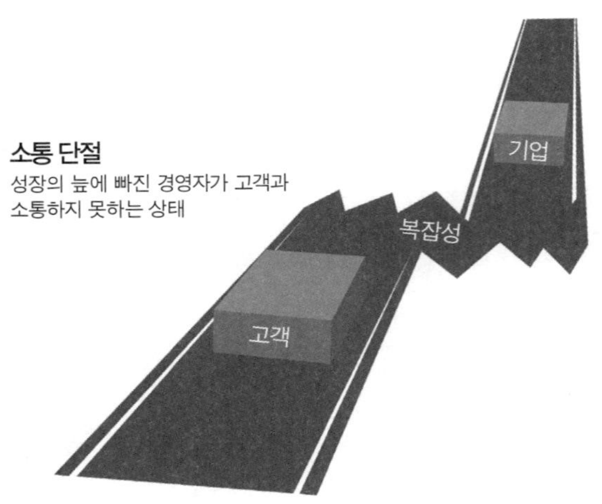

소통 단절
성장의 늪에 빠진 경영자가 고객과
소통하지 못하는 상태

가고 싶은 충동이 일곤 한다. 하지만 기업과 고객 간의 소통이 단절된 상태에서 기업가는 결코 예전의 그 충만감을 다시 만끽할 수 없다. 고객과 다시 소통하는 일의 지루함이 회사를 질식시키지 않도록 유의하라.

어떻게 하면 시장과 소통할 수 있을까?

고객에게 어떤 가치를 제안하는 것이 좋을지 찾아내서 시장과 다시 소통할 수 있는 확실한 방법은 단 하나뿐이다.

한 기업이 성장의 늪을 빠져나가려면 지금까지 기업을 이끌어온 경영자만의 독특한 능력이 무엇인지 통찰해서 그것을 기업 전체로 확대시켜야 한다. 다시 말해 고객의 욕구 변화와 경영 사이의 공백을 끊임없이 메워온 경영자의 능력을 파악해 그것을 제도화하는 과정이 필요하다. 그래야만 그 기업은 규모가 커지더라도 변함없이 고객에게 탁월한 가치를 전해줄 수 있다.

경영자가 고객과 관계 맺을 때 뛰어나게 잘했던 것을 기업 전체가 똑같이 잘하도록 만들려면 두 단계를 밟아야 한다. 그 첫 번째 단계로 경영자는 자신이 탁월하게 해냈던 것이 무엇이었는지 정확히 밝혀내야 한다. 앞서 보았듯 시장과 소통이 단절된 기업들은 당혹감을 느낀다. 경영자들은 일관성 없는 여러 가치를 제공해주겠다고 고객에게 중구난방으로 약속한 뒤 앞으로 기업을 어떤 방향으로 이끌어야 할지, 어떤 핵심 가치를 제안하는 것이 좋을지 파악하지 못한 채 회사를 정체성 위기에 빠트리고 만다. 성장의 늪에서 벗어나려면 경영자는 우선 자신의 회사를 이 정체성 위기에서 꺼내야 한다. 모든 고객의 모든 욕구를 만족시켜줄 수는 없으므로 경영자는 자기 회사의 핵심 경쟁력과 지속적으로 제공할 수 있는 가치를 분리해 생각해야만 한다. 처음에 회사를 성장으로 이끌었던 결정적 가치는 무엇이었는가? 고공비행하던 초창기에 고객들에게 호기심과 관심을 불러일으켰던 회사의 특성은 무엇이었는가? 시장에는 무수한 기회들이 잠자고 있다. 올바른 기회를 잡으려면 경영자는 다음 질문에 답해야만 한다. '어떤 고객층을 목표로 삼아야

우리 회사를 앞으로 나아가게 만들 수 있을까?'

성장의 늪에 대한 프레젠테이션을 마치고 나에게 찾아왔던 한 남자의 이야기가 생각난다. 그는 자신이 중고 항공기 부품 사업을 하고 있다고 소개했다. "우리 회사는 설립한 지 불과 5년 만에 매출 7,000만 달러를 달성했어요. 하지만 최근에 매출이 지지부진한 상태입니다. 어떻게 해야 고객들을 만족시킬 수 있을지 모르겠습니다." 그의 회사는 소통 단절 상태에 빠진 것이었다.

내가 물었다. "그럼, 지금까지 사업을 하면서 당신이 뛰어나게 잘했던 게 뭐죠?"

그는 잠시 생각을 하더니 답했다. "아, 잘하는 게 하나 있어요. 저에게는 어떤 부품을 사야 좋을지 한눈에 파악하는 육감 같은 게 있어요. 어떤 재활용 부품이 우리 고객들에게 유용하게 쓰일지 척 보면 안다고나 할까요."

"딩동댕! 바로 그겁니다."

그의 말에 따르면 그에게는 고객이 필요로 할 것을 저렴한 가격에 살 수 있는 본능적인 능력이 있었다. 회사 설립 초창기에 그는 고객 및 판매업자들과 수시로 함께 시간을 보내면서 중간상 역할을 했다. 그의 핵심 가치는 '올바른 구매'를 통해 고객이 필요로 하는 제품을 저렴한 가격에 제공하는 것에 있었다. 이 경영자가 회사를 현재 규모보다 더 키우려면 먼저 자신의 이 장점을 조직 전체에 전파시켜야만 했다. 그 일은 내팽개쳐둔 채 회사 덩치부터 키우려고 했다면 어떤 일이 벌어졌을지 상상이 가는가? '올바르게 구입하는' 능력이 부족한 그 회사는 팔리지도 않을 부품들을 사들였을 것이며 그 결과 재고는 쌓이고, 수익성은 급격히 악화되어 현금 유동성에 큰 문제가 생기게 되었을 것이다.

시장과 다시 소통하기 위한 첫 단계에는 기업의 '브랜드'를 더 명확히 인식하는 것 또한 포함된다. 다시 말해, 경영자는 고객에게 제공하는 제품과 서비스의 옥석을 가려서 그중 어떤 것이 브랜드 가치를 강화해주고 어떤 것이 브랜드 가치에 해를 끼치는지 파악해야만 한다. 강력한 브랜드를 만들어주는 것은 훌륭한 로고나 캐치프레이즈가 아니다. 브랜드에는 그 브랜드가 제안하는 가치와 그 가치에 대해 고객이 기대하는 바가 반영되어 있다. 기업이 성장의 늪에 빠져 자신의 브랜드에 먹칠을 하게 되는 주된 이유는 대부분 경영자가 고객들에게 중구난방으로 일관성 없는 가치들을 제공해주겠다고 약속했기 때문이다. 언젠가 우리 회사 소속 기업 회생 전문가에게 이런 질문을 한 적이 있다. "높은 평가를 받고 있는 브랜드에 형편없는 아이디어를 덧붙였다가 그 가치를 깎아먹는 경우가 얼마나 자주 있나요?" 그의 답은 이러했다. "부실기업의 경우에는 거의 100%가 그런 과정을 겪었다고 보아도 과언이 아닙니다."

경영자는 사업 규모가 커짐에 따라 핵심 가치에 반하는 모든 잠재적인 가치들을 시험해볼 필요가 있다. 그래야만 브랜드를 더욱 키울 수 있다. 하지만 이미 회사가 성장의 늪지대에 들어선 상태라면 브랜드의 본질을 파악하고 비본질적인 부분은 모두 깎아버리는 것이 가장 시급한 과제라고 할 수 있다.

우리 회사 직원인 샘 노우드가 브랜드를 구성하는 제품과 서비스의 옥석을 가리는 일이 얼마나 중요한지를 잘 보여주는 이야기를 들려준 적이 있다. 그의 은사인 J. B. 후쿠아는 전설적인 사업가였다고 한다. 오래전 후쿠아는 미국 북동부에 있는 한 제조업체를 인수했다. 인수한 기업에 처음으로 출근하기에 앞서 후쿠아는 상당한 시간을 들여 기업을 분석했다. 그는 기업을 살리려면 철저하고 전면적인 쇄신이 필요하다는 결론을 내렸다. 후쿠아는 자신이 회사에 처음으로 등장하는 날짜에 맞추어 회사 고위 경영진을 모두 중역실로 소집하라는 지시를 내렸다. 그리고 그 중역실에는 회사에서 생산하는 모든 제품을 탁자 위에 늘어놓으라고 명령했다. 제품들을 진열할 때 가장 잘 팔리는 제품부터 순서대로 놓아야 한다는 말도 덧붙였다.

그날이 왔다. 그 모습이 어땠을지는 짐작이 갈 것이다. 고위 임원들은 모두 이미 중역실에 대기하고 있었다. 제품들도 매출이 높은 순서대로 가지런히 진열되어 있었다. 한껏 격식을 차린 분위기의 고풍스러운 공간에 어두운 갈색 탁자가 끝도 없이 길게 놓여 있다. 새로운 회사의 주인을 첫 대면하는 자리였기에 임원들은 모두 긴장한 모습이 역력했다. 드디어 후쿠아가 중역실로 들어섰다. 의례적인 소개를 마친 후 후쿠아는 CEO에게 몸을 돌려 늘어선 제품들 중 전체 회사 매출의 80%를 차지하는 것들이 무엇인지 물었다. CEO는 최고영업담당자, 최고재무담당자와 몇 분 동안 의논을 했다. 이윽고 최고영업담당자가 가장 잘 팔리는 제품에서 시작해 매출 80%를 차지하는 품목이 놓인 지점까지 제품을 세어나갔다. 후쿠아는 마지막 제품이 놓인 곳으로 조용히 걸어가서 수익성이 떨어지는 나머지 제품들을 모조리 탁자 밖으로 쓸어버렸다. 그는 탁자 위에 남아 있는 몇 안 되는 제품들을 가리키며 말했다. "다음 사분기 말부터 이 제품들만 생산하고 판매했으면 합니다." 그러고 나서 그는 몸을 홱 돌려 방을 뚜벅뚜벅 걸어 나가 자가용 비행기를 타고 애틀랜타로 돌아갔다.

그 회사는 후쿠아의 지시를 충실히 따랐다. 매출은 즉시 뛰어올랐으며 수익성도 극적으로 개선되었다.

🌀 시장과 다시 소통하게 할 세 가지 통찰

- 나는 유일무이한 가치를 제공한다. 그리고 그 가치가 우리 회사를 받쳐주는 기반이다.
- 나의 고객과 고객들을 위해 내가 제공하는 것들이 내 생각 이상으로 변화했다.
- 나의 개인적인 노력만으로는 시장과 다시 소통하는 것이 불가능하다.

회사를 정체성 위기에서 끌어냈다면 급한 불은 껐다고 할 수 있다. 이제 경영자는 시장과 다시 소통하기 위한 두 번째 단계로, 회사를 성장으로 이끄는 데 기여했던 자신의 장점을 기업 전체로 전파시켜야 한다. 다시 말해, 고객에게 전하는 가치를 체계화해야만 한다. 경영자는 고객에게 약속한 가치를 전하는 일이 기업 전체의 일상적인 업무가 되도록 만드는 과정을 밟아야만 한다. 내가 아는 한 기업가는 축구팀의 예를 들어 이 변화 과정을 설명한다. 기업 설립 초기에 경영자와 그 직원들의 업무 수준은 초등학교 2학년생으로 구성된 축구팀과 유사하다. 선수들은 본능적으로 공을 따라 우르르 뜀박질하기에만 바쁘다. 시장과 다시 소통하고 성장의 늪을 헤쳐가기 위해서는 구성원 각자가 특정 포지션을 맡아 경기에 임해야만 한다. 그렇게 해야만 고객 숫자가 아무리 증가하더라도 고객 하나하나의 마음을 놓치지 않을 수 있다.

체임벌린 에드먼즈의 사례를 생각해보자. 스타키는 일단 급한 문제를 해결한 후, 그 문제에 대한 항구적인 해결책을 찾기 위해 분주히 움직였다. 다행히 스타키는 자신이 고객들에게 제공했던 가치를 체계화할 필요가 있다는 점을 본능적으로 알아챘다. 정확히 말하자면, 스타키는 힘든 처지에 놓인 환자들의 신뢰를 얻기 위한 '부드러운 기술'과 관료적인 정부 기관을 대할 때 필요한 '딱딱한 기술' 모두를 체계화해야 할 필요성을 느꼈다. 스타키는 당시를 이렇게 회상한다. "그래디 병원에서 어찌나 절차와 규정을 중요시하던지 까다로운 그들의 조건에 맞춰주느라 여간 고생했던 게 아니에요. 계속 수익을 내려면 환자들과의 긴밀한 접촉을 타협하지 않으면서 비용도 적게 들일 수 있는 사업 모델을 개발해야 했어요."

체임벌린 에드먼즈는 1997년에 온라인으로 즉석에서 의료 혜택 지급 신청을 할 수 있게 해주는 소프트웨어를 개발하고 전 직원에게 노트북도 한 대씩 지급했다. 그 결과 직원들은 환자들과 만나는 자리에서 더욱 손쉽게 의료 혜택 지급 신청을 할 수 있었고 전반적인 인건비도 줄일 수 있었다. 또한 체임벌린 에드먼즈는 외래환자 고객들을 위한 콜센터도 만들었다. 체임벌린 에드먼즈는 2000년대

에 이르러서도 비용을 낮추면서도 질 좋은 서비스를 제공하기 위
한 체계화 노력을 계속해 사업의 모든 부문을 변화시키고 있다. 스
타키의 말을 들어보자. "우리 사업은 아무리 비용이 많이 들더라도
(high-cost) 인간적인 유대감을 포기해서는 안 되는(high-touch)
업종이라고 할 수 있습니다. 하지만 고객과의 소통을 일정 수준 이
상 유지하면서 비용을 줄일 수 있다면 수익성을 지금보다 높일 수
있을 것입니다."

> **현장의 목소리**
> **_로버트 와이너, 콘스탄틴 카펫 CEO**
>
> "우리 회사에서는 카펫을 생산합니다. 이 업계에서 성공하려면 마케팅과 생산 모두
> 를 잘 이해해야만 합니다. 사업을 처음 시작했을 때 저는 이 두 가지에 대한 분명한
> 관점을 지니고 있었어요. 하지만 이제는 이 둘을 조율하는 게 버겁게 느껴집니다. 그
> 래서 제가 더는 통제할 수 없는 것들을 대신해줄 임원들을 뽑고 있죠. 영업 부문처럼
> 제가 잘하지 못하는 분야에 뛰어난 사람들이 필요해요. 카펫의 주요 고객은 반복 구
> 매를 하는 사람들이기 때문에 새로운 고객을 끌어들이는 것도 중요하지만 그에 못지
> 않게 기존 고객을 잘 유지하는 것이 우리 사업 성공에 결정적인 역할을 합니다."

　어떤 기업이든 경영자와 핵심 경영진이 들였던 노력을 복제해 그
가치를 체계화할 수 있다. 기업이 고객에게 전하는 가치를 체계화
하는 것은 가장 핵심적인 기능이 무엇인지 파악하는 과정을 통해
이루어진다. 그런 핵심적인 기능으로는 고객 확보, 직원 관리 및 유
지, 재고 추적, 기존 고객의 새로운 욕구 확인 등을 들 수 있다. 예
를 들어, 고객과의 감성적인 접촉이 핵심인 기업이라면 전문적인
훈련을 받은 고객 서비스 담당자를 채용하거나 전문 콜센터를 세

움으로써 그 기능을 체계화할 수 있다. 또 엄격하고 정밀한 공정을 통해 완성도 높은 제품을 만드는 것이 중요한 기업이라면 손으로 하던 일을 기계가 대신할 수 있도록 자동화함으로써 핵심 기능을 체계화할 수 있다. 이처럼 새로이 도입할 필요가 있는 여러 체계 중에는 특정 규모 이상의 기업이라면 어디에나 필요한 기능(일테면 청구 자동화)이 있는 반면, 개별 기업에 맞도록 맞춤식으로 만들 필요가 있는 기능(예컨대 호텔 체인망에서 독점적으로 사용하는 예약 소프트웨어 개발)도 있다.

경영자의 재능을 복제하는 과정 그 자체가 기업에게 경쟁력을 가져다줄 수 있다. 앞서 나온 식자재 유통업체인 페이트 도슨의 경우, 레스토랑 체인과 약속한 금액에 납품가를 맞추기 위해 식자재 판매, 배달, 고객 선정 절차를 완전히 바꾸어야 했다. 그 결과 페이트 도슨은 어떤 경쟁업체도 제공하지 못하는 특화된 서비스로 고객을 만족시킬 수 있었다.

어떤 경우에는 핵심 가치를 체계화하는 것만으로도 즉시 사업 방향이 완전히 바뀌기도 한다. 약국들을 상대로 회계 컨설팅 업무를 해주던 헤리티지 인포메이션 시스템의 예를 봐도 이를 잘 알 수 있다. 헤리티지 인포메이션은 설립자인 존 트리포디와 핵심 직원 몇

몇의 개인 역량에 의존해 10년 넘게 그럭저럭 운영되던 회사였다. 헤리티지 인포메이션의 주요 업무는 사기 보험 청구 사례들을 찾아내는 것이었다. 하지만 2000년대 초반에 사전에 처방전 승인을 받게 해주고 약품들 간의 화학작용을 자동으로 탐지해주는 소프트웨어를 개발하면서 헤리티지 인포메이션의 사업 방향은 이전과 완전히 달라졌다. 그 후 몇 년 동안 헤리티지 인포메이션의 총수입은 폭발적으로 증가했으며, 경쟁 대기업들이 헤리티지 인포메이션을 인수하고 싶다고 앞다퉈 찾아왔다. 결국 설립자 존 트리포디는 수천만 달러를 받고 헤리티지 인포메이션을 대기업에 넘겼다.

하지만 핵심 가치를 체계화하는 일이 항상 쉬운 것은 아니다. 기업 구조 변화의 필요성을 이해하지 못하는 내부 직원들이 거세게 반발할 수 있기 때문이다. 온라인 소매상들을 상대로 맞춤 서비스를 제공하는 IT 업체인 채널 인텔리전스의 사례가 그 뼈아픈 변화 과정을 잘 보여준다. 2000년대 초반, 채널 인텔리전스는 온라인 소매 거래를 손쉽게 만들어주는 독자적인 데이터베이스 기술을 개발했다. 개발을 마친 후 CEO인 랍 와이트는 개발 엔지니어 모두에게 장래성 있는 고객들을 상대로 서비스를 제공하는 데 주력하라고 지시했다. 하지만 1년 후, 랍 와이트는 지나친 고객 중심주의가 문제를 불러일으키고 있다는 사실을 알게 되었다. 기업 내 모든 기술 자원을 개별 고객들의 요청에 일일이 응대하는 데 사용하다 보니 차세대 핵심 기술 개발이 미흡한 실정이었다. 랍 와이트는 그런 상황을 개선하기 위해 엔지니어를 둘로 나누어 반은 고객 문제 해결에 집중하고 나머지 반은 핵심 기술 혁신에 전념하라는 지시를 내렸다. 하지만 직원들은 새로운 방식에 저항했다. 랍 와이트는 그때를 이렇게 회상한다. "직원들은 모두 그 변화를 싫어했어요. 참 힘든 시기였죠. 개혁을 단행하고 나서 우수한 인재 몇이 회사를 떠나기도 했어요. 하지만 고객의 요청에 신속하게 응대하는 것 못지않게 기업 전체를 앞으로 나아가게 해줄 차세대 기술을 개발하는 것도 중요했어요. 그래서 저는 혁신을 감행했습니다."

기업 가치를 체계화하는 것도 중요하지만 그에 못지않게 그 가치에 집중하는 것도 기업을 성장시키는 데 필수적이다. 하지만 세상에는 잠재 수익을 고려하지 않은 채 핵심 가치를 개발하는 데만 전적으로 매달리는 기업도 많다.[3] 콜로라도에 기반을 두고 있는 레스토랑 체인점 누들즈 앤 컴퍼니도 그러했다. 1990년대 중반에 누들즈는 수익성에 대해서는 그다지 개의치 않고 오로지 최고의 제품을 개발하는 일에만 온 힘을 기울였다. 그 당연한 결과로 누들즈 앤 컴퍼니는 수익성이 악화되어 한동안 고전을 면치 못했다. 잘못하다가는 회사 문을 닫을지도 모르는 지경에 이르러서야 수익성을 확보하기 위해 노력하기 시작했다. 경영진은 가치 전달 시스템을 단계적으로 분석해 어떻게 해야 비용을 줄이면서도 수입을 늘릴 수 있는지 연구했다. 그리하여 그들은 아무리 교육 수준이 낮은 직원이라 할지라도 교육을 통해 하루 만에 두 종류 이상의 작업을 배울 수 있도록 모든 업무를 단순화했다. 예를 들어, 식품을 기름에 튀기는 일조차도 네 단계로 분리해 그대로 따라 하기만 하면 누구나 튀김 음식을 만들 수 있도록 만들었다. 그 결과 누들즈 앤 컴퍼니는 회사 규모가 아무리 커지더라도 차질 없이 고객에게 동일한 품질의 가치를 전달할 수 있는 시스템을 만들었으며 수익성도 극적으로 개선되었다.

성과 측정 도구 마련하기

성장의 늪을 빠져나가기 위한 첫 단계로 경영자의 독특한 가치가 무엇인지 파악하고, 두 번째 단계로 가치의 체계화를 통해 그것을 기업 전체에 확대시켰다면, 이제 최종 단계를 밟을 차례다. 회사 전체에 통용될 수 있는 체계화된 절차를 만들어놓았으니 이제 마지막으로 하나 덧붙여야 할 것이 하나 있다. 그게 뭘까? 바로 가치 체계화의 성과를 측정할 도구를 마련하는 것이다. 기업 생애 주기 초기에는 경영자 자신도 깨닫지 못하는 사이에 측정 도구를 활용하고 있는 경우가 대부분이다. 그들은 고객들과의 직접적인 접촉을 통해 어떤 가치를 제안했을 때 그것이 효과적인지 그렇지 않은지에 대한 반응을 즉시 확인할 수 있다. 하지만 가치 전달 과정을 체계화한 이후부터는 고객의 피드백을 얻기 위한 수단을 그 과정에 포함시켜야만 한다. 피드백을 확보하기 위한 수단 없이 고객들과 소통하겠다는 것은 눈을 가린 채 비행하겠다는 말과 같다.

1977년에 설립되어 지금까지도 음악가들의 사랑을 받고 있는 악기 전문점 조지 뮤직(George's Music)의 사례를 보면 고객과의 소통 단절 문제와 맞서 싸우기 위해, 그리고 성과 측정 도구를 마련하기 위해 어떤 자질과 특성이 필요한지 잘 알 수 있을 것이다.

음악가들, 그중에서도 로큰롤 음악가들처럼 규정에 얽매이는 것을 싫어하는 자유분방한 인종이 또 있을까. 하지만 머리 위에 회색 눈이 내린 다정다감하고 열정적인 조지 하인스를 만나고 나면 생각이 조금 달라질지도 모른다. 그는 1977년에 조지 뮤직이라는 이름의 악기 전문점을 시작했다. 그가 가게를 시작한 이유는 단순했다. 그는 누구나 악기를 사면서 친절한 서비스를 받는 장소를 만들고 싶었다. 필라델피아에서 성장한 그는 음악가 지망생이었다. 그는 음악가가 되기 위해 피나는 연습을 했고 물론 악기에도 많은 돈을 쏟아부었다. 하지만 악기를 사면서 단 한 번도 친절한 대접을 받은 적이 없었다. "악기 전문점 사람들은 저를 깔보고, 때로는 의심스러운 눈초리로 쳐다보면서 무시하기 일쑤였어요. 악기를 사기 전에 시험 연주해보는 것은 어찌 보면 당연한 일인데도 그들은 결코 그걸 허락해주질 않았어요. 저는 악기를 사려고 하는 손님이었는데도요! 열네 살 때는 한 가게 직원이 기타를 직접 만지고 연주해볼 수 있게 해준 것에 감동해 그에게 팁을 준 적도 있었어요. 그만큼 다른 가게들의 서비스가 엉망이었던 거죠."

조지는 필라델피아에서 서쪽으로 한 시간 거리에 있는 우르시누스 대학에 입학한 후 불친절한 음악 전문점 문제를 해결하기 위해 무엇인가 해보기로 결심했다. 그는 학교 근처의 점포 하나를 임

대해 직접 수리한 후 자신이 그동안 수집해놓은 몇 대 안 되는 기타를 놓고 음악 레슨을 하기 시작했다. 문을 연 첫날, 그의 점포를 찾은 사람은 하나도 없었다. 게다가 그는 자동차 주차 위반 딱지까지 뗐다. 비록 그가 꿈꾸던 시작은 아니었지만, 진정으로 음악가를 위하는 악기 전문점을 열고자 하는 하인스의 열정과 헌신이 입소문을 통해 퍼지면서 곧 그의 사업은 궤도에 올랐다. 다른 가게들과 달리 조지 뮤직은 모든 제품을 바닥에 진열해놓고서 음악가들이 악기를 연주해본 후 사 갈 수 있게 했다. 그에게는 판매 규칙도 있었다. '매장 내 악기 연주 금지. 단, 고객은 제외.' 하인스는 가게를 찾아오는 음악가들을 친구처럼 대했다. 손님들도 하인스가 트럭에서 악기를 내릴 때면 스스럼없이 도와주며 그의 그런 마음에 보답했다. 하인스가 그때를 떠올리며 말한다. "기이한 일이 벌어졌어요. 우리 가게를 열렬히 아끼고 지지하는 손님들이 생겨났어요. 그리고 어느샌가 고객들에게 진심을 담아 친절하게 대하는 태도가 우리 가게를 정의하는 문화로 자리 잡게 되었어요. 우리는 이유 있는 반항아였어요. 사람들은 기존 가게들과 다르게 고객을 배려해주는 우리의 태도에 열광적으로 반응했어요."

가게 문을 연 지 8년 만에 조직 뮤직은 입지를 탄탄하게 굳혔다. 점점 수익이 늘어나면서 하인스는 다른 지역에 분점을 내는 것이 어떨지 진지하게 고민하게 되었다. 그는 조지 뮤직이 고객들에게 전달하고 있는 가치, 즉 성심성의껏 응대하고 존중하는 태도를 어떻게 확장시킬 것인지를 두고 고심했다. 다시 말해, 그는 친절한 고객 서비스를 가능케 해주었던 조지 뮤직만의 독특한 문화를 어떻게 분점에도 복제시킬 수 있을지 고민했다.

그는 가치 체계화라는 거대 과제에 정면으로 맞서기로 결심했다. 그는 자신의 장점인 고객에 대한 관심과 긍정적 태도에만 의지해서는 더는 사업을 꾸려나갈 수 없다는 점을 잘 알고 있었다. 사업 규모가 커진 이상 이제 그는 직원들에게 의지해야 했다. 그래서 그는 고객 응대와 관련된 점검표를 만들어 직원들을 교육시키기로 했다. 매장 문을 어떻게 여는지, 고객이 환불을 요청할 때 어떻게 응대해야 하는지 등 세세한 행동까지 모두 매뉴얼로 만들어 모든 직원을 교육시켰다. 신입 사원들은 모두 본점 지하에 있는 강당에서 교육을 받은 후에야 비로소 매장에 나가 손님들을 응대할 수 있었다. 또한 하인스는 직원 채용에도 심혈을 기울였다. 그는 단 한 사람을 뽑을 때조차도 조지 뮤직의 문화와 어울리는 사람을 찾기 위해 수백 명을 면접하는 수고도 마다하지 않았다. 하인스는 기업 문화 유지뿐 아니라 경영 지원 업무 개선에도 많은 공을 들였다. 그는 가능한 한 모든 부문의 경영 지원 업무를 자동화해서 고객을 위한 서비스 제공에 차질이 생기지 않도록 신경 썼다.

하인스는 그런 노력에 상응하는 보상을 받았다. 두 번째 매장은 큰 성공을 거두었으며, 필라델피아에 새로운 매장을 두 개나 연달아 열었다. 그는 자신이 핵심 가치를 제대로 포착했다는 사실과 올바른 성과 측정 도구를 갖추고 있다는 사실을 증명해 보이고 싶어 했다. 그래서 그는 생소한 지역에 새로운 지점을 내기로 결정했다.

그는 1991년에 플로리다 주 올랜도 지역에도 음악가들을 배려하는 악기 전문점이 없다는 사실을 알게 되었다. 그래서 그는 그 지역에 진출했다. 현재 그는 플로리다 전역에 여섯 개의 매장을 소유하고 있으며 전국적으로는 열 개의 매장을 갖고 있다. 이 성공에 힘입어 그는 악기 구매 조합도 만들었다. 조합 운영도 성공적이어서 그 조합은 현재 전국 악기 소매 거래의 약 8%를 차지하고 있다.

하인스의 성공을 가능하게 했던 한 가지 결정적 요소는 바로 엄격한 성과 측정 도구였다. 그의 말을 들어보자. "저는 미스터리 쇼퍼(Mystery Shopper) 제도를 활용하고 있습니다. 미스터리 쇼퍼 제도란 감시 역할을 하는 사람들이 손님으로 가장하고 매장에 가서 점원의 친절도, 외모, 판매 기술, 매장 분위기 등을 점검하는 방법을 말합니다. 또한 각 점포에서는 미리 정해놓은 15가지 핵심 지표를 매달 검토해 저에게 보고서를 제출하고 있습니다. 문제가 하나라도 생기면 저는 즉시 그에 대한 조치를 취하게 합니다. 저는 우리가 제공하는 고객 서비스에 만족하고 있습니다. 저는 우리 조지 뮤직의 고객 서비스가 다른 업체들과 비교해 월등하다는 데 자부심을 느낍니다. 현재 점포 열 곳을 소유하고 있지만 오히려 매장 하나를 운영할 때보다 훨씬 나은 통제력을 발휘하고 있어요." 다시 말해, 조지 뮤직은 하인스의 장점을 모두 계승해 사업장 전체에 체계적으로 확대하는 데 성공했다고 할 수 있다.

하인스는 사업을 차려 그 사업의 핵심 가치를 찾아내고, 그 가치를 체계화하고, 성과를 측정하기 위한 도구를 마련하는 데 성공했다. 얽매이는 것을 세상에서 가장 싫어하는 자유분방한 로큰롤 음악가가 자신과 가장 어울리지 않아 보이는 일을 성취해낸 것이다. 조지 뮤직의 웹사이트(www.georgesmusic.com)에 한번 들어가 보라. 거기에는 이런 말이 씌어 있다. "조지 뮤직에 오신 것을 환영합니다. 이 웹사이트는 음악가에 의해, 음악가를 위해 만들어졌습니다. 더욱 즐겁게 악기를 연주하고 싶으신가요? 여기에 필요한 모든 정보가 있습니다." 그리고 이 문구 옆에는 빙긋 웃고 있는 조지 하인스의 사진이 있다. 생각해보라. 그가 이루어낸 일을 당신이라고 하지 못할 이유가 어디 있겠는가?

지금까지 살펴보았듯, 시장과의 소통 단절은 성장의 늪에 있는 기업들이 해결해야 할 가장 근본적인 과제이다. 회사의 핵심 가치를 찾고, 그것을 체계화할 때에만 경영자는 성장의 늪을 가로질러 지나갈 수 있다. 경영자는 핵심 가치 체계화를 통해 끊임없이 변화하는 고객의 욕구를 충족시켜주고 그들과 다시 소통할 수 있다. 기업들은 여러 가지 방식으로 자신들의 핵심 가치를 체계화할 수 있다. 조지 뮤직이 그랬듯 행동 지침을 세세하게 만들어 고객과의 상호작용을 촉진할 수도 있고, 체임벌린 에드먼즈가 그랬듯 자동화할 수 있는 업무와 인간적 유대감이 중요한 업무를 분리해 비용을 최소화하면서 수입은 최대로 늘릴 수도 있다. 성장 과도기를 무사히 넘기고 안정기에 접어든 기업들은 모두 경영자의 열정과 기술에서 탄생한 가치를 기업 전체에 전파하는 과정을 거쳤다.

그렇다면 정확히 어떻게 해야 핵심 가치를 체계화할 수 있을까? 결국 가장 손쉽고도 효과적인 방법은 다른 대기업에서 체계화 과정을 직접 주도해본 경험이 있는 선임 관리자를 스카우트해 오는 것이다. 그러므로 시장과의 소통 문제는 다음 장에서 더 깊이 있게 다룰 '경영 쇄신' 문제로 자연스럽게 이어질 수밖에 없다. 경영상의 문제들을 고려하기에 앞서 이 장에서 다룬 문제들을 간단히 정리하고 넘어가자.

당신이 현재 고속 성장 기업을 이끌고 있는 경영자라면 가장 시급하게 고민해보아야 할 주제는 바로 '시장과의 소통'과 관련된 문제들이다. 당신 회사의 핵심 가치가 무엇인지 찾지 못하겠다거나, 혹은 핵심 가치를 찾더라도 그것을 회사 전체로 확대시키기 위한 방안을 짜내지 못하겠다면 당신은 큰 결단을 내려야 할지도 모른다. 당신에게는 당신 개인의 재능과 노력이 미치는 범위 내에서 회사 규모를 유지하는 편이 더 어울릴지도 모른다. 회사를 설립하면서 꿈꾸었던 비전을 한번 되돌아보라. 당신은 회사를 대기업으로 키우고자 하는 꿈을 꾸었는가? 회사 규모를 키우기보다는 높은 품질의 제품과 서비스를 제공하는 '작은 거인'으로 남는 것이 당신에게 더 잘 맞는 길이 아닐지 고려해보라. 세상에는 특출한 재능과 기술을 가지고 기업을 세운 후, 자신의 손이 닿는 적정 범위까지만 회사 규모를 유지하면서 만족스럽게 일하고 있는 경영자들이 수없이 많다. 단도직입적으로 말하겠다. 회사를 소규모로 유지하면서 알찬 수익을 남기고, 경영자 개인의 재능과 열정을 쏟아부으며 보람을 느낀다고 해서 법에 저촉된다거나 윤리적인 비난을 받는다거나 할 일은 없다. 소규모로 남는 것이 결코 바람직하지 않거나 잘못된 선택이 아니라는 말이다.

앞으로 알게 되겠지만 고객과 다시 소통하는 방법을 찾는 일은 기업이 직면하는 여러 문제들 가운데 가장 까다롭고 힘겨운 과제라고 할 수 있다. 경영 쇄신, 사업 모델 확대, 자본 확대 등의 문제는 고객과의 소통 문제에 비하면 훨씬 더 명확하고 해결책도 더 수월하게 찾을 수 있다. 그러니 다른 문제들로 넘어가기 전에 시장과의 소통 문제에 대해 오랜 시간 진지하게 생각해보라. 어디에서부터 생각해야 할지 모르겠다면 다음 두 질문에 솔직히 답하는 것으로 시작해보라. '회사를 경영하면서 나는 언제 가장 열정을 느끼는가?' '나의 핵심 가치를 체계화해서 조직 전체에 주입시킬 수 있는가?' 이 두 질문에 대한 답을 찾았다면 이어지는 '쉬어 가기 질문' 코너로 넘어가도 좋다.

🍃 쉬어 가기 질문_ 시장과의 소통 회복하기

1. 한 기업의 경영자로서 당신이 뛰어나게 잘하는 일은 무엇인가?
2. 어디에 내놓아도 뒤지지 않을 당신 회사만의 독특하고 유일무이한 가치가 있는가? 당신 회사는 그저 효율성이 높은 저임금 노동력 덕택에 제품과 서비스를 제공하고 있는 것은 아닌가?
3. 당신 회사의 신제품 개발을 이끄는 요소는 무엇인가? 신제품을 개발할 때 그것이 미래 고객들에게 제공해줄 가치를 객관적으로 평가하고 있는가?
4. 고객들에게 새로운 가치를 약속한 후(즉, 의도적으로 혼란을 야기한 후), 그 약속을 지키기 위해 세세하고 일상적인 후속 업무들을 처리하는 것에(즉, 혼란을 수습하는 일에) 싫증을 느끼

고 있지는 않은가?

5. 당신 회사의 미래를 보장해줄 고객층은 어떤 사람들이라고
   생각하는가? 또 당신 회사의 미래에 별 도움이 되지 않을, 차
   라리 잘라내는 것이 나을 고객층은 어떤 사람들이라고 생각
   하는가?

6. 당신 회사를 인수하는 데 흥미를 보일 것이라 생각하는 대기
   업의 이름을 하나 대보라. 그리고 그 이유를 설명해보라.

7. 고객에게 가치를 전해주고 그 대가로 수익을 올리는 교환 과
   정을 단순하게 만들기 위해 당신이 해야 할 일은 무엇인가? 거
   래업체에서 느끼기에 함께 사업하기에 까다롭거나 복잡하지
   않은, 단순한 기업으로 남기 위해 당신 회사가 내부적으로 변
   화시켜야 할 점이 있다면 무엇일까?

위의 질문들에 대한 해답을 찾기 위해 홀로 머리 싸매고 고민
할 필요는 없다. 직원과 고객들에게 각 질문에 대한 해법이 무엇이
라 생각하는지 물어보라. 당신의 측근들뿐 아니라 평소 이런 문제
와는 거리가 멀었던 직원들에게도 질문을 던져보라. 특히 항상 고
객과 접촉하는 직원들, 빗나간 예상 때문에 생기는 문제들을 해결
하는 일이 일상인 직원들에게 꼭 위의 질문을 해보라. 물론 최종
선택은 당신 몫이지만 그들의 통찰이 성공과 실패를 가르는 중요한
실마리를 제공해줄 수도 있다.

3장

경영진 쇄신하기

회사 규모가 작을 때는 경영자 혼자서도 충분히 고객과 소통을 유지하고 거래 과정의 단순성을 보장할 수 있다. 하지만 일단 시장과의 소통이 단절된 상태라면 그것을 다시 복구하기 위해 기업의 핵심 가치를 보호하고 강화해줄 숙련된 경영진과 통제 시스템이 필요해진다. 경영자는 전문 경영인을 채용해 통제 시스템을 관리하고 이행할 책임을 그에게 위임해야 한다. 하지만 업무 위임은 경영자들에게 가장 힘든 일일 수 있다. 경영자들이 맨손으로 벽돌을 하나하나 쌓아올려 만든 자신의 회사에 대한 통제력을 잃을까 두려워하기 때문이다. 하지만 이미 엉망이 된 상황에서 통제력을 되찾을 수 있는 유일한 방법은 전문 경영인에게 업무를 위임하는 것이다. 고속 성장 기업이 성장의 늪을 헤쳐나가기 위해서는 새로운 피를 수혈해 경영자의 비전과 독창적인 기술에 숙련된 전문성을 더하는 수밖에 없다.

전문가를 영입하라

글렌 데이비슨이 전화 응답 서비스 회사인 팻라이브를 설립한 것은 1990년이었다. 당시 그는 자신의 회사가 앞으로 급속도로 성장하게 되리라고는 상상도 하지 못했다. 팻라이브 설립 이전에 글렌 데이비슨은 기업들의 위탁을 받아 직원 동기부여 훈련을 실시하는 산업 교육 업체를 운영하고 있었다. 어느 날 그는 그의 회사에 자주 교육을 의뢰하는 한 업체에 고객과의 커뮤니케이션 수단이 없다는 사실을 알게 되었다. 글렌은 그 업체의 CEO와 꽤 친분이 있었기에 그를 돕고자 하는 마음에서 음성 메일 서비스를 통한 커뮤니케이션 시스템을(당시에는 아직 이메일이 존재하지 않았다) 구축해보는 것이 어떻겠느냐고 넌지시 말해보았다. 그런데 상대가 의외의 대답을 했다. "그럼 자네가 한번 만들어보는 게 어떻겠나?" 그래서 글렌 데이비슨은 젊은 대학생 몇 명을 채용해 이미 개발된 기술 몇 가지를 조합해 음성 메일 시스템을 만들게 했다. 결과물이 나오자 그 고객은 매우 흡족해 했다. 그렇게 그의 새로운 회사, 팻라이브가 탄생했다.

성공은 순식간에 찾아왔다. 설립 이듬해에, 데이비슨은 직원 10명을 두고 40만 달러를 벌어들였으며 매출총이익은 80%에 달했다. 1998년에는 팻라이브는 자유 계약직 영업사원들에게 보이스메일 시스템을 판매해 총 800만 달러를 벌어들였다. 팻라이브는 「잉크 매거진」이 선정하는 '미국에서 가장 빠르게 성장하는 500대 기업' 목록에 3년 연속(1996, 1997, 1998년) 오르기까지 했다.

그런데 그 시점에서 갑자기 성장세가 주춤해지기 시작했다. 이메일 사용이 증가하면서 팻라이브의 서비스를 위협하기 시작한 것이 원인이었다. 데이비슨은 그에 대한 대응으로 상담원들이 직접 걸려오는 전화에 응대하게 함으로써 서비스의 가치를 높였다. 그는 또한 걸려오는 전화를 휴대폰으로 연결시켜주는 기능도 추가했다. 팻라이브는 여전히 높은 수익을 내고 있었지만 데이비슨은 자신이 회사의 모든 업무를 일일이 관장할 수 있는 수준 너머로 회사 규모가 커졌다는 사실을 감지했다. "고객의 말에 귀 기울이는 태도 덕분에 우리 회사를 그 정도까지 키울 수 있었어요. 저는 고객의 문제가 무엇인지 파악하고, 그것을 해결하기 위해 기존 기술들을 적절히 활용하는 법을 알고 있었어요. 시스템 구축에 대해 제가 전문적으로 아는 게 뭐가 있었겠어요? 회사를 그렇게까지 키울 생각은 없었어요. 그런데 어쩌다 보니 그렇게 되었고 제게는 끔찍한 나날들이 시작되었어요. 저는 그저 낚시를 즐기는 평범한 사내일 뿐이에요. 제 꿈은 노후 대비를 해놓은 뒤 쉰 살에 은퇴하는 거였어요."

데이비슨은 자신의 꿈을 위해 회사 일을 맡길 전문 경영인을 뽑왔다. 하지만 첫 시도는 실패로 끝나고 말았다. 헤드헌팅 업자에게 큰돈을 주고 전화 응답 시스템 관련 경력이 있는 임원을 영입했지만 그는 자신만의 울타리를 치고 데이비슨을 일에서 제외시키려 시도했다. 더구나 그 새로운 임원은 회사에 손해를 끼칠 것이 분명해 보이는 거래를 추진했다. "그 사람을 뽑고 나서 여러 가지 문제가 있었습니다. 고객의 의견을 경청하고 그들의 문제를 해결해주는 것이 제 장점이었는데, 그 사람은 저와 고객 사이를 가로막은 채 중간에서 자기 마음대로 중요한 문제를 결정해버리곤 했어요. 그의 그런 태도가 회사에 얼마나 나쁜 영향을 주었는지 말로 다 할 수 없을 정도입니다."

하는 수 없이 데이비슨은 2004년에 다시 일선으로 돌아왔다. 하지만 조기 은퇴의 꿈을 버릴 수 없었던 그는 또다시 새로운 전문 경영인을 채용했다. 그런데 그 두 번째 시도도 결과가 썩 좋지 않았다. 그는 좌절감을 느꼈다. "저는 지치고 힘이 다 빠진 상태였어요. 회사를 경영하는 게 지겹기까지 했지요. 팻라이브는 제 능력 너머로 너무 커져버렸어요. 2000년에서 2004년까지 우리 회사는 극심한 침체기를 겪어야 했습니다. 하지만 저를 대신해 운전대를 잡아줄 마땅한 사람을 찾기가 쉽지 않더군요."

그런데 2005년, 데이비슨은 생각지 못했던 귀인을 만난다. 팻라이브가 성장의 늪에 들어선 지 7~8년 정도 지난 시점이었다. 데이비슨은 한 기술 업체에서 정리해고당한 업계 베테랑을 새로 영입했다. 그가 회사에 들어온 직후부터 거짓말처럼 팻라이브의 운이 트이기 시작했다. 총수입 30%, 수익 100%가 늘어났다. 2006년 전망도 밝았다. 데이비슨이 그때를 회상하며 말한다. "구체적인 수치가 중요한 게 아니었어요. 이제야 꼭 맞는 사람을 뽑았다는 게 중요했죠. 그 사람은 제 장점이 무엇인지 정확히 파악하고 있었고, 중요한 결정을 내릴 때 제 의견에 따라주었어요. 그는 경영이 천직인 사람이었어요. 저에게는 골목 모퉁이 뒤에 무엇이 있을지 예측하는 능력이 있었고, 그에게는 복잡한 회사 일을 일사불란하게 처리하는 능력이 있었어요. 사업을 논의하기 위해 정기적으로 만나 대화를 나누면서 그와 내가 서로의 장단점을 잘 보완해주는 관계라는 걸 깨닫게 되었어요."

데이비슨의 사례에서 볼 수 있듯, 한 기업이 성장의 늪을 성공적으로 건너려면 전문 경영인의 도움을 받는 것이 좋은 경우가 많다. 손수 회사를 차려 운영해온 경영자들은 대개 큰 규모의 기업을 지휘해본 경험이 없기 때문에 성장 과도기에 놓인 회사를 어떻게 이끌어야 할지 잘 모른다. 그 결과 사업은 과도기를 만나 침체의 늪에 빠지게 된다. 이는 그 경영자들에게 회사를 어느 방향으로 이끌고 가는 것이 좋을지에 대한 이해가 부족하기 때문만은 아니다. 그것은 대개 그 과정을 진두지휘할 전문성과 노련함이 부족하기 때문이다.

8장에서 더 자세히 알아보겠지만 시장과의 소통을 다시 회복하려면 고객 대응 과정의 단순성을 다시 찾아야만 한다. 그런데 역설적이게도 그러한 단순성은 배후의 경영 지원 업무 체계를 더욱 복잡하게 만들 때에만 확보될 수 있다. 이전에는 소수의 사람들이 유기적으로 처리했던 시장과의 소통 업무를 회계, 인사, 전산, 영업, 마케팅 등의 개별 과정으로 분리시켜 각 부서 사이의 정교한 상호작용을 통해 달성해야 한다. 선수 전원이 모든 포지션을 다 뛰던 초등학교 2학년 축구에서 벗어나 각자가 특정 포지션을 담당하는 전문 팀으로 진화해야만 하는 것이다.

그렇다면 주요 포지션을 어떤 사람들이 맡아야 할까? 성장의 늪을 헤쳐가기 위해서는 경험이 많고 전문성이 뛰어난 사람들의 도움이 필요하다. 당신 혼자서 모든 문제에 다 대응하면서 회사를 이끌고 나갈 수는 없다. 과도기를 거치는 기업 중 이용할 수 있는 자원을 넉넉하게 가지고 있는 곳은 매우 드물 것이다. 성장의 늪에 놓인 기업들은 실수를 여러 번 저지를 만한 여유가 없다. 그들에게 기회는 그리 많지 않다. 기업을 이끌고 성장의 늪을 헤쳐나가야 하는 경영자는 자동차를 몰고 굴곡이 심한 도로 위를 시속 100킬로미터로 달려야 하는 운전사와 비슷한 처지라고 할 수 있다. 그 상황에서 엔진 피스톤까지 말썽이라면 어떻겠는가. 그 일을 운전사 혼자 모두 감당할 수 있을까? 물론 맥가이버 같은 사람이라면 위험천만한 도로 위를 총알 같은 속도로 달리는 자동차를 묘기하듯 운전하면서 동시에 엔진 피스톤도 교체할 수 있을지 모른다. 하지만 평범한 경영자라면 그 일을 잘할 수 있다는 사실을 이미 증명해보인 누군가를 옆에 둘 필요가 있을 것이다. 그러지 않고 혼자서 모든 일을 하려고 시도했다가는 찌부러진 채 연기를 내뿜으며 길옆에 처박힌 차를 보게 될지도 모른다.

우리 어머니는 살면서 맞닥뜨리게 되는 사소한 문제들 하나하나에 정성을 쏟아 해결해나가다 보면 큰 문제들은 어느새 해결되어 지나가버릴 것이라고 말씀하시곤 했다. 하지만 성장의 늪에서는 그 반대가 성립한다. 작은 문제들에 정신이 팔려 큰 문제에 신경 쓰지 않았다가는 나중에 땅을 치고 후회하게 될 것이다. 2~3년 후에 자본이 얼마나 필요하게 될지, 그리고 자본 시장에서 필요한 금액을 끌어모으기 위해 어떤 행동을 해야 할지 알고 있는 직원이 당신 밑에 없다면, 당신은 성장의 늪을 빠져나갈 순간을 눈앞에 두고 자본이 부족해 통곡하게 될지도 모른다. 당신 밑에 영업 사원들을 채용하고 관리하는 데 능숙한 직원이 없다면, 당신은 회사를 대표할 열정적이고 재능 있는 영업 인력이 모자라 적자를 내게 될지도 모른다.

고속 성장 기업이 위험을 줄이고, 실수를 저지르지 않으려면 대규모 조직에서 일해본 경험이 있는 사람을 영입해야 한다. 문제가 생겼을 때 본능과 직관에 따라 대응하는 경영자들과 달리 그런 사람들은 경험을 통해 체득한 객관적인 정보에 근거해 행동한다. 경영자는 회사를 손수 세우고 경영하면서 여러 시행착오를 통해 학습하는 경향이 있지만 그런 사람들에게는 학습이 더 이상 필요하지 않다. 그들은 학습 과정의 자연스러운 일부라고 할 수 있는 실수를 범하는 일도 거의 없다. 그들은 다른 회사에서 대가를 치러가며 그런 실수를 이미 저질러보았을 것이다.

기업을 성장시키려면 기업의 미래와 관련된 근본적인 질문이 무엇인지 아는 것도 중요하다. 하지만 질문을 던지는 것은 경영자 하나로 족하다. 경영자에게는 해답을 가지고 있는 측근들이 필요하다. 그런 점에서 외부 전문가들을 영입하는 것에는 실질적인 이득이 여러 가지 있다.

1. 외부 전문가를 영입함으로써 원활하게 자금을 확보할 수 있다. 5장에서 더 자세히 보겠지만, 특정인을 끌어들이는 것만으로도 상장 전 회사 가치를 수백만 달러까지 끌어올릴 수 있는 경우가 종종 있다. 이는 노련하고 재능 있는 전문 경영인이 사업 위험도를 극적으로 줄여주기 때문이다. 투자업체들의 관점에서 보면, 숙련된 전문 경영인은 기업 잠재력을 몇 배나 끌어올려 준다.
2. 외부 인력 영입을 통해 경영자는 자신이 가장 잘하는 일에만 집중할 수 있다. 설립한 지 얼마 되지 않은 기업을 이끄는 경영자는 그 기업이 앞으로 나아갈 원대한 비전을 마련하는 것뿐 아니라 그 비전에 생명을 불어넣기 위한 실제적인 업무들도 모두 떠맡아 처리해야 한다. 하지만 기업이 성장의 늪에 빠진 상황이라면 경영자는 자질구레한 일에서는 손을 떼고 더 큰 그림을 설계하는 일에 집중할 필요가 있다. 경영 효율을 높이고 체계를 갖추는 데 능숙한 전문 관리자들을 채용하면 경영자는 그들에게 복잡한 운영 일을 맡기고 마음 편히 회사 전체의 방향을 결정짓는 중요한 업무에 몰두할 수 있다.

3. 능력이 뛰어난 외부 인력을 영입하면, 당신이 능력에 따라 직원들을 공정하게 대우한다는 메시지를 전할 수 있다. 잊지 말라. 직원들의 눈은 날카롭다. 직원들은 당신의 측근들 중 누가 능력이 뛰어난지, 누가 실적을 내지 못하는지 모두 알고 있다. 형편없는 실적을 내는 임원을 다른 사람으로 대체하면 당신이 실력에 따라 공정하게 직원을 대한다는 메시지를 회사 전체에 보낼 수 있다.

4. 새로운 인력이 조직에 신선한 DNA를 공급해줄 수 있다. 성장의 늪지대에 놓인 기업은 모두 신선한 아이디어와 관점을 필요로 한다. 새로운 임원의 신선한 생각에 자극받아 당신은 더 '높은 관점'에서 사업의 미래를 내다볼 수 있을지도 모른다. 더군다나 그 임원이 소소한 운영 일을 맡아줌으로써 당신은 미래에 닥칠 문제들에 적응할 시간을 벌 수 있다.

- 당신과 가까운 고위 직원들이 얼음 상태인가? 다시 말해, 그들이 주도적으로 무슨 일을 추진하기보다는 당신의 지시가 떨어지기만을 기다리고 있지는 않은가?
- 그들이 주요 결정을 내릴 때 당신에게만 의지하고 있지는 않은가? 그들에게 일단 무엇인가 시도해 볼 권한이 있는가? 다시 말해, 그들에게 실수를 저지를 권한이 있는가?
- 당신이 회사 운영과 관련된 모든 일에 지나치게 손을 뻗고 있는 것은 아닌가? 혹시 일하는 것이 피곤하다는 느낌이 든 적이 없는가?
- 당신이 실제적인 지식보다는 직관에 의존해 주요 경영 문제들에 대한 결정을 내리

놓아주기

임원진 물갈이는 경영자들이 가장 큰 심적 고통을 느끼는 일이라고 할 수 있다. 경영과 관련된 다른 일도 마찬가지겠지만 특히 사람을 관리하는 문제는 그 원인 파악이 쉽지 않다. 경영자는 임원진을 쇄신해야 할 필요가 있다는 것은 알지만 그들의 문제가 구체적으로 무엇인지는 알지 못한다. 경영자가 그 문제의 진실을 알고 싶어 하지 않는다고 말하는 게 사실 더 정확할지도 모른다. 그 와중에도 경영자는 전문 경영인을 영입해 그들에게 권한을 위임하는 게 도움이 되리라는 사실을 감지한다. 조기 은퇴를 꿈꾸었던, 팻라이브의 설립자 글렌 데이비슨이 그랬던 것처럼 그들은 새로운 아이디어와 에너지로 무장한 전문 경영인이 나타나 자신들의 짐을 덜어주기를 바란다. 하지만 그러기 위해서는 새로운 사람과 서로 맞춰가는 적응기를 거쳐야 한다는 사실을 알고 있다. 그리고 새로운 사람을 받아들이려면 충성스러운 직원들을 내보내야 한다는 사실 또한 경영자들을 망설이게 만든다. 그런 경영자들의 마음은 공부 못하는 고등학생 자녀가 운동에라도 두각을 보여 장학금까지 받고 대학에 입학하기를 꿈꾸지만, 마음 한편으로 그런 일은 결코 일어나지 않으리라는 사실을 알고 있는 부모와 같다. 그들은 성과를 내지 못하는 직원들을 내보내야만 하는 현실을 부정하고 부인한다.

누가 경영자에게 돌을 던질 수 있겠는가. 장기근속자들을 내보내는 것은 정말이지 고통스러운 일이다. 나도 안다. 나도 한때 그 일을 해야 했다. 아무도 나를 믿어주지 않았던 때 유일하게 나를 믿고 따라주었던 평생의 친구를 해고하는 일을. 그들은 회사를 위해 헌신적으로 일하고, 적은 보수에도 불평하지 않고, 모든 것이 엉망이었던 때에도 회사를 그만두지 않고 내 곁에 있어주었던 사람들이었다. 그들의 헌신과 희생이 없었다면 회사는 지금까지 남아 있지도 못했을 것이다. 하지만 회사를 다음 단계로 끌어올리려면 그들 중 일부를, 혹은 다수를 내보내야만 한다. 그들은 다음 단계에는 어울리지 않는 사람들이다. 지금 회사에 필요한 능력과 기술이 그들에게는 없다. 경영자인 당신은 그 사실을 잘 알고 있다. 당신이 결단을 내리지 못하고 주저하는 시간이 길어질수록 다른 사람들도 그 문제를 입 밖에 꺼내지 않은 채 숨죽이고 있게 될 것이다.

몇 해 전 버지니아 공대에 강연을 하러 간 적이 있다. 강연 대상은 CEO들과 MBA 과정을 듣는 학생들이었다. 그때 나는 기업을 성장시키기 위해 기존 직원들을 내쳐야만 하는 경영자의 심정을 설명하고 있었다. 하지만 청중의 얼굴에는 내가 설명하는 내용에 공감하지 못하는 기색이 역력했다. 나는 그들에게 경영자의 마음을 이해시키기 위해 진땀을 빼며 강연을 이어갔다. 그때 갑자기 좋은 생각이 하나 떠올랐다. 나는 청중석에 앉아 있던 젊은 여성을 한 명 지목해 질문을 던졌다.

"부모님과 다퉜을 때나 남자친구와 헤어졌을 때처럼 무척 힘든 순간에 전화를 걸어 울면서 속상한 마음을 털어놓으면 그때가 몇 시이건 상관없이 이야기를 모두 들어주고 위로해주는 친구가 있나요?"

그 학생이 대답했다. "네, 있어요. 그 친구 이름은 사라예요."

내가 말했다. "좋아요. 그럼 머릿속에 사라를 떠올려보세요. 그리고 사라와 함께 스타벅스에 가서 이런 말을 한다면 어떨지 상상해보세요. '사라야, 너는 세상 모든 사람이 부러워할 만한 좋은 친구였어. 네가 없었다면 나는 학교도 제대로 마치지 못했을지 몰라. 하지만 이제 학교를 졸업하게 되었으니 나는 직장을 알아보아야 해. 너는 내게 더는 도움이 되지 않아. 이젠 너와 친하게 지낼 수 없어. 너를 좋아하는 내 마음은 지금도 예전과 다름없지만 너는 이제 더 이상 나와 맞지 않아.'"

그 대목에서 청중은 모두 탄식을 내뱉었다. 그 불쌍한 여성은 어찌할 바를 모르겠다는 눈빛으로 이렇게 말했다. "그렇게 해서는 안 돼요. 세상 어떤 사람이 그런 짓을 할 수 있겠어요?"

비로소 이야기의 핵심이 전해졌음을 알 수 있었다. 나는 충격을 완화하기 위해, 경영자가 조직 혁신을 완수하고 나면 모든 사람이,

심지어는 직위가 강등되거나 해고된 사람들까지도 이득을 얻을 수 있다고 이어 말했다. 지구상 어디에도 실패하는 것을 좋아하는 사람은 없다. 자신이 수준 이하의 성과를 내고 있다는 사실은 그 누구보다도 자기 자신이 가장 잘 안다. 자신에게 맞지 않는 일을 계속하는 것은 그 사람에게도 불행한 일이다.

"가장 헌신적이었던 직원 중 하나를 내보내야만 했을 때 저는 울음을 터트리고 말았어요. 그 직원을 해고하기로 결정하고는 밤에 한숨도 자지 못했죠. 하지만 다른 도리가 없었어요. 그녀는 직원들에게 못되게 굴면서도 자신이 그렇게 하고 있다는 사실조차 깨닫지 못하고 있었어요. 최악이었던 것은, 그녀의 남편이 그녀가 해고되었다는 사실을 모른 채 사무실로 아내를 찾아왔던 일이었어요. 그녀는 남편에게 회사에서 잘렸다는 사실을 말하지 않고 두 달이나 보냈다더군요. 두 달 동안 회사에 나가는 척하면서 도서관에 출근 도장을 찍었대요. 그 이야기를 전해 듣고 얼마나 가슴이 아팠던지. 그녀에게 회사를 나가줘야겠다고 말했던 날의 일이 지금도 생생히 기억나요. 누군가를 해고하는 일은 쉽지 않아요. 하지만 그것은 회사를 위해서뿐 아니라 그 사람을 위해서도 꼭 해야 할 일이에요. 그 사람이 더 맞는 일을 찾아 갈 수 있도록 그 사람을 놓아줄 시간이 된 거죠. 멀리 내다보면 그게 모두를 위해 최선이라고 생각해요."

미시시피 주 태생 코미디언 제리 클라워가 자주 했던 너구리 사냥에 대한 우스개가 하나 떠오른다. 두 친구가 한밤중에 너구리 사냥을 나갔다. 둘은 너구리를 발견하고 열심히 쫓았다. 너구리가 나무 위로 도망가자 그중 한 남자가 나무를 타고 올라갔다. 궁지에 몰린 너구리는 그 남자를 할퀴고 물어뜯으며 저항한다. 나무에서 내려오지도 못하고 그렇다고 너구리를 잡지도 못한 그 남자는 너구리의 맹렬한 공격을 받는 처지가 되었다. 고통에 비명을 지르던 그 남자는 나무 밑에 있는 친구에게 소리친다. "어서 총을 쏴!"

친구가 대답한다. "총을 쏘라니 무슨 소리야. 총알이 빗맞기라도 하면 어쩌려고."

"빌어먹을. 그냥 쏴! 적어도 둘 중 하나는 총에 맞고 구원받을 수 있을 거 아냐."

신뢰할 수는 있지만 생산적이지 못한 직원을 해고하는 것도 이와 같다. 그 직원이 아직 깨닫지 못했을 수도 있지만 회사가 구원받기를 원하는 것만큼이나 그 직원도 구원을 필요로 할 가능성이 높다.

현장의 목소리
_조지 하인스, 조지 뮤직 설립자

"저는 꼭 내려야만 하는 결정을 포기할 뻔했던 적이 있습니다. 회사 규모가 점점 커지고 있을 때였어요. 임원진을 강화하고 외부 인력을 도입할 필요가 있다는 생각이 들었습니다. 혼자 고민하다가 제가 정말 믿고 의지하는 한 부장에게 그 말을 했는데 그가 벌컥 화를 내더군요. 저는 뭔가 다른 이유가 있어서 그런가 보다 하고 대수롭지 않게 생각했어요. 그의 기분이 곧 괜찮아지리라 생각했죠. 하지만 제 뜻대로 외부 인력을 영입하고 나자 그 부장은 새로 온 사람을 깎아내리기 바쁘더군요. 어떻게 해야 좋을지 감이 잡히지 않았어요. 그때 생활은 고문에 가까웠어요. 하도 스트레스를 받다 보니 모든 일을 그만두고 어디론가 훌쩍 떠나고 싶기까지 했어요. 퇴직자 협회인 스코어(Score)에 찾아가 상담까지 받았으니 말 다했죠. 그런데 스코어의 상담자가 저를 다독이며, 회사의 경영자로서 그 부장에게 나가라고 강경하게 말해야 한다고 충고해주었어요. 그의 조언을 따라서 부장과 속을 터놓고 대화를 나누었지요. 결국 그 부장이 다른 회사로 옮기면서 일이 마무리되었어요."

특정한 누구의 탓이 아니다

경영자들은 조직 쇄신을 충성스러운 직원들을 배신하는 일처럼 느끼는 일이 많다. 그래서 그들은 쇄신을 단행하지 못하고 움츠러든다. 누군가 회사를 위해 친구처럼 지냈던 직원을 내보내야 한다고 충고라도 하면, 그들은 상황이 악화된 것이 자기 탓이라도 되는 양 방어적인 반응을 보인다. 그들은 자신의 의사 결정 능력에 대한 자신감을 잃는다. 하지만 경영자는 외부에서 새로운 인물을 영입하는 것이 기업의 정상적인 발전 과정이라는 사실을 깨달을 필요가 있다. 그 상황은 경영자나 특정 직원의 탓이 아니다. 회사가 성장하면서 이제는 다른 기술과 능력을 가진 사람이 필요하게 된 것뿐이다. 그리고 필요한 인물을 적재적소에 배치하는 것은 경영자의 임무이다. 그렇지 않으면 그 회사는 실패의 길을 걷게 될지도 모른다.

주디 스타키가 이 상황을 잘 비유해주는 말을 했다. "당신이 예전에 누군가를 채용했어요. 채용 당시에는 그 사람이 카리브 해에 떠 있는 아름다운 요트 같아 보였죠. 하지만 이제 당신에게 필요한 건 거대한 유조선이에요. 예전에 뽑았던 직원은 여전히 아름다운 요트예요. 그 아름다움이 사라진 건 아니에요. 단지 당신에게 필요한 것이 달라졌을 뿐이죠."

고위 임원을 채용하는 법

계속 근심 속에서 살 수는 없는 일이다. 이제 어떤 사람을, 어떻게 채용해야 할지 알려주겠다. 앞으로 말할 내용 중 상당 부분이 당신의 직관에 반하는 것일지 모른다. 요점을 효과적으로 전달하기 위해 많은 사람들이 가지고 있는 잘못된 통념이 무엇인지 알아보고 그것들이 옳은지 아니면 틀린지 하나하나 분석해보겠다.

통념 1
: 경영상의 취약한 부분을 알아내 그 분야에 맞는 사람을 채용해야 한다
이 생각이 완전히 터무니없는 것은 아니다. 하지만 그 표현 방식이 문제다. 취약한 부분을 찾아내기보다는 회사의 장점을 알아내, 권한 위임 시 그 장점을 보호하는 데 신경 쓰는 편이 더 낫다.

앞서 나왔던 항공기 부품 회사의 사례를 떠올려보라. 그 회사의 경영자는 부품을 '잘 구매하는 법'을 알고 있었다. 그렇다면 그는 부품 구매에 뛰어난 대기업 출신 외부 인사를 영입할 필요가 없다. 그렇게 했다가는 회사 내부에 갈등이 생겨났을지도 모른다. 팻라이브의 설립자인 글렌 데이비슨의 경우에도 마찬가지이다. 그가 뛰어나게 잘하는 분야의(이를테면 회사의 연구개발 행로를 계획하는 일 같은) 전문가를 채용했다면 둘은 서로의 의견을 주장하다 배가 산으로 갔을지도 모른다. 경영자는 차분히 자리에 앉아 자신이 어떤 분야의 일에 취약한지 찾아낸 후 그쪽 일을 도와줄 사람을 구해야 한다. 이때 가장 중요한 것은 새로 올 사람이 경영자의 장점을 위협하는 일이 없어야 한다는 점이다.

앞서 나온 항공기 부품 업자가 나에게 경영상의 어떤 부문에서 손을 떼는 것이 좋을지 물어보았다면, 나는 '물류' 부문이라고 답해주었을 것이다. 항공기 부품 재판매업은 구매, 재고 추적, 판매 등 물품의 이동과 관리를 총괄하는 물류 사업이라고 할 수 있다. 물류는 어떤 업계에 속해 있든 사업을 운영할 때 기본적으로 필요한 부문이다. 이 업체의 경우 물류는 꼭 필요하지만 동시에 기업의 핵심 가치와 충돌하지 않는 요소이다. 따라서 경영자가 직접 챙기기보다는 전문가에게 위임하는 편이 훨씬 나을 수 있다. 그 경영자는 기껏해야 7,000만 달러 규모의 회사를 운영해본 경험밖에 없다. 하지만 세상에는 5억 달러 규모 이상의 대기업에서 일하면서 물류에 대해서라면 통달한 전문 관리자가 무척 많다. 대기업에서 10년에서 15년 정도 일해본 경험이 있는 전문가라면 회사에 들어오자마자 무엇이 필요한지 즉시 알아낼 수 있을 것이다. 그들은 지금 당장 필요한 것뿐 아니라 향후 5년 동안 무엇이 필요할지도 쉽게 파악할 것이다. 노련한 물류 관리자는 경영자가 직접 물류 일까지 손댈 때보다 훨씬 더 사업의 위험을 줄여줄 것이며, 덕분에 경영자는 핵심 가치에 집중할 수 있는 시간적, 정신적 여유를 누릴 수 있을 것이다.

권한을 쉽게 위임할 수 있는 부문은 물류만 있는 것이 아니다. CFO(최고재무담당자)의 업무 또한 전문가에게 맡기는 편이 훨씬 더 합리적인 경우가 많다. 내부 통제를 강화하고, 원가를 계산하고, 재무 측정법을 개발하는 일은 어느 업계에서나 비슷한 방식으로 진행된다. 따라서 경영자가 구태여 이 분야의 지식이나 기술을 백지 상태에서 새로 배우고 습득할 필요가 없다. 혼자서 모든 걸 해야 직성이 풀리는 경영자라고 해도, 재무 쪽 일은 빠른 시간 안에 제대로 배우기가 힘든 분야이다. 고집을 피워 혼자서 해보려 하다가는 회사에 무질서와 대혼란을 초래하게 될지도 모른다. 비행기에 고도와 바람의 속도를 제대로 보여주지 못하는 계기판이 달린 것이나 마찬가지인 상황에 처하는 것이다.

다시 한 번 말하겠다. 경영자는 사업의 가장 중요한 한 부분을 보호할 필요가 있다. 그의 본능적 판단이 작용하는 부분을 누구도 건드리지 못하도록 남겨두어야 한다. 그리고 나머지 부문 중 경험, 지식, 분석적 판단력 등이 큰 역할을 하는 일을 위임해야 한다.

통념 2

: 기업을 다음 단계로 끌어올리기 위해서는 전문 경영인(CEO)에게 회사를 맡겨야 한다

기업이 일정 규모 이상 커지면 설립자가 계속 경영을 맡기보다는 전문 경영인을 뽑아 회사를 맡기는 것이 좋다고 생각하는 사람이 많다. 이는 반드시 맞는 말은 아니다. 설립자가 회사를 10억 달러 규모 이상으로 키우기 위해 필요한 자질과 기술을 정확히 갖춘 경우도 많다. 애플을 키워낸 스티브 잡스의 예를 봐도 알 수 있다. 또 페덱스의 프레드 스미스, SAIC의 로버트 베이스터는 어떠한가. 마이크로소프트, 홈데포, 구글 등 이런 기업의 예는 끝도 없이 들 수 있다. 그리고 설립자가 회사를 일정 규모 이상으로 키워 대기업에 매각한 숫자까지 더하면 그런 기업은 수백 수천에 달할 것이다. 또 나는 '용병' CEO들이 회사를 넘겨받아 회사를 엉망으로 만들어버린 사례도 수없이 목격했다. 7장에서 사례를 하나 가지고 자세히 알아보겠지만 성장의 늪지대에 다다른 기업은 네 갈래 길 앞에 놓이게 된다. 경영자가 자의에 의해서든 타의에 의해서든 그중 어떤 길을 선택하느냐에 따라 도착지가 달라진다.

나는 경영자가 자신을 도와줄 선임급 관리자를 외부에서 영입해 조직의 유전자 풀(gene pool)을 변화시킬 필요가 반드시 있다고 믿는다. 경영자들 중에는 다른 사람의 도움을 받아야만 회사를 다음 단계로 도약시킬 수 있다는 충고에 방어적인 반응을 보이는 사람도 있다. 하지만 엄밀히 말해 기업 성공의 상당 부분은 경영자

자신이 아니라 그들을 둘러싸고 있는 사람들에게 달려 있다. 회사를 이끌고 성장의 늪을 빠져나가려면, 경영자는 핵심 가치를 창조하기 위한 직관과 본능도 갖추고 있어야 하지만 노련한 경험에 근거해 그의 결정을 도와줄 전문가들을 가까이에 두고 있어야 한다.

통념 3

: 새로운 인물을 영입할 때는 다른 무엇보다도 그 사람의 배경, 자격, 적성이 중요하다

물론 그 사람의 배경, 자격, 적성은 중요하게 고려해야 할 요소들이다. 하지만 새로운 인물을 영입하는 가장 큰 목적은 주요 결정을 내릴 때 그 사람의 전문성과 경험을 원활하게 빌리기 위한 것이다. 따라서 채용 결정을 내릴 때에는 그 인물의 배경, 자격, 적성뿐 아니라 그 인물이 기업 문화와 잘 융화될 사람인지 충분히 고려해야 한다.

여기서 말하는 기업 문화란 무엇일까? 기업 문화란 그 기업이 현재 생산하고 있는 제품 및 서비스와는 별개의 것이다. 앞서 논의했듯, 제품과 서비스는 공략 고객층을 바꾸면 함께 변화한다. 한편 문화란 한 기업의 의사 결정 과정과 그 기업의 핵심 가치에 대한 공통된 이해를 말한다. 문화란 조직의 심장 고동이며, 변화의 시기에도 연속성을 유지할 수 있게 만들어주는 기업의 기반이다. 보벌링엄의 『스몰 자이언츠』에는 한 기업가의 말이 나온다. 그는 기업 문화를 '불문규범'이라고 칭하며 다음과 같이 말했다. "로마에는 글로 쓰인 헌법이 없었다. 단지 인간으로서 어떻게 행동해야 하는지에 대한 공통의 이해만이 있었을 뿐이다. 그것이 무너졌을 때 로마 제국도 함께 무너졌다."[1]

조지 뮤직의 경우, 직원들은 모두 조지가 어떤 결정을 내릴 때든 고객인 음악가 지망생의 이익과 편의를 최대한 고려한다는 사실을 알고 있었다. 체임벌린 에드먼즈의 경우, 주요 결정을 내릴 때 최우선으로 고려되었던 것은 고객(환자들)과의 인간적인 유대 관계를 해치지 않아야 한다는 점이었다. 체임벌린 에드먼즈의 경영자 주디 스타키는 모든 사업 결정을 내릴 때 진심으로 환자들을 위해 고심했다.

경영자는 새로운 인물을 영입할 때 기업의 일관성과 혁신, 기업의 뿌리를 잃지 않는 것과 성장하기 위한 채비를 갖추는 것, 기업의 영혼을 보호하는 것과 새로운 역량을 획득하는 것 사이의 균형을 잘 유지해야 한다. 경영자가 새로운 인물을 뽑을 때 기존 기업 문화 중 어떤 부분을 보존할지 제대로 의식하지 못하면, 그 기업은 갈등, 혼란, 정체성 위기에 시달리게 될 것이 뻔하다.

새로 들인 인물과의 문화적 차이 때문에 고생했던 체임벌린 에드먼즈의 사례를 보자. 체임벌린 에드먼즈의 경영자인 주디 스타키는 시카고 대학에서 MBA 학위를 받고 「포춘」지 선정 50대 기업에서 오랫동안 경력을 쌓은 임원 하나를 채용했다. 그의 배경과 능력은 나무랄 데가 없었지만 주디 스타키는 그 사람을 뽑은 후 지옥을 경험했노라고 술회한다.

“당시 사람을 잘못 뽑아 회사에 손해가 이만저만이 아니었지만 그만큼 큰 교훈도 얻었어요. 우리가 새로 뽑은 임원은 학력이나 경력 면에서 매우 뛰어난 사람이었어요. 그런데 그 친구가 출근을 시작하고 나서야, 그가 마음의 문을 굳게 닫고 사는 사람이라는 걸 알게 되었어요. 반면 우리 회사 문화는 훨씬 더 격의 없고 개방적인 편이었어요. 그 친구는 주변을 완벽하게 통제하려는 경향이 있는 통제집착 환자였어요. 심지어 내가 직원들에게 직접 업무 지시를 내리는 것조차도 싫어했어요. 그는 우리 기업 정신의 핵심을 제거하려고 했어요. 뭐든 자기 마음대로 하려고 드는 독불장군 스타일이었다고나 할까요. 결국 저는 인내심의 한계를 느끼고 그를 회사에서 내보냈어요. 그 친구가 업무를 담당했을 때에는 현금 흐름이 좋지 않아 힘들었는데, 그를 해고하고 다른 사람이 들어오자마자 현금 400만 달러가 들어와 숨통이 트였어요. 급반전이었죠.”

대부분 기업에서 경영자 자신의 성격이 기업 문화에 묻어나게 마련이다. 따라서 경영자는 새로운 인물을 뽑을 때 적어도 자신의 마음에 들고, 둘 사이에 의사소통이 원활히 이루어지는 사람을 골라야 한다. 어떤 성격을 가진 사람을 뽑는 것이 좋다고 구체적으로 말해줄 수는 없지만, 사람을 새로 들일 때는 지원자의 객관적인 배경에 대해서는 잠시 평가를 미루고 그 사람이 기업 문화에 맞는 사람인지에 대한 자신의 직감을 따를 필요가 있다.

아래에 경영자와 새로 채용한 관리자 사이에 어떤 갈등이 생길 수 있는지 보여주기 위해서 가상으로 써본 편지 두 통이 있다.

<u>경영자가 새로 영입한 관리자에게 보내는 편지</u>

친애하는 피트 씨

우리가 함께 일하기 시작한 지 벌써 며칠이 지났군요. 제 쪽에서 돌아가는 상황에 대해 말씀드리려고 이 편지를 씁니다. 당신과 함께 일하게 되어 정말 기쁩니다. 하지만 솔직히 말씀드려야 할 부분이 있는 것 같군요. 아시는지 모르겠지만, 당신을 뽑기 위해 저는 함께 일해온 우리 가족을 하나 내보내야 했습니다. 당신을 채용한 것은 저에게 정말 큰 결단이 필요한 일이었습니다. 여기 직원들은 그 일로 큰 충격을 받았습니다. 당신이 들어오기 전에 함께 일했던 그 친구는 우리 회사를 세우는 데 큰 도움을 주었던 사람이었습니다. 직원들 모두 그를 좋아했지요. 저는 아직 당신에 대해 아는 바가 거의 없습니다. 사실 저는 내심 이곳의 혼란을 완화하는 데 당신이 도움이 되었으면 하고 바랐습니다. 당신이 가져다줄 신선하고 획기적인 아이디어가 우리 사업에 새로운 지평을 열어주지 않을까 기대했던 것이지요. 하지만 이제 저는 그 기대가 얼마나 어리석고 형편없는 것이었는지 깨달았습니다. 지금 당신에게 더 시급한 일은 새로운 아이디어를 내는 것이 아니라 우리 회사의 문화와 가치가 무엇인지 파악하고 분위기에 적응하는 것이라는 생각이 듭니다.

얼마 전 당신과 대화를 나누면서 당신이 우리 회사 사람들을 높게 평가하지 않는 것 같다는 느낌을 받았습니다. 어떻게 해야 우리 직원들의 장점을 당신에게 이해시킬 수 있을지 모르겠군요. 당신에게 단점으로 느껴질지도 모르는 우리 직원들 특유의 문화는 우리 회사를 하나로 뭉치게 해주는 접착제 역할을 해왔습니다. 물론 당신과 나의 일처리 방식이 서로 다를 수도 있다는 점은 인정합니다. 하지만 당신이 지적했던 부분은 우리 회사를 성공하게 만들어준 원동력이라고 할 수도 있는 것이었습니다. 당신이 그 점을 이해해주었으면 합니다. 당신이 우리 회사에 혁신의 바람을 몰고 오는 것은 좋지만 그것이 우리 회사 고유의 문화를 파괴하는 일은 없었으면 좋겠습니다.

진심을 담아
칼슨 인터렉티브 프로덕트 설립자, 버드 칼슨

새로 영입된 관리자가 경영자에게 보내는 편지

친애하는 버드 씨

보내주신 편지 잘 받았습니다. 솔직하게 의견을 말씀해주셔서 정말 감사드립니다. 아시다시피 저는 이 회사에 들어온 지 얼마 되지 않았고 그래서 정말 기쁘지만 한편으로 두렵고 걱정이 되기도 합니다. 우선 당신과 오랫동안 함께해온 직원들이 저 때문에 상처를 받았다는 사실을 이제야 깨달았습니다. 그런데 한 가지 궁금한 점이 있습니다. 그렇다면 앞으로의 사업 방향에 대한 제 아이디어를 버드 씨와 다른 직원들이 받아들이는 것이 어려울까요?

그리고 회사 내 특정 사람들에 대한 제 평가는 옳다고 생각합니다. 저는 일을 시작한 지 아직 일주일도 되지 않았지만 지금 당장이라도 함께 일하고 싶지 않은 직원 몇몇을 집어 말할 수 있습니다. 그들 중 몇몇은 버드 씨의 최측근이어서 그들을 내보내는 것이 두렵기도 합니다.

이 회사만의 고유한 문화가 단단히 자리 잡고 있다는 것과 제가 아직 그 일부가 아니라는 점은 잘 알고 있습니다. 하지만 버드 씨께서도 조직을 쇄신하기 위해 저를 채용하셨을 테니 기존 문화를 어느 정도는 바꾸어야 한다고 봅니다. 지금 하던 대로 계속해서는 향후 5년 너머를 보장할 수 없다고 생각합니다. 설상가상인 것은 많은 사람들이-버드 씨조차도-이러한 것들이 지금까지 회사가 성공할 수 있게 해준 원동력이라고 생각하고 있다는 것입니다. 그래서 저는 고통스러울 수도 있는 변화를 제가 단행한다면 버드 씨께서 어떻게 생각하실지 궁금합니다. 제가 회사를 다음 단계로 도약시킬 수 있게 힘을 쓸 수 있도록 도와주셨으면 합니다.

건승과 행운을 바라며
피트 스탠퍼드

보통 경영자와 관리자 사이에 이러한 편지를 주고받는 일은 거의 없을 것이다. 하지만 경영자와 새로 들어온 관리자 사이에 어떤 식으로 갈등이 생기는지 보여주기 위해 그들의 속마음을 들여다보았다. 두 사람 사이의 문제에 대해서는 다음 통념 4에서 자세히 분석하겠다.

통념 4

: 기업이 외부에서 새로이 영입한 사람을 동화시키지 못하는 것은 기업 문화 때문이다

위에 나온 편지 두 통을 읽어보면 알 수 있겠지만, '기업 문화'가 새로 영입된 인물과 기존 인물들 사이에 벌어지는 갈등의 주요 원인으로 지목되는 일이 많다. 새로운 사람을 영입하고 문제가 생기면 이해관계자들은 자신 몫의 책임을 회피하기 위해 기업 문화를 핑계 댄다. 새로 영입되었던 사람은 이렇게 말한다. "그 회사만의 문화가 너무 뿌리 깊게 박혀 있어서 내 뜻을 제대로 펼칠 수가 없었어." 변화의 매개체를 찾기 위해 새로운 인물을 끌어들였던 경영자는 그 사람을 해고한 뒤 이렇게 말한다. "아, 그 친구. 사람은 똑똑했는데 우리 문화와 맞지 않더군." 새로운 인물이 영입된 후 회사를 그만둔 능력 있는 직원들은 이렇게 말한다. "그 회사에서 일하는 게 재미없어졌어. 새로 온 관리자는 우리 문화를 인정해주지 않더라고." 기업 내 이해관계자 중 누구도 이런 식으로 기업 문화를 변명거리로 삼아서는 안 된다. 문화를 이해하고, 존중하고, 보호하

라. 하지만 자신의 실패를 덮기 위해 기업 문화를 핑계 삼지 말라.

새로 영입된 사람이 기업 내에 신선한 변화의 바람을 몰고 오는 것은 물론 긍정적인 일이다. 하지만 새로운 인물은 지금의 회사 모습을 갖추기까지 회사를 성공시키고 성장시켜온 문화―혹은 의사결정 절차―를 존중해야 한다. 새로운 관리자가 조직 내부의 저항을 문화 탓으로만 돌리는 것은 현명하지 못한 처사다. 그들에게 진정 중요한 것은 '신뢰'를 쌓는 일이다. 기존 구성원들이 새로운 지도자의 의사결정 절차를 신뢰하게 되면 결국 그들은 지도자가 주장하는 변화에 동참할 것이다. 결국 의사결정 절차란 근본적으로 '누가' 결정을 내리느냐에 관한 것이다. 다음 물음에 모두 '그렇다'라고 답할 수 있다면 그 관리자는 조직 구성원들의 신뢰를 받게 될 것이다. '회사가 무엇을 할 수 있고 무엇을 할 수 없는지 관리자가 제대로 파악하고 있다는 믿음을 구성원들에게 주고 있는가? 조직 내에서 어떤 일이 벌어지고 있는지 정확히 알고 있는 주요 인물들의 목소리에 관리자가 귀를 기울이는가? 관리자가 직원들에게 공정한 보상을 해주고 있는가? 다시 말해, 좋은 성과를 낸 사람에게는 보상을 해주고 그렇지 못한 사람은 퇴출시키고 있는가? 그 과정을 통해 고객에게 올바른 가치를 약속하고, 그 약속들을 지키기 위해 자원을 올바르게 활용하고 있는가?'

모두 '그렇다'라고 대답할 수 있다면 새로운 관리자는 자신의 영향력을 행사하기 위해 기존 문화를 극복할 필요가 없다. 그들에게 필요한 것은 그저 조직 구성원들에게 신뢰의 근거를 보여주는 것이다. 그리고 그것은 주로 새로운 인물이 설립자와 경영자에게 얼마나 기꺼이 존경과 존중을 표하느냐에 달려 있다. 이 장에 나왔던 몇 가지 실패 사례들에는 공통점이 하나 있었다. 새로 영입된 사람들에게 기존 경영자에 대한 존경과 존중이 부족했던 것이다. 그들은 중대한 결정을 내릴 때 경영자의 조언을 구하지 않았다. 팻라이브의 경우를 보자. 나는 팻라이브의 설립자인 글렌 데이비슨과 개인적 친분을 쌓을 기회를 가질 수 있었다. 옆에서 지켜보니 그는 미래를 내다볼 줄 아는 비범한 능력을 가진 사람이었다. 그 덕택에 그는 시도했던 모든 사업에서 성공을 거두었다. 그런데 당신이라면 제품 연구개발과 관련된 큰 투자 건에 대한 결정을 내릴 때 그를 '배제'시키는 것을 상상할 수 있는가? 체임벌린 에드먼즈의 사례에서도 마찬가지였다. 당신이라면 백지 상태에서 새로운 시스템을 만들 때 회사 설립자인 주디 스타키를 제외시키는 걸 상상할 수 있는가?

'기업 문화'는 새로운 인물이 자신의 뜻을 펼치지 못한 것에 대한 핑곗거리가 되지 않으며, 그 새로운 인재를 조직에 동화시키지 못한 경영자의 실패에 대한 변명도 되지 않는다. 경영자를 포함한 고위 임원들은 자신들의 회사를 특별하게 만들어주었던-성공적인 결정을 내릴 수 있게 해주었던-모든 요소를 보호할 필요가 있다. 하지만 그들 자신의 자존심과 자만, 아집 때문에 새로운 인물이 조직에 흡수되지 못하게 막은 것에 대해서는 부끄럽게 여겨야 한다. 새로운 시각과 관점을 얻기 위해 새로운 사람을 영입해놓고 그들의 입을 막는 것은 어리석은 처사라 할 수 있다.

결국 성장 기업의 성공은 새로운 의사결정 과정, 즉 새로운 문화를 흡수하는 동시에 과거에 자신을 성공하게 해주었던 문화를 유지하는 균형점을 찾는 것에 달려 있다고 해도 과언이 아니다. 어떤 기업이든 우세한 부문과 취약한 부문이 있게 마련이다. 경영자와 새로 들어온 인물은 각기 사업의 어떤 부문이 가장 중요하다고 생각하는지 서로 의견을 교환하고 양쪽의 장점을 취합해 통합된 의사결정 절차를 마련할 필요가 있다. 다시 말해, 경영자와 새로운 인물은 기업의 핵심 가치와 의사결정 절차에 대한 상호 이해에 도달해야 한다.

신구 세력을 솜씨 좋게 통합하기 위한 방법은 여러 가지이다. 앞서 나온 채널 인텔리전스의 경우를 살펴보자. 설립자 랍 와이트는 새로운 인물을 들이면서 평등 지향적이고, 능력 중심적이며, 성과에 따라 평가하는 기업 문화를 해치지 않기 위해 무척 신경 썼다. 랍 와이트는 마이크로소프트에서 임원으로 일해본 경험이 있었기에, 자신의 회사가 속한 IT 업계에서는 재능 있는 인재가 있으면 재빨리 보상을 주고 진급시키는 것이 성공에 매우 중요하다는 사실을 알고 있었다. 그는 또한 직원들을 그들이 맡은 역할에 따라 평가하는 방식을 제도할 필요가 있다고 생각했다.

그가 찾은 해법은 새로운 조직 구조를 만드는 것이었다. 과거에는 직위에 따라 명령과 보고가 오가는 수직적 체계였지만 이제는 능력에 따라 업무를 배정하고, 업무 성과는 동료들이 평가하며, 성과에 따른 보상을 해주는 수평적 체계로 바꾸기로 했다.

"자신이 맡은 업무에 대한 기대가 어느 정도인지 분명히 알게 되자 직원들이 좋아하더군요. 하지만 모든 사람이 변화를 견뎌내진 못했어요. 괜찮은 직원 몇 명이 회사를 그만두기도 했죠. 하지만 그런 일은 어쩔 수 없는 변화 과정의 일부였다고 생각해요. 결과적으로는 조직 개혁이 긍정적인 결과를 낳았어요. 최근에는 올랜도에서 선정한, 직원 만족도가 가장 높은 중소기업에 우리 회사가 뽑히기도 했습니다. 우리는 임원진을 영입할 때도 우리의 조직 문화를 최우선으로 고려하고 있어요. 그 사람이 우리 회사에 잘 맞는 사람인지 아닌지를 먼저 봅니다."

통념 5

: 전문 경영인을 새로 영입하면 그가 모든 혼란을 잠재우고 회사를 '청소'해줄 것이다. 그 덕분에 수익성도 향상되고 회사도 성장할 것이다

이 생각은 다른 어떤 통념보다도 위험하다. 기업이 성장세를 유지하고 계속 수익을 낼 수 있는 비결은 균형 잡힌 방식으로 '어질렀다가' 다시 '청소하기'를 반복하는 것이다. 그렇게 하려면 두 사람이 필요하다. 직관적인 능력에 따라 큰일을 저질러 회사를 '어질러놓을' 수 있는 사람과 저지른 일을 뒷수습하는 '청소'에 재능이 있는 사람. 그리고 두 사람이 서로의 관점을 존중하는 것 또한 필수적이다.

그런데 만약 새로 들어온 인물이 회사 내의 모든 혼란을 깨끗이 없애버린다면, 그것은 무엇인가가 끔찍하게 잘못되어가고 있다는 것을 의미한다. 어느 기업에서든 일정 수준의 혼란과 무질서는 그 기업의 성장과 안녕을 위해 꼭 필요하다. 단, 질서를 유지하기 위한 요소와 균형을 이루고 있다면. 미국 뉴햄프셔 주 포츠머스에 있는 시코스트 정신 건강 센터(Seacoast Mental Health Center)에서 일하는 신경심리학자인 제럴드 폴락은 이런 말을 했다. "가족이건 기업이건 간에, 어떤 조직에서든 무질서와 혼란을 완벽히 없앨 수 있다고 생각한다면, 그것은 환상을 좇는 것과 같다."[2] 경영자는 새로운 고객을 끌어들이거나 기존 고객들의 새로운 욕구를 충족시켜주기 위해 이전에 시도하지 않았던 새로운 가치를 약속함으로써 회사를 꾸준히 '어지럽힐' 필요가 있다. 동시에 그들은 또한 그 새로운 약속들을 지키기 위해 필요한 내부 절차를 발전시켜 이 어지러운 상태를 꾸준히 '청소'할 필요도 있다. 너무 어지르기만 했다가는 고객에게 약속을 지키지 못해 한순간에 무너지게 될 것이다. 반면 너무 말끔히 청소만 했다가는 그 기업은 흐르지 않고 고여 있는 물처럼 정체되어 있다가 서서히 죽음을 맞이하게 될 것이다.[3]

기술 회사인 개리슨 엔터프라이즈(Garrison Enterprises)의 설립자 캐머런 개리슨은 이렇게 말한다. "큰 진자가 하나 있다고 생각해보세요. 추의 한쪽에는 혼란과 무질서가 있고 다른 쪽에는 관료주의가 있어요. 추의 균형을 유지하는 게 중요하지만 그건 결코 쉽지 않죠." 기업 생애 주기 초기에는 경영자들이 고객에게 가치를 약속하고 그 가치를 지키는 것 사이의 균형을 직관적으로 유지한다. 그들은 자신도 깨닫지 못한 채 그 절묘한 균형점을 찾아낸다. 그들은 경영과 마케팅을 모두 손수 처리하기 때문에 고객에게 어느 정도까지 약속을 하면 경영에 무리가 가지 않을지 감지할 수 있다. 그런데 기업이 성장의 늪에 들어서게 되면 이 과정이 훨씬 더 복잡해진다. 눈금이 한쪽 방향으로 지나치게 기울어져버리는 것이다. 성장의 늪에 놓인 기업은 너무 몸을 사리거나 반대로 과도한 약속을 하고 나서 좌절을 경험할 수 있다. 성장의 늪을 헤쳐나가려면, 경영자는 고객에게 가치를 약속하는 행위에 내재한 후속 의무를 유념하고 양자를 동시에 만족시키기 위한 책임을 맡아야 한다.

그 책임을 완수할 수 있는 방법은 여러 가지이다. 어떤 기업의 경영자는 '어지를 수 있는' 특권을 누리면서 동시에 다른 사람들에게 피드백을 받아서 자신이 회사의 능력 너머로 일을 저지르는 것은 아닌지 점검한다. 보비 바우든도 그런 유형의 지도자였다. 플로리다 주 미식축구 팀의 코치인 보비 바우든은 팀의 전직 트레이너였던 닥을 매우 높이 평가했다. 그의 가치는 값으로 헤아릴 수 없을 정도라고까지 말하곤 했다.

바우든은 닥이 지구상 최고의 트레이너는 아니지만 선수들을 진정 위할 줄 아는 친구였다고 평가했다. 닥은 선수들이 너무 지쳐 있으면 슬며시 다가가 컨디션이 안 좋은지 묻고 묵묵히 자신의 몫을 다하는 성격이었다. 바우든은 자신에게 부족한 면을 보완해줄

> 모든 기업에는 '일을 저지르고 어지를' 사람이 필요하다.
> 그리고 '청소할' 사람도.

수 있는 닥의 그런 면을 볼 줄 알았던 것이다. 모든 기업에는 팀을 새로운 방향으로 이끌어줄 바우든 같은 사람이 필요하지만 동시에 묵묵히 뒤를 받쳐주는 역할을 맡은 닥 같은 사람도 필요하다.

경영자가 '어지르는' 역할을 계속하려면, 그에게는 저질러놓은 일을 뒤에서 묵묵히 '청소해'줄 임원을 영입하는 것이 도움이 된다. 그런 예가 하나 더 있다. 1990년대 중반, 셰인 앨버스는 은행에서 대출을 거절당한 부동산 개발업자들에게 단기 자산을 담보로 대출을 해주면 괜찮은 수익을 올릴 수 있겠다는 생각으로 인베스터스 모기지 홀딩스(Investors Mortgage Holdings)를 차렸다. 그는 사업을 꽤 잘 꾸려갔지만 그래도 그의 회사는 여전히 비교적 작은 규모의 지역 업체에 불과했다. 그런데 회사 설립 6년째 되는 해에 셰인 앨버스는 윌 메리스를 동업자로 불러들였다. 그 이후 그의 회사는 성장을 거듭해 애리조나 주를 벗어나 캘리포니아 주와 텍사스 주까지 사업 영역을 확장했다. 회사 관리 자산은 2억 5,000만 달러까지 늘어났으며 매달 2,000만 달러씩 증가하는 추세를 보였다.

셰인 앨버스가 성공할 수 있었던 핵심 비결은 '어지르는 것'과 '청소하는 것' 사이의 균형을 잘 유지한 것이었다. 셰인은 몽상가적 기질이 있는 사람으로, 모든 조건들을 통합해 거래를 협상하는 일에 대한 통찰력이 있었다. 하지만 그는 필요자금을 조달하고, 직원들을 관리하고, 사업 규모를 확장시키기 위한 내부 시스템을 개발하는 등의 경영 업무에는 별로 관심이 없었다. 반대로 동업자로 영입한 윌 메리스는 그런 일에 뛰어났다. 앨버스와 손을 잡기 전에 그는 맨손으로 모기지 중개 회사를 설립해 1년도 안 되어 직원 70명에 사무소가 세 곳이나 되는 규모로 키워본 경험이 있었다. 앨버스는 둘의 관계를 이렇게 말했다. "저는 시장이 어떤 방향으로 움직일지 알고 있었어요. 그래서 저는 주로 비전과 투자 자산 관리에 집중했습니다. 그리고 월에게 '이 부문을 담당할 이런 사람들이 필요해.'라고 말했죠. 그러면 월은 그 일을 실행하는 일상적인 경영 업무를 모두 맡아서 해주었어요. 저는 연료, 월은 브레이크 역할을 담당했던 거죠. 월이 자금을 모아오면 제가 그 자금을 혁신적인 방식으로 사용하는 식으로, 우리는 서로를 보완해가며 일했습니다."

앨버스가 외부 인물을 영입한 것은 회사 내부의 혼란과 무질서를 제거하기 위해서라기보다는 오히려 혼란과 무질서를 더욱 조장하기 위해서였다. 그는 뒤를 봐줄 수 있는 사람에게 후속 업무 처리를 맡긴 후 자신은 고객에게 더 나은 가치를 약속할 자유를 만끽했다. 앨버스는 말한다. "저는 월에게 골치 아픈 짐을 넘겨주면서 미안함을 느끼곤 했습니다. 하지만 곧 그를 더 불편하게 만들수록 우리 회사에 도움이 된다는 사실을 알게 되었지요. 이제는 그렇게 할 수 있는 기회만 있다면 그를 더욱 곤란하게 만들어야겠다고 생각해요." 메리스도 그의 말에 동의한다. 자신과 앨버스 사이에 계속되는 갈등과 긴장이 항상 유쾌한 것만은 아니지만 결국 그런 긴장과 갈등이 생산적인 역할을 하는 것이 사실이라고 말한다.

"우리가 함께 일한 지 얼마 되지 않았을 때는 셰인의 원대한 비전이 저를 매우 불편하게 했어요. 저는 그전까지 셰인처럼 크게 생각하는 사람을 겪어본 적이 없었거든요. 투자자들과 회의를 할 때면, 상대방은 우리에게 향후 우리 회사의 전망을 어떻게 보고 있는지 묻곤 합니다. 저는 몇 년 내에 회사를 직원 40명 규모까지 키울 것이라고 말하지만 셰인은 직원 400명 규모까지 내다보고 있다고 답합니다. 그런 셰인의 태도는 아직도 저를 불편하게 만들 때가 있습니다. 하지만 저는 어떤 일을 할 때든 안전한 길로 가려고 하고, 전진하기에 앞서 모든 준비를 완벽히 갖추어놓는 성격이기 때문에 셰인의 그런 점은 저에게 무척 필요한 부분이라고 할 수 있습니다. 셰인은 종종 생각지도 못했던 일을 저질러 제 뒤통수를 치곤 하지만 그 뒷수습을 열심히 하다 보면 회사가 훌쩍 성장해 있는 걸 발견할 수 있습니다."

통념 6

: 고속 성장 기업은 직급이 높은 임원들을 채용하기에 앞서 중간급 관리자를 채용해야 한다

이런 생각은 정말 잘못된 것이다. 하지만 이 잘못된 통념이 너무 널리 퍼져 있다는 사실이 문제다. 고속 성장 기업이라면 중간급 관리자가 아닌 직급이 높은 전문 경영인, 경우에 따라서는 최고경영자를 새로 들이는 편이 낫다.

왜 전문 경영인을 채용해야 하는가? 애초에 외부 인물을 영입한 이유가 무엇이었는지 생각해보면 답을 알 수 있다. 외부 인물을 불러들이는 이유는 경험이 풍부한 사람을 채용해 성장의 늪을 건너기 위해 필요한 것이 무엇인지 손쉽게 파악하려는 데 있다. 한데 성장의 늪을 헤쳐나가기 위해 무엇이 필요한지 배우기 위해서는 중요한 결정을 내려본 경험이 많아야만 한다. 따라서 다른 기업에서 고위급 관리자로 일해본 사람만이 고속 성장 기업에 필요한 지식과 경험을 가져다줄 수 있다. 다음 비유를 보면 이해하기가 쉬울 것이다. 새집을 지을 때 베테랑 건축가나 시공업자 하나 없이 풋내기들에게만 일을 맡기는 사람은 없다. 실무 경험 한 번 없이 대학원을 갓 졸업한 건축가에게 집 짓는 과정을 총괄하는 책임을 맡겼다가는 흠이 있거나 비효율적인 집을 얻게 될 가능성이 높다. 사업을 할 때도 마찬가지다. 문제가 임박했을 때에야 그에 대한 해결책을 찾기에 급급해 할 중간급 관리자가 아닌, 경험을 바탕으로 문제를 미리 예상하고 그에 대한 해결 방안을 미리 강구해놓을 수 있는 고위급 전문 경영인을 찾아야만 한다.

중간급 관리자를 채용하는 것이 바람직하지 못한 이유가 하나 더 있다. 중간급 관리자를 채용했다가는 경영자의 짐을 덜기보다는 부담만 더 보태는 결과를 낳을 수 있다. 나는 경영자에게 계속 의지하면서 사업을 어느 방향으로 이끌고 가야 할지 도움을 청하고 업무 지시 없이는 어떤 일도 주체적으로 시도하지 못하는 새로

운 중간 관리자 때문에 골치 아파하는 경영자들을 수없이 목격했
다. 명심하라. 고속 성장 기업에 필요한 사람은 사업이 어떤 방향으
로 흐르고 있는지 이미 알고 있는, 혹은 적어도 곧 파악하게 될 전
문가이다. 경영자의 목표는 권력 이양이다. 혼자서는 일을 주도적
으로 추진하지 못하는 또 다른 직원을 챙기느라 신경 곤두설 일을
만들지 말라.

현장의 목소리
_브루스 몰러, 드라이브캠 회장 겸 CEO

"저는 직원을 뽑을 때 최고 중에서도 최고를 추구합니다. 물론 모든 사람이 제 의견에
동의하는 건 아닙니다. 특히 임원진을 뽑을 때 너무 거물급만 고른다는 불만 섞인 목
소리도 나왔지요. 이사 중 한 명은 실제로 저에게 이렇게 말하더군요. '도널드 트럼프
를 뽑을 수 있다고 해서 꼭 그 사람을 뽑아야 하는 건 아니지 않습니까.' 저는 물론 그
렇다고 답했지요. 하지만 제가 딱 도널드 트럼프를 원하는 것은 아니지만 저는 우리
회사가 최고의 인재를 뽑을 가치가 있다고 믿습니다. 수준 이하의 사람을 받아들이
지 않을 것이라는 제 결심에는 변함이 없습니다. 그 누가 저를 돈을 쓰지 못해 안달이
난 사람이나 미친 사람 취급을 한다 해도 어쩔 수 없습니다."

지금까지 고속 성장 기업이 다음 단계로 진보하기 위해 고위급 전문 경영인을 영입하는 일이 얼마나 중요한지 알아보았다. 그런데 이런 의문을 품는 사람이 있을지도 모르겠다. "경영자의 직관적인 판단을 보완하기 위해 경험이 풍부한 전문 경영인을 영입하는 것이 중요하다는 점은 잘 알겠습니다. 하지만 뛰어난 전문 경영인을 영입하기 위한 비용은 어떻게 감당하죠?" 5장에서 더 자세히 설명하겠지만, 2002년에 기업 회계 개혁 및 투자 보호를 취지로 제정된 미국의 사베인즈-옥슬리 법이 발효된 이후 소규모 기업들이 뛰어난 전문 경영인을 영입하는 일은 더욱 힘들어졌다. 하지만 자본 시장에서 필요자금을 투자 받으려면 높은 비용을 들이고서라도 경험이 풍부한 전문 경영인을 영입하는 것이 훨씬 더 유리하다는 사실에는 변함이 없다.

괜찮은 경영진을 확보하는 데 성공한 신흥 성장 기업이 집중해야 할 다음 단계의 과제는 바로 수익을 낼 수 있는 확고한 사업 모델이 있다는 점을 자본 시장에 납득시키는 일이다. 사업 모델을 둘러싼 문제들은 다음 장에서 자세히 알아볼 것이다. 일단 지금은 경영진 쇄신과 관련된 문제들에 대해 충분히 고민하고 넘어가자. 경영진 쇄신에 실패한 기업은 성장의 늪을 결코 벗어날 수 없다는 사실을 명심하라. 한 기업의 최고경영자인 당신이 회사에 더 이상 도움이 되지 않는 직원을 해고하는 것이 꺼려진다면, 전문 경영인에게 사업 경영 중 큰 부분을 위임하는 것을 생각도 할 수 없다면, 혹은 최고의 인재를 끌어들이기 위해 어쩔 수 없이 감수해야 할 재정적 위험을 받아들일 의지가 없다면, 현재 규모에서 그냥 멈추라. 당신에게는 성장의 늪을 가로지르는 일이 어울리지 않는다. 당신은 회사를 소규모로 유지하거나, 다른 대기업에 회사를 매각함으로써 훨씬 더 큰 만족감과 성취감을 느낄지도 모른다.

🐾 쉬어 가기 질문_ 경영진 쇄신

질문을 던지기에 앞서 하나 경고할 것이 있다. 아래에 나올 질문들은 당신을 약간 불편하게 할지도 모른다. 6장에서 더 깊이 논의하겠지만, 경영자들은 대부분 중요한 결정을 내릴 때 조언을 구하는 측근들을 두고 있다. 이제 당신은 그 측근들을 뒤흔들고 쇄신해야만 한다. 누구를 내보내야 할지에 대한 결정은 다른 사람들과 의논하고 협의를 구할 필요가 없는 문제다. 지금 이 글을 읽으면서 명치끝이 단단하게 뭉치는 것 같은 느낌이 드는 사람이 많을 것이라 장담한다. 당신은 내보내야 할 사람이 누구인지 이미 알고 있다.

1. 고위급 관리자라 할 수 있는 직원들의 목록을 작성하라. 그리고 그들이 각각 뛰어나게 잘하는 일이 무엇인지 생각해보라.
2. 회사 경영과 관련해 당신의 가장 뛰어난 능력이 무엇이라 생

각하는가?

3. 가장 중요한 사업 결정을 내릴 때 어떤 과정을 거치는지 종이
   에 간단히 적어보라. 종이에 당신이 의견을 구하는 사람들의
   이름도 적으라. 당신의 측근들 중 과거에 당신의 마음을 바꾸
   게 만들었던 사람들의 이름만 적으라.
4. 고위급 관리자 중 경험 부족으로 실수를 저지른 사람의 이름
   을 떠올려보라. 그가 어떤 결정을 내릴 때 실수했는지, 그리고
   그 실수 때문에 회사가 어떤 손실을 입었는지 대략 적어보라.
5. 고위급 관리자들 중 현재 총수입의 다섯 배 이상을 기록했던
   대기업에서 고위급 관리자로 일해본 경험이 있는 사람이 몇
   명이나 되는가?
6. 시간적·정신적 여유 부족으로 당신이 사업의 여러 부문 중
   일부만을 책임져야 한다면 어떤 부문을 맡겠는가? 그 이유는
   무엇인가?

짚고 넘어가야 할 문제가 하나 더 있다. 경영자들은 대부분 성심
을 다해 따르는 측근들에게 무언의 약속을 한다. "나를 믿고 따라
주시오. 그러면 목표지점에 이르렀을 때 당신들 뒤를 돌봐주겠소."
문제는 시간이 흐를수록 '뒤를 돌봐주겠다'는 약속의 의미가 서로
달라진다는 것이다. 당신이 생각하는 바와 측근들의 생각은 하늘
과 땅만큼 달라질 수 있다. 직원들이 당신에게 어떤 기대를 하고
있는지 지금 당장 알아보고 기록해두라. 늦으면 늦을수록 서로의

생각 차이는 커질 것이다. 이 일을 나중으로 미루지 말고 지금 당장 하라. 다음 질문에 답하는 것으로 시작해도 좋다.

7. 누군가에게 뒤를 돌봐주겠다고 약속해놓고 아직 지키지 못한
   것이 있는가?

　당신과 가까운 사람들을 뒤흔드는 일은 결코 쉽지 않을 것이다. 당신에게 용기를 줄 수 있는 사례를 하나 들려주겠다. 이 사례에 나오는 더그 그로브스는 곤란한 결정을 단행하고 성공과 행복을 거머쥐었다. 더그 그로브스는 1976년에 아버지와 삼촌에게 건축 자재 유통업체인 캐러페이스 LLC(Carapace LLC)를 물려받았다. 당시 캐러페이스는 포마이카 라미네이트(가구 등에 쓰는 내열성 합성수지), 벽 패널재, 몰딩재, 바닥재 등을 판매해 연간 총 200만 달러 정도를 벌어들이고 있었다. 회사를 경영한 지 4년이 흐르자 더그 그로브스에게는 업계 추세를 볼 줄 아는 눈이 생겼다. 그는 듀폰에서 새로 개발한 코리안(Corian)이라는 표면 마감재가 차세대 수익원이 될 수 있으리라 여겼다.

　하지만 불행하게도 회사에는 위험을 감수하는 것을 좋아하지 않는 토박이 부장이 하나 있었다. 그는 오랜 기간 회사에서 일해온 사람이었기에 그의 영향력을 무시할 수 없었다. 그는 코리안에 투자하기를 꺼렸다. 하지만 그로브스는 코리안에 투자하고 듀폰과도 좋은 관계를 구축하는 것이 회사의 미래에 도움이 될 것이라고 주

장했다. 그로브스는 아버지의 도움을 받아 자신의 의견을 밀어붙였다. 캐러페이스는 코리안에 자금을 투자해 볼티모어 지역 독점 판매권을 따냈다. 하지만 그 부장은 계속해서 반대 의사를 표명했고 갈등은 쌓여갔다.

1985년, 그로브스는 쌓여가는 갈등을 해결하기 위해 한 컨설턴트에게 조언을 구했다. 컨설턴트는 그 부장을 내보내는 것이 유일한 해결책이라는 답을 내놓았다. 그로브스는 심사숙고 끝에 부장을 회사에서 내보냈다. 그 결정을 내리기까지의 과정은 고통스러웠지만 부장의 퇴장 이후 행복한 결말이 찾아왔다. 더 자유롭게 자신의 비전을 추구할 수 있게 된 그로브스는 코리안 관련 사업을 확대했고 총수입은 점점 커졌다. 현재 캐러페이스는 미국 남부 지역의 코리안 유통을 독점하고 있으며 듀폰과도 돈독한 관계를 유지하고 있다. 그리고 코리안 관련 제품에서 나오는 수익은 연간 8,000만 달러 이상에 이르고 있다. 그로브스는 말한다. "우리 회사의 엄청난 성장은 그 부장을 해고했기에 가능했습니다. 힘든 결단을 내린 후 우리 회사의 역사에 새로운 장이 열렸습니다. 지금 우리 회사가 이만큼 성장한 건 모두 그 결단 덕이라고 할 수 있습니다."

경영진 쇄신이라는 문제와 맞붙어 싸우라. 그래야만 당신 회사의 잠재력을 최대한 펼칠 수 있다.

4장

사업 모델 확대하기

신생 기업들이 고객을 끌어들이는 방법은 대개 유사하다. 그들의 사업 모델은 대개 적은 임금을 받으며 높은 성과를 내는 노동력에 의존하는 방식이다. 직원들의 땀과 헌신에 기대어 우수한 제품과 서비스를 시장 평균 가격보다 낮게 제공하는 것이다. 하지만 기업의 규모가 커지면 이 사업 모델로는 더 이상 지탱하기가 힘들어진다. 일정 규모 이상의 기업은 정상적인 비용 구조에 적응해야만 살아남을 수 있다. 신흥 기업이 성장의 늪을 잘 헤쳐나가려면 고객에게 가치를 제공하면서도 수익을 낼 수 있는 사업 모델을 개발하는 것이 필수적이다. 그에 덧붙여 그 사업 모델의 성과를 끊임없이 분석해 수익을 지속적으로 내는 게 가능한지 평가할 수 있는 도구도 갖추어야 한다.

머물러 있다간 밀린다

1990년대 초반, 로스쿨 학생이던 톰 린치는 컴퓨터 프로그래밍을 독학으로 공부하다가 자신에게는 대학원에서 배우는 법보다 그 일이 더 재미있고 적성에 맞는다는 사실을 알게 되었다. 하지만 로스쿨을 그만두는 것이 내키지 않았기에 프로그래밍은 취미로만 삼기로 했다. 그는 컴퓨터 가게의 재고 관리 프로그램을 제작해주는 등의 아르바이트를 하면서 짬짬이 프로그래밍을 익혔다. 그렇게 그는 로스쿨을 졸업했고, 변호사 시험에도 합격했다. 졸업 후 그는 로펌에 들어가 첫 번째 사건을 맡게 되었다. 처음으로 맡은 일이니만큼 최선을 다해 자료를 조사하고 의뢰인을 변호했다. 그 결과 의뢰인은 승소 판결을 받았다. 하지만 그것이 꼭 승리라고 할 수도 없었다. 재판관이 피해 보상금으로 고작 1달러를 지급하라는 판결을 내렸기 때문이었다. 린치의 생각에 그것은 정말 어이없는 판결이었다. 그는 그날로 변호사 일을 접고 소프트웨어 개발 회사를 차렸다. 법이라면 이제 공부할 만큼 해보았고, 그런 식의 공허한 승리를 통해서는 어떤 보람도 찾을 수 없으리라는 판단에서였다.

린치가 자기 사업을 시작한 것은 정말 좋은 결정이었다. 그의 회사 인피니티 소프트웨어(Infinity Software)는 우수한 고객 서비스를 기반으로 미국 내에서 가장 빠르게 성장하는 기업 중 하나가 되었다. 5년 동안 총수입 459% 성장을 기록하면서 2002년에는 「잉크 매거진」이 매년 선정하는 '미국에서 가장 빠르게 성장하는 500대 기업' 중 459위에 올랐다. 2005년에 그의 회사는 총수입 2,000만 달러에 직원 수 173명에 이르는 규모로 성장했다. 액센추어(Accenture) 같은 대규모 다국적 기업과 경쟁해야 하는 소프트웨어 개발업체로서 그리 나쁘지 않은 성적이었다.

린치는 자신의 회사가 수익을 낼 수 있다는 사실을 당당히 증명해 보였다. 플로리다 주 텔러해시에 있는 그의 회사는 여러 민간업체들과 플로리다 주 정부에 소프트웨어를 개발해 판매하고 있다. 하지만 그는 이제 다음 단계로 도약하기 위해 준비해야만 한다는 점을 알고 있다. 하루가 다르게 변해가는 소프트웨어 업계의 치열한 상황을 고려하면 현재 규모로는 더 이상 경쟁력을 발휘하기가 힘들다고 생각한다. 회사의 최고 자산이라 할 수 있는 재능 있는 인재들의 이탈을 방지하려면 그들에게 탄탄히 경력을 쌓을 수 있는 기회를 제공해야만 한다. 그리고 그 기회를 제공하려면 새로운 지역 시장을 뚫어서 더 도전적이고 규모가 큰 일을 따내야만 한다.

현재 린치는 플로리다 주 이외 지역에 새로운 사무소 몇 곳을 열 계획을 하고 있다. 그는 고객에게 최상의 서비스를 약속하는 기업 문화를 복제하면 새로운 지역에서도 수익을 낼 수 있으리라 생각하고 있지만 아직 확신은 없다. 하지만 가만히 머물러 있다가는 언제 도태될지 모르는 상태이기 때문에 모험에 뛰어들기로 작정한 것이다. 그는 초조하고 긴장되는 마음을 억누르고자 애쓰고 있다.
"회사를 키울지 말지 선택하는 것은 정말 힘든 일입니다. 지금도 잘
해나가고 있지만 이런 식으로 가만히 머물러 있다가는 언제 업계
경쟁에서 밀릴지 모른다는 게 문제예요. 하지만 덩치를 키운 후에
도 수익을 낼 수 있을지 장담할 수 없으니 걱정될 뿐입니다. 저는
직원 몇 명을 다른 주로 출장 보내 괜찮은 기회가 있을지 조사해보
라고 했어요. 하지만 아무리 객관적으로 시장 조사를 한다 해도 미
래가 어떻게 될지 정확히 알 수는 없는 법이죠. 우리 회사는 지금
성장에 늪에 빠져 있습니다."

린치가 겪고 있는 어려움은 비단 그만의 것이 아니다. 기업을 이
끄는 경영자라면 누구나 회사가 성장함에 따라 사업 모델을 대대
적으로 변화시켜야만 하는 시기에 직면하게 된다. 적어도 린치는
스스로 사업 확장을 결심하고 그 과정에서 사업 모델에 대해 고민
하기 시작한 것이므로 그나마 그의 고민과 번뇌는 다른 경영자들
보다 나은 편이라고 할 수 있다. 다른 경영자들은 더 이상 회사에
어울리지 않는 사업 모델 때문에 수익성이 떨어지고 회사가 침체
를 겪는데도 그 이유를 깨닫지 못하는 경우가 많다. 그들은 고객과
소통이 끊어지는 것 같은 느낌을 받지만 회사 재무 상황이 어떤지
에 대해서는 제대로 파악하지 못한다. 그들은 회사가 흑자를 내고
있는지 아니면 적자를 내고 있는지, 자신의 사업이 성장세를 보이
고 있는지 아니면 하향세를 면치 못하고 있는지도 확실하게 이해하
지 못한다. 그들은 희뿌연 안개 속에서 회사라는 차를 운전하는 듯

한 느낌을 받으며 돈이 언제, 어디서 들어올지도 확신하지 못한다. 그들은 그런 답답한 날들을 오랜 기간 보내고 나서야 비로소 회사에 빨간불이 들어왔다는 사실을 감지한다.

성장의 늪에 놓인 기업에게 새로운 사업 모델을 마련하는 것은 생사를 가를 만큼 중요한 일이라고 할 수 있다. 그렇다면 어떻게 해야 사업 모델을 대대적으로 변화시킬 수 있을까? 이 장의 마지막에서 그 방법을 제시할 것이다. 우선 그에 앞서 모두가 좋아하는 주제인 '회계'에 대해 간단히 살펴보자. 성장의 늪지대에 갇힌 기업들이 재정적 건강을 회복하려면 사업 모델이란 무엇이며 그 모델의 변화가 무엇을 의미하는지, 그리고 급속한 성장이 기업 재정에 어떤 영향을 끼치는지 이해하고 넘어갈 필요가 있다.

미래 엿보기

여기서 말하는 사업 모델이란 매우 구체적인 것으로서, 한 기업이 돈을 벌어들이는 방식을 가리킨다. 사업 모델 관점에서 본다는 것은 투입 자본, 제품·서비스를 판매해 생긴 총수입, 다양한 비용 등의 자본 요소들이 어떻게 변화하는지를 고려한다는 것을 의미한다.

기업이 회계 처리에 동원할 수 있는 도구는 두 가지다. 기업의 자산과 채무 현황을 담아 놓은 대차대조표가 그중 하나다. 대차대조표는 자산이 어디에서 들어왔는지(빌린 것인지 아니면 소유주가 자신의 재산을 투자한 것인지)를 보여주는 한 장의 사진이라고도 할 수 있다. 이 사진은 매달 한 번씩 찍혀 보관된다. 사실 모든 회계는 단순한 방정식에 근거하고 있다고 해도 과언이 아니다. 자산 = 부채 + 자기 자본.

회계 처리를 할 때 사용하는 또 다른 도구는 바로 손익계산서이다. 손익계산서는 매달 찍어두었던 사진들(대차대조표)을 모아 만든 움직이는 그림, 즉 동영상이라 할 수 있다. 손익계산서를 보면 새로 유입된 자산(수익)과 빠져 나간 자산(비용)을 일목요연하게 확인할 수 있다.[*]

대차대조표나 손익계산서를 본다고 해서 즉시 새로운 사업 모델을 짜낼 수 있는 것은 아니다. 이는 두 가지가 모두 과거 실적을 돌

대차대조표 '사진'

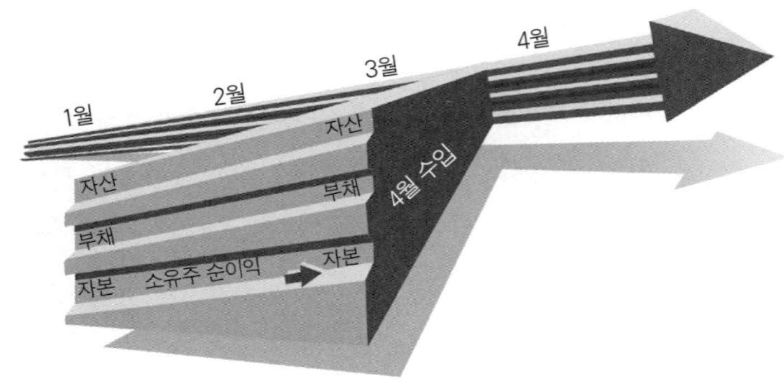

---

[*] 더 정확한 동영상을 만들기 위해서는 대차대조표뿐 아니라 현금흐름표, 소유주 자본변동표도 포함시켜야 한다. 하지만 여기서는 이해를 돕기 위해 손익계산서만을 이야기하겠다.

아보게 해주는 수단에 불과하기 때문이다. 대차대조표와 손익계산서는 한 기업이 과거에 어떤 성과를 냈는지를 보여준다. 반면 사업 모델은 미래를 내다보는 것이어야 한다. 사업 모델을 따랐을 때 발생할 가능성이 높은 시나리오를 보여줄 수 있어야 하는 것이다. 말하자면, 사업 모델은 실제 영화가 상영되기 전에 보여주는 예고편과도 같은 역할을 한다. 사업 모델이 중요한 이유는 두 가지이다. 첫 번째, 사업 모델은 경영자들이 심사숙고 중인 전략을 실제로 감행하는 것이 좋을지 결정할 수 있도록 도와준다. 두 번째, 사업 모델은 사업이 실제로 성과를 내고 있는지 평가할 수 있는 근거를 제공해준다.

기업의 미래 모습을 예측하려면, 총수입, 비용, 필요 자본 등의 요소들이 서로 어떻게 상호작용하는지를 이해해야만 한다. 사업 모

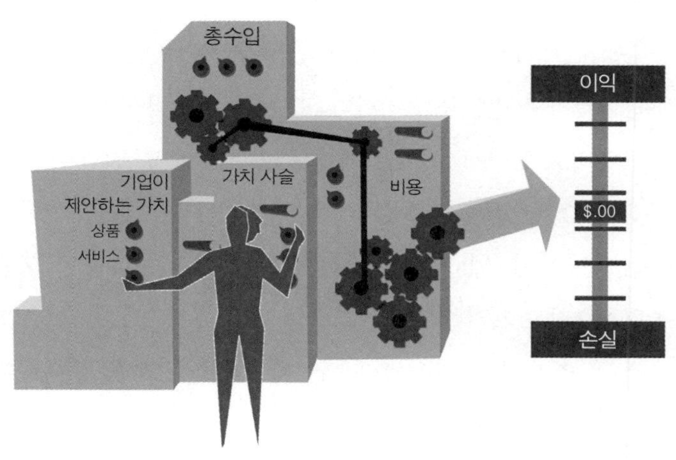

델의 관점에서 회사의 미래를 내다보는 훈련을 해보자. 아래에 개연성이 높은 시나리오가 하나 있다.

지난 12개월 동안 새로 채용한 직원은 몇 명인가? 상여금 등을 모두 포함해 그들에게 지출한 총 임금은 연간 얼마인가? 이때, 간접 자본비용에 계산해 넣을 수 있는 직원들만을 포함시켜 계산해야 한다. 가령 컨설팅 회사라면 의뢰 고객을 직접 대면하는 컨설턴트를 제외하고 계산해야 하며, 건축회사라면 하청업자를 제외시켜야 한다.

아래에 내역을 적어보라.

새로 충원한 직원 수 : ____________
상여금 등을 포함한 평균 연간 총 임금 내역 : ____________

시나리오는 이제부터 시작이다. 관리자급 직원인 조가 어느 날 당신에게 찾아와 면담을 요청한다. 조는 좋은 실적을 내고 있는 사업을 책임지고 있다. 당신이 그에게 무슨 용건으로 면담을 요청하는지 묻자 그가 답한다. "현재 저희 부서 인력만으로는 쏟아지는 업무를 감당할 수 없습니다." 당신은 시간이 비는 다음날 오후에 다시 찾아오라고 지시한다.

다음 날 조가 다시 찾아왔다. 당신이 묻는다. "그래, 부서에 어떤 도움이 필요한 건가?"

"현재 업무량을 고려하면 적어도 직원이 다섯 명은 더 필요합니다."

"음, 다른 부서로 일을 좀 넘기는 건 어떤가? 그러면 문제가 조금 해결되지 않을까? 우리 회사 임금 규정대로라면 신입사원 다섯 명을 충원했을 때, 추가로 들게 될 비용이 1인당 연간 최소 5만 6,000달러나 되네."

조가 얼굴을 찌푸리며 말한다. "하지만 지금 저희 부서 직원들이 야근을 밥 먹듯이 하는 거 아시지 않습니까. 도저히 이 상태로 계속 갈 수는 없습니다. 다섯 명이 무리라면 세 명이라도 충원해주셨으면 합니다."

당신은 마지못해 그의 요구를 수락한다. 그리고 회사를 성장시키기 위해 얼마나 더 많은 문제를 해결해야 할지 생각하며 시름에 잠긴다.

이 상황이 낯설지 않게 느껴지는가? 이제 이 대화를 미시 경제적 관점, 즉 사업 모델 관점에서 다시 재구성해보자. 대화의 시작은 동일하다. 대화는 당신이 조에게 무엇이 필요한지 묻는 것에서 시작한다. 그는 이렇게 대답한다. "현재 업무량에 근거했을 때, 저희 부서 업무 처리 과정을 자동화하기 위해 90만 달러가 필요합니다. 저의 부서 업무를 자동화하면 다른 부서에도 도움이 될 겁니다." 당신은 이렇게 답한다. "자네 지금 미쳤나? 당장 90만 달러를 투자해야 한다니. 그럴 만한 여유 자금이 어디 있나?"

이제 다음 표를 보자.

직원에게 드는 총 자본 비용

상당 채무	월간 임금	연간 임금
100,000	1,559	18,703
150,000	2,338	28,055
200,000	3,117	37,407
250,000	3,897	46,759
300,000	4,676	56,110
350,000	5,455	65,462

*7년, 7% 채권이라 가정했을 때(단위: 달러)

위 표는 직원 한 명이 받는 연간 임금 약 5만 6,000달러에 상당하는 자본 비용을 보여준다. 따라서 경제적 관점으로 보면, 직원 하나를 채용하는 것은 30만 달러를 빌려 7년 동안 7% 이자로 채무를 상환하는 것과 동일하다. 다시 말해, 직원 한 명에게 연간 5만 6,110달러를 임금으로 지불하는 것은 30만 달러에 해당하는 자본을 빌렸다가 다시 갚는 것과 동일하다. 이는 사업 모델의 관점에서 보았을 때, 직원 세 명을 고용하는 비용이 자본 90만 달러를 빌리는 비용과 동일하다는 것을 의미한다.

이 내용을 보고 혹시 이렇게 생각하는 사람이 있을지도 모르겠다. '사업에 제 인생이 걸린 것이나 다름없는데 90만 달러나 되는 돈을 빌렸다가 어떻게 감당하려고요.' 하지만 그에 대한 판단을 내리기에 앞서, 당신은 그 돈을 자동화에 투자했을 때 그에 따른 성과를 얻을 수 있을지 객관적으로 평가해보아야 한다. 많은 사람들이 그렇게 큰돈을 빌렸다가는 돈을 갚아야 한다는 압박감에 매일 괴로워하게 될 것이라고 생각한다. 더욱이 투자한 돈을 회수하지 못할지도 모른다는 생각에 회의적인 태도를 보이는 투자 은행의 대출 담당자를 설득할 일도 까마득하게 느껴질 것이다.

심리적으로는 90만 달러를 대출하는 것보다 직원 셋을 새로 뽑는 편이 훨씬 쉽다. 설득해야 할 대출 담당자도 없으며, 중간에 문제가 생기면 언제라도 직원들을 내보낼 수 있으니 말이다. 하지만 여기서 주목해야 하는 사실은 직원 셋을 충원하는 결정이 자본 90만 달러를 빌리는 것과 동일한 경제적 결과를 낳는다는 점이다. 경영자들은 인적 자본이 아닌 재정적 자본을 선택했을 때 그 돈을 어디에 사용할 것인지 더욱 심사숙고하는 경향이 있다. 여러 가상 시나리오를 써보며 자본 투입이 이익을 가져다줄지 아닐지를 꼼꼼히 계산한다. 하지만 인적 자본 투입 같은 문제에 대해서는 그것이 회사에 가져올 성과를 평가해보지 않고 성급히 결정해버리고 마는 경우가 많다. 사업과 관련된 어떤 결정을 내릴 때든 사업 모델의 관점에서 수익성을 따져보는 것이 중요하다. 이에 대한 자세한 내용은 이 장 마지막 부분에서 이야기하겠다.

고효율 저임금 노동력에 의존하는 사업 모델

설립 초기 기업의 경영자들은 대개 머릿속에 특정한 사업 모델을 구축해놓지 않는다. 그들은 대부분 회사 내 재무 흐름을 직관적으로 이해한다. 그들은 재무제표를 보지 않고도 사업이 흑자를 내고 있는지 적자를 내고 있는지 파악한다. 마케팅과 회사 운영에 직접 관여하는 경영자가 고객에게 약속한 가치를 전달하려면 비용이 얼마나 들지, 그 비용과 총수입은 어떤 관계가 있는지 잘 이해하는 것은 당연한 일이다. 그래서 비교적 규모가 작은 기업의 경영자들이 재무제표를 들여다보는 이유는 사업 요소들이 어떤 재정적 성과를 내는지 파악하기 위해서라기보다는 이미 이해하고 있는 내용을 확인하기 위해서라고 할 수 있다.

신흥 성장 기업들은 대부분 '고효율 저임금 노동력'에 의존하는 사업 모델을 채택하고 있다. 그런 기업은 시장 평균 가격보다 낮은 인건비를 들이면서 훌륭한 제품과 서비스를 제공할 수 있기 때문에 초기에 높은 수익을 낸다. 고위 관리자들은 다른 곳으로 옮기면 더 많은 돈을 받을 수 있음에도 회사를 위해 충성한다. 신흥 성장 기업이 고객에게 제공하는 가치의 주된 원천은 경영자 자신이라고 할 수 있다. 경영자는 고객 하나하나를 배려하며 세심한 서비스를 제공한다. 그리고 고효율 저임금 노동자는 신생 기업이 급속도로 성장할 수 있게 해주는 추진력이 된다. 사실 고효율 저비용 사업 모델은 단순하지만 엄청난 성과를 낸다. 모든 사업 모델 중 효율이 가장 뛰어나다고도 할 수 있다.

인피니티 소프트웨어의 경우 설립자인 린치와 초창기 직원들이 몇 년 동안이나 적은 돈을 받으며 비상식적으로 오랜 시간 일해준 덕에 사업 기반을 다질 수 있었다. 린치는 소프트웨어 프로그래밍에 대한 자신의 지식과 전문성, 고객의 소리에 귀 기울이는 태도를 통해 회사에 기여했다. 린치는 로스쿨에 입학하기 전에 IBM에서 일했던 적이 있었는데, 그 경험을 바탕으로 고객과 소통하기 위한 자신만의 독특한 방법을 개발했다. 그는 사업 관계자들을 한자리에 불러 모은 후 머리를 맞대고서 프로젝트 계획을 함께 세우고 어려운 문제들을 논의했다. 시간이 흐르면서 그 과정은 점차 정교해져 참석자들은 그 자리에 있는 것만으로도 훈련이 되었으며 프로젝트엔 속도가 붙었다. 이것은 인피니티만의 경쟁력이었으며 업계 대기업들과 어깨를 나란히 할 수 있게 해주는 힘이 되었다.

그리고 2장에 나왔던 조지 뮤직을 기억하는가? 조지 뮤직 설립자인 조지는 초창기에 홀로 모든 일을 처리해야 했다. 그는 140평짜리 가게를 하나 임대해 손수 내부를 새로 단장했다. 140평짜리 가게에는 당연히 악기를 보관할 공간이 부족했다. 물품이 늘어가자 그는 손수 칸막이를 세우기도 했다. 가게를 정식으로 열기 전까지 그는 두 달 반가량 음악 레슨을 해주며 돈을 벌었다. 가게 문을 열고 나서는 그가 직접 계산대에 서서 손님들을 응대했다. 그가 처음으로 손님에게 선보였던 악기들은 자신이 그때까지 수집해두었던 것이 전부였다. 인건비를 따로 들이지 않고 혼자 모든 일을 처리했던 것은 조지 뮤직의 성공을 가능하게 했던 원동력이었다. 그는 이렇게 말한다. "제게는 그 일이 천직이었어요." 그는 인건비 한 푼 받지 않고 일한 것이나 다름없었다. 사업 초창기에 그는 여자 친구 집에 얹혀살면서 돈을 거의 쓰지 않고 수입을 전부 사업에 재투자했다.

그 덕에 현재 조지는 지점 열 곳에 직원 수십 명을 둔 악기 전문 체인의 사장이 되었다. 마찬가지로 린치도 이제는 더 이상 프로그램 코딩이나 납품에 직접 참여하지 않는다. 그는 1997년에 모든 자질구레한 업무에서 손을 뗐다. 조지와 린치의 사례에는 한 가지 주목해야 할 점이 있다. 그것은 바로 기업이 일정 규모를 넘어서면 고효율 저임금 노동자에 의존하는 사업 모델을 더는 유지할 수 없다는 사실이다.

기업 규모가 커지다 보면 더 이상 기업가 개인의 능력만으로 모든 일을 처리할 수 없는 순간이 찾아온다. 이 지점에서 새로운 현실이 심술궂은 얼굴을 드러낸다. 기업이 계속해서 고객에게 가치를 제공하고 수익을 내려면 내부 비용 구조를 표준화해야만 한다.

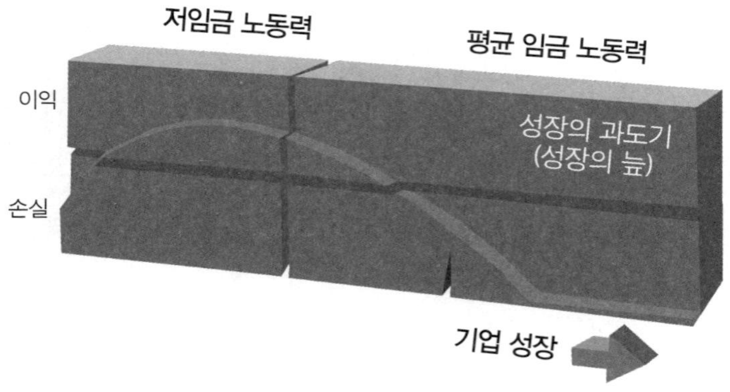

고효율 저임금 모델의 한계

경영자라면 누구나 직원들이 자신만큼 회사 일에 열성적이기를 바랄 것이다. 하지만 슈퍼맨에 가까운 직원들만을 뽑을 수는 없는 일이다. 그런 직원들을 뽑을 수 있다 해도 그들이 당신 회사에 계속 남아 있으리라는 보장도 없다. 당신은 통상적인 임금을 받으며 통상적인 일을 하는 평범한 직원들을 통해서도 지속적인 수익을 낼 수 있는 사업 모델을 개발해야 한다. 골드만삭스 직원들은 일주일에 7일을 회사에 출근해 열과 성을 다해 일한다. 하지만 그 사람들이 그 대가로 1년에 평균 50만 달러를 받는다는 사실을 잊어서는 안 된다. 게다가 그들에게는 비서도 여럿 딸려 있다. 굉장한 성과를 내는 직원을 두고 싶다면 그에 걸맞은 굉장한 보상을 해주어야만 한다.

물론 고효율 저임금 노동력에 의존하는 사업 모델을 기반으로 높은 수익을 내는 소규모 기업으로 머무르는 것도 한 방법이다. 기업 규모를 경영자의 유일무이한 재능을 넘어서지 않는 적정 수준으로 유지하는 것이다. 그 완벽한 예가 내 주변에 있다. 그 친구는 특정 업계를 상대로 한 컨설팅 실력을 인정받은 후 회사를 차렸다. 거물급 고객 몇 곳의 일을 맡은 그는 보조 컨설턴트들을 두고 연간 100만 달러의 수입을 올리고 있다. 그는 직원들에게 시장 평균 수준의 임금만을 지급한다. 하지만 그는 자신이 손수 관리하지 못할 정도로 회사 규모를 키우지는 않았다. 그는 자신의 능력과 노력 내에서 관리할 수 있는 안정적인 소규모 기업에 만족하고 있다.

성장 기업의 경영자들은 고효율 저임금 노동력에 의존하는 사업 모델이 서서히 침식당하기 시작하면 혼란에 빠진다. 예전에는 회사의 재무 상황을 직관적으로 파악할 수 있었지만 이제는 더 이상 확신할 수 없게 된다. 그들은 현기증을 느낀다. 결정을 내려야 할 단계에서 특정 행위가 회사에 재정적으로 어떤 영향을 끼칠지 가늠할 수 없게 된다. 결정을 내리는 것이 점점 더 두려운 일이 된다. 회사 전체가 불안정하고 위태로워 보이며 계속 생존할 수 있을지조차 불확실해진다.

당신이 제공하는 가치에는 확장성이 있는가?

성장의 늪지대에 갇힌 기업들은 과거에 돈을 벌게 해주었던 사업 모델이 더 이상 작동하지 않게 되면 당혹감을 금치 못한다. 그들은 재정 상황이 어떻게 흘러가는지 이해하지 못한 채 어찌할 바를 모르고 허둥댄다. 기업이 성장의 늪을 빠져나오기 위해 선택할 수 있는 길은 둘이다. 뒤로 돌아 기존 사업 모델이 잘 작동했던 과거로 회귀하거나 성장을 지탱해줄 수 있는 새로운 사업 모델을 개발해 앞으로 나아가는 것. 두 번째 길을 선택하려면 고효율 저임금 사업 모델을 버리고 확장성이 있는 새로운 모델을 개발해야 한다. 이와 관련된 항해 규칙은 다음과 같다.

> **🖋 사업 모델 항해 규칙**
> 성장의 늪을 헤쳐나가기 위해서는 확장 가능한 사업 모델을 통해 고객에게 가치를 제공할 수 있어야 한다. (즉, 기업 규모가 더 커지더라도 수익을 낼 수 있어야 한다.)

이 항해 규칙을 적용하기 위해서는 조금 복잡한 과정을 거쳐야 한다. 우선 기업가들은 기업 규모가 커지더라도 계속 수익을 낼 수 있는 사업 모델을 자신이 개발할 수 있을지 판단해야 한다. 이는 쉽게 넘어가서는 안 될 중요한 문제다. 경영자가 혼자 감당할 수 있을 만한 작은 규모를 유지할 때에만 수익을 낼 수 있는 기업도 있다. 반면 규모의 경제를 실현할 때에만 살아남을 수 있는 기업도 있다. 인피니티 소프트웨어가 그런 기업이었다. 또 1장에 나왔던 화물 운송 업체 퍼스트 스탠더드도 그러하다. 물류 업계에 통합의 바람이 불면서 거대 기업, 전문 기업, 틈새 기업만이 꾸준히 수익을 내며 경쟁력을 발휘할 수 있게 되었다. 퍼스트 스탠더드 같은 중간 규모 기업은 그 틈바구니에서 배겨낼 수 없는 상황이었다. 퍼스트 스탠더드의 설립자인 릭 셸리는 연간 총수입 2,000만 달러 규모의 현재 상태를 유지했을 때 미래에도 계속 수익을 낼 수 있을지 판단

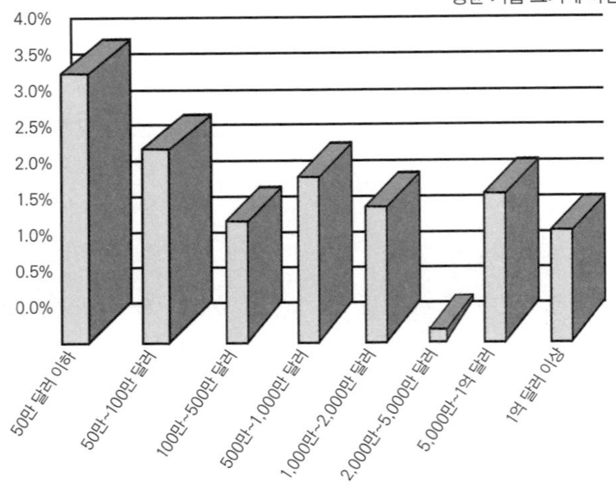

해야 했다. 그는 가능성이 높은 여러 시나리오를 통해 미래를 가늠해보아야 했다. 그런 골치 아픈 과정을 겪고 싶지 않다면 그냥 회사를 다른 대기업에 팔아버리는 대안도 선택할 수 있었다.

셸리는 당시에 시장의 힘이 자신을 짓누르는 것 같았다고 말한다. 그는 회사를 팔아치우는 것이 가장 안전한 도박일지도 모른다고 생각했다. 그의 직감은 훌륭했다. 화물 운송 시장을 분석해놓은 위의 그래프를 보라. 2000년에서 2005년까지 2,000만 달러에서 5,000만 달러 규모 사이의 기업은 수익을 단 1%도 내지 못했던 것을 알 수 있다.

이로써 회사가 속한 업계 동향을 파악하는 것이 사업 모델의 확장성을 분석하는 데 매우 결정적임을 알 수 있다. 수익을 낼 수 있는 지역까지 성공적으로 항해하기 위해 무엇을 해야만 하는지 결정할 때 시장 분석이 핵심적인 역할을 한다. 위에 나온 그래프에서 볼 수 있듯, 화물 운송 업계에 속한 기업들은 아주 소규모이거나 아주 대규모일 때만 살아남을 수 있었다. 그런데 셸리의 회사는 딱 그 중간이었다. 회사를 생존시키려면 덩치를 더 키워 대규모 기업 집단에 속할 필요가 있었다.

셸리가 겪었던 상황을 보면 항해 규칙을 적용할 때 꼭 확인해야 할 큰 그림이 무엇인지 알 수 있다. 사업 모델의 확장성을 결정하려면 피터 드러커가 '기업가의 기술(entrepreneurial skill)'이라고 부르기도 한 미래에 대한 직관적 판단이 필요하다. 또한 회사의 덩치를 키울 때 사업 모델이 어떻게 변화할지를 예측할 수 있게 해주는 경제학적 분석도 필요하다. 당신은 한 발 뒤로 물러서서 손에 넣을 수 있는 모든 도구를 활용해 객관적인 시각으로 당신의 회사를 평가하고, 전진하기에 앞서 미래를 짐작해보아야 한다.

사업 모델의 미래 확장성을 평가할 때 꼭 고려해야만 하는 것은 업계 동향뿐만이 아니다. 나는 경제 전문지인 「레드헤링(Red Herring)」이 주최하는 레드헤링 컨퍼런스에 패널로 참가했다가 우연히 한 기업의 최고경영자를 만나게 되었다. 아는 사람은 알겠지만 레드헤링이 주최하는 지역 컨퍼런스는 전도유망한 신생 성장 기업들이 개인 투자자들에게 자신들을 소개할 수 있는 좋은 기회이다. 내가 만났던 경영자는 조지아 공과대학을 졸업하고 소프트웨어 회사를 설립한 인물이었다. 그의 회사는 「포춘」지 선정 200대 기업 중 많은 수를 고객으로 확보해 높은 수익을 내고 있었다. 그는 컨퍼런스에 참가한 투자자들을 대상으로 실시한 프레젠테이션에서 회사 규모를 키우기 위해 영업 인력을 확충할 자본이 필요하다고 힘주어 말했다.

나도 그 자리에서 그의 프레젠테이션을 참관하다가 의문이 생겨 그에게 질문을 했다. "어떤 종류의 영업 인력을 구축하려고 하시나요?"

"음…… 그냥 영업 인력이요."

"비행기를 타고 출장을 가서 고객이 될 법한 사람들을 만나고 그들과 우호적인 관계를 쌓았다가, 담당자가 바뀌면 다시 또 새로운 사람과 관계를 구축해야 하는 그런 영업 인력을 말씀하시는 건가요?"

"아, 예 그렇습니다."

"그러면 통상적인 제품 판매 주기가 어떻게 되나요?"

"넉 달에서 다섯 달 정도입니다."

"그 기간 동안 제품은 얼마나 판매하나요?"

"3만 5,000달러어치요."

내가 말했다. "이런 말씀 드리고 싶진 않지만, 그렇다면 영업 인력 확충은 그다지 좋은 생각이 아닌 것 같네요. 고작 3만 5,000달러 버는 일을 위해 직접 발로 뛰는 영업사원들을 두는 것은 현명하지 못한 일입니다."

이 회사는 고효율 저임금 노동력에 의존하는 사업 모델을 통해 수익을 내고 있었다. 회사 설립자이자 최고경영자인 이 남자는 수석 소프트웨어 개발자이자 최고 영업 담당자이기도 했다. 자신이 개발한 혁신적인 소프트웨어 하나 덕택에 운 좋게 대기업 몇 곳을 고객으로 끌어들이게 된 이 남자는 이런 생각을 했을 것이다. "나가서 투자자들에게 자금을 끌어모아 영업 인력을 확충하고 회사를 더 키우는 거야! 현재 고객들도 우리 제품에 만족하고 있는데 더 큰 기업들을 상대하지 못할 게 뭐람?"

하지만 나는 신흥 성장 소프트웨어 기업들의 통상적인 비용 구조를 이미 검토해본 상태였다. 나는 소프트웨어 회사가 영업 부서를 따로 두려면 3만 5,000달러보다 몇 배의 수입을 올려야 한다는 사실을 알고 있었다. 「포춘」지 선정 1,000대 기업에 직접 판매를 해서 수익을 내려면 제품 판매 주기가 상당히 길어야 하며 제품 가격도 충분히 높아야만 한다. 그 소프트웨어 회사 경영자가 영업 부서를 새로 만들었다면 분명히 매출은 증가했을 테지만 결코 수익을 내지는 못했을 것이다.

그 프레젠테이션에 참가했던 다른 사람들도(그중에는 상장된 소프트웨어 회사의 CEO도 있었다) 내 의견에 동의했다. 우리는 그 경영자를 잠재적인 위기에서 구해준 것이었다. 그의 회사에 관심을 보인 투자자가 나타났다 하더라도, 그들도 결국 우리와 같은 결론에 도달했을 것이 분명하다.

사업 모델을 설계할 때, 새로운 고객 확보에 얼마나 돈이 많이

드는지 고려하지 못하는 기업이 너무나도 많다. 기업이 새로운 고객층을 확인하고 그들을 확보하기 위해 사용하는 장치인 유통망을 구축하는 데만도 엄청난 비용이 든다는 사실을 잊어서는 안 된다. 유통망 구축에는 가치 전달보다도 많은 비용이 들 때도 있다. 위에 나온 소프트웨어 업체 경영자는 고효율 저임금 노동력이 없을 때 고객들을 어떻게 확보할지 계산에 넣지 않았다. 그는 처음으로 돌아가 기획 단계부터 다시 시작해야 한다. 비용이 덜 드는 고객 유인 장치를 만들 수 없다면 그는 투자자들에게서 자본도 끌어들이지 못할 것이다. 그리고 결국 「포춘」지 선정 1,000대 기업을 상대로 한 판매망을 탄탄하게 갖추고 있는 대기업에 회사를 넘기게 되었을 것이다.

커져가는 규모에 걸맞은 사업 모델을 시험할 때는 수입 흐름뿐 아니라 지출 흐름도 고려해야 한다. 어떤 비용은 수입과 상관없이 고정되어 있는 반면 어떤 비용은 수입 증가에 비례해 함께 늘어난다. 조지 뮤직의 경우 각 지점을 열 때마다 수입과 관계없이 일정한 임대료, 공공요금, 보험료 등을 고정으로 지출해야 했다. 반면 고효율 저임금 노동력에 의존하지 않는 새로운 사업 모델을 개발해 적용하면서 새로이 비용이 발생하기도 한다. 퍼스트 스탠더드의 경우 업계 환경이 변화하면서 화물 운송 상황을 추적할 수 있게 해주는 웹 기반을 구축하기 위해 새로운 비용을 투자해야 했다.

기업 규모가 커질 때 지출이 늘어나는 것은 당연한 일이다. 2장과 3장에서 보았듯 성장 기업들은 대규모 고객에게 가치를 전달하기 위해 절차, 시스템, 경영 지원 체계를 개발해야 한다. 경영자 개인의 능력 너머로 커진 기업의 성장을 뒷받침하려면 기업 전체가 경영자의 독특한 장점을 이어받아 체계화해야 하며, 그러기 위해서는 돈이 든다. 톰 린치가 세운 인피니티 소프트웨어의 경우 새로운 사무소를 열기 위해서는 부동산에 드는 비용뿐 아니라 인피니티 소프트웨어만의 장점이라 할 수 있는 탁월한 고객 서비스를 복제하기 위해 드는 인적 자원 관리 비용까지 감당해야 했다. 린치는 말한다. "새로운 사무소를 열 때 지원 부서에서 처리해야 할 4대 보험, 복리후생, 급여 관리 등의 업무는 이미 알고 있었어요. 그런 업무 절차에 대한 내용은 모두 기록해놓고 있었거든요. 하지만 시스템 확장을 위해서는 돈을 투자해야 했죠. 성장을 선택한다면 그에 걸맞은 투자를 해야만 합니다. 어디에 투자해야 하는지를 정확히 아는 게 중요하죠."

한 기업의 최고경영자로서 당신이 뛰어나게 잘하는 일은 무엇인가? 당신의 그 장점을 회사 전체에 전파시키려면 어떤 자원이 필요한가? 성장 이후 예상되는 수입이 투자 비용을 상회하는가?

드라이브캠의 극적인 성장

기업 규모를 키우기 위해 새로운 사업 모델을 개발하는 것은 때로 기업 내에 상당한 혼란과 위기를 불러일으키기도 한다. 패기만만한 젊은 기업 드라이브캠(DriveCam)의 성장 과정을 보면 새로운 사업 모델을 개발하면서 어떤 위기와 어려움을 겪을 수 있는지 잘 알 수 있을 것이다.

드라이브캠은 공학을 공부한 한 오스트레일리아 청년이 세운 기업이다. 그 청년은 어느 날 자동차를 몰고 가다 어디선가 벽돌 한 장이 날아와 차 유리창을 박살낸 일을 계기로 드라이브캠을 만들게 되었다. 망가진 차창 때문에 격분한 그는 운전을 하는 동안 벌어지는 사건들을 탐지할 수 있게 해주는 카메라 장치를 고안했다. 그 장치에는 차량 내·외부를 감시하는 카메라가 달려 있었으며, 운전을 하다가 비정상적인 일이 발생할 경우 그 전후 영상을 즉각 저장하게 해주는 프로그램이 깔려 있었다.

제품 개발을 완료했으니 이제 그가 할 일은 시장을 찾는 것이었다. 1998년 1월, 드라이브캠은 자녀들이 운전하는 모습을 감시하고 싶어 하는 부모들을 상대로 제품을 판매하기 시작했다. 초창기에 그 청년은 창업 자본을 끌어들이고 대상 고객을 정해 의욕적으로 시장에 뛰어들었지만 결과는 그다지 신통치 않았다. 9·11 테러 이후 찾아온 힘겨운 시기를 그럭저럭 넘긴 2004년 무렵, 드라이브캠은 적은 금액이긴 했지만 꽤 안정적으로 수익을 내고 있었다. 20명이 채 안 되는 직원을 두고 200만에서 300만 달러를 벌어들이고 있었으니 그다지 나쁜 성적은 아니었다.

2004년, 이사진은 임기가 다한 CEO를 대신할 새로운 경영자를 물색했다. 그들은 행동 교정 전문가이자 노련한 기업 관리자였던 브루스 몰러를 후보로 점찍었다. 영입 제의를 받은 몰러는 드라이브캠을 방문했고 즉시 회사의 엄청난 잠재력을 깨달았다. 그는 그 카메라를 일반 소비자들이 아닌 한 번에 다량으로 구매할 업체들을 상대로 판매한다면 거듭해서 수익을 낼 수 있는 새로운 사업 모델을 만들 수 있으리라 생각했다. 제품의 대상 고객층은 제품을 한 번 구매하면 회사와 거래가 끝인 일반 대중이 아니라 차량을 다수 보유하고 있는 운송회사였다. 운송회사들과 업무 제휴를 맺고 그 업체 직원들의 운전 습관을 교정해주는 서비스를 제공한다면 서로 윈윈하는 결과를 낼 수 있으리라 생각했다. 다시 말해 서비스를 받는 업체들은 직원들의 행동을 교정해 사고율을 30~90% 줄일 수 있을 것이고 드라이브캠은 지속적인 수익을 얻게 될 것이었다.

몰러는 당시 200만에서 300만 달러 정도인 드라이브캠의 수입을 잠재적으로 10억 달러까지 끌어올릴 수도 있으리라 계산했다. 이사진도 그의 장밋빛 의견에 동의하고 그를 새로운 CEO로 영입하기로 했다. 하지만 몰러는 CEO직을 맡기로 수락한 지 얼마 지나지 않아 이사진이 두 패로 나뉘어 있다는 사실을 알게 되었다. 한 쪽은 몰러가 제시한 새로운 사업 모델을 적극 지지하며 자금을 추가로 투자하기를 원했지만 다른 한쪽은 위험을 감수하기보다는 규모가 작더라도 알찬 수익을 내는 현재 상태를 유지하기를 원했다.

몰러는 취임 직후 드라이브캠의 주요 고객인 스쿨버스 회사 레이드로(LaidLaw)를 방문한 후 사업 전망에 대한 확신을 더욱 굳혔다. 레이드로사는 몰러가 개발한 행동 교정 원칙에 근거해 직원들에게 안전 교육을 실시하고 있었다. 그 회사의 경영자조차 인식하고 있진 못했지만 그들은 이미 드라이브캠을 행동 교정 장치로 활용하고 있었다. 몰러가 그때를 회상하며 말한다. "레이드로를 방문한 이후부터 저의 새로운 사업 모델을 어떻게 제도화하느냐를 두고 고심하기 시작했습니다. 드라이브캠을 제품 판매 업체에서 서비스 제공 업체로 변화시키기 위한 방법을 찾기 위해 생각을 많이 했죠."

몰러는 드라이브캠 장치를 고객 업체의 운송 수단에 설치한 후, 그 장치에서 전송하는 자료들을 분석하고, 보고서를 작성해 고객 업체에 제공해 수익을 내는 순환 사업 모델을 개발하는 일에 착수했다. 투자자들의 반응은 매우 긍정적이었다. 대규모 투자사 여러 곳에서 서로 투자하겠다고 나섰다. 몰러는 당초 1,000만 달러 이하를 생각했지만 결국 투자금 1,800만 달러를 모으는 데 성공했다. 하지만 이사진 중 몇몇은 여전히 새로운 사업 모델로 전환하는 것을 못마땅하게 여겼다. 특히 새로운 사업 모델을 시행하기 위해 필요한 고위급 관리자들을 영입하는 문제를 놓고 불편한 심기를 드러냈다. 몰러가 그때 상황을 설명한다. "새로운 사업 모델을 추진하려면 경영진을 확충해야 했어요. 새로운 관리자들을 꼭 뽑아야 했죠. 하지만 이사진 중 몇몇은 제 말을 들으려 하지 않았어요."

하지만 투자자들의 막대한 자금이 몰러의 무기가 되었다. 그는 투자자들을 등에 업고 보수파를 이사진에서 밀어내는 데 성공했으며 그 후 회사를 자신이 바라는 방향으로 이끌어가고 있다.

그리고 지금까지 몰러는 그런 노력에 상응하는 보답을 받고 있다. 드라이브캠은 2006년에만 택시 회사, 버스 회사 등의 운송 업체 고객들을 상대로 드라이브캠 장치 4만여 대를 판매했다. 드라이브캠의 현 직원 수는 90명이며 매달 다섯에서 열 명의 새로운 직원을 뽑고 있다. 총수입 또한 극적으로 증가했다. 2005년에는 총 1,500만 달러를 벌었고, 2006년에는 3,000만 달러를 벌었다. 몰러도 인정하듯, 드라이브캠의 사업 모델을 변화시키는 과정은 결코 평탄하지 않았다. 하지만 이제 드라이브캠은 견실한 사업 모델, 뛰어난 경영진, 충분한 사업 자금이라는 세 요소를 고루 갖춘 고속 성장 기업이 되었다. 몰러는 드라이브캠의 미래가 더욱 찬란하리라 믿고 있다. 최고의 날은 아직 찾아오지 않았다.

고정 비용 단계 넘어서기

드라이브캠의 예는 사업 모델을 개발하는 일이 회사의 미래에 얼마나 큰 영향을 끼칠 수 있는지 잘 보여준다. 하지만 규모가 더 커졌을 때 수익을 낼 수 있을 것인지 판단하는 것만으로는 회사의 미래를 보장할 수 없다. 경영자는 회사가 '언제' 수익을 달성할 수 있을지도 고려해야 한다.

아래 그래프를 보면 기업 확장에 드는 비용이 항상 수입 흐름과 조화를 이루지는 않는다는 사실을 알 수 있다. 비용은 대부분 '고정 비용 단계(step-fixed)'라 부르는 시기에 발생한다. 성장 기업들은 수입을 얻기 전에 기반 시설에 투자해 잠재적인 미래 수요를 충분히 감당할 수 있도록 대비해놓아야 한다. 이때 유의할 점은 투자액을 회수하려면 회사 규모를 어느 정도까지 키워야 하는지 파악하고 있어야 한다는 것이다. 경영자가 이것을 알고 있지 못하면, 엄청난 돈을 투자하고도 수익을 내지 못하는 결과를 낳을 수도 있다. 그래프를 보면 이해하기 쉬울 것이다. 그래프에 나온 '수익 달성 구역(profit zone)'에 다다를 때까지 기업은 계속 돈을 투자해야만 한다. 고정된 비용을 모두 쏟아붓기 전까지 기업은 계속 수익을 내지

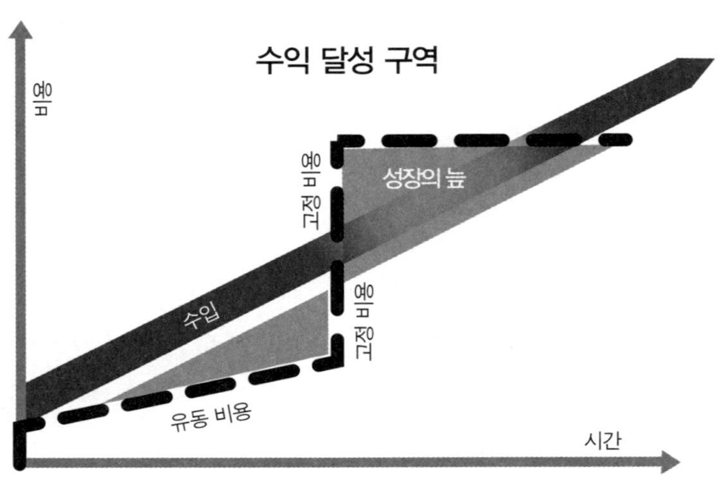

못하는 구역에 남아 있게 된다. 즉, 고정 비용을 모두 감당하고 다음 단계로 도약하지 못하는 기업은 이미 투자한 돈을 모두 날려버리는 셈이 된다.

'고정 비용 단계'를 극복하는 일이 기업 생존에 얼마나 중요한지를 보여주는 사례가 하나 있다. 어느 세미나에서 성장의 늪에 대한 강연을 마쳤을 때 서브웨이 샌드위치 가게를 하고 있다는 한 남자가 나에게 와 도움을 청했다. "강연 잘 들었습니다. 듣다 보니 제가 운영하는 사업이 바로 성장의 늪에 놓여 있다는 생각이 들었습니다. 저는 서브웨이 샌드위치 가게를 소유하고 있습니다. 처음에는 지점 세 곳에서 시작해 돈을 엄청나게 벌었습니다. 한창 잘될 때는 정말 돈을 갈퀴로 긁어모으기도 했습니다. 돈을 어느 정도 모은 뒤 세를 확장하기로 결정하고 가게를 여덟 곳으로 늘렸는데, 그 이후 손익분기점을 넘기기도 힘이 든 지경이 되었습니다."

나는 그 남자에게 가게를 세 곳만 운영할 때 어떻게 높은 수익을 낼 수 있었는지 물었다. 그는 필요한 일의 상당 부분을 손수 처리했기 때문에 비용이 비교적 적게 들었다고 말했다. 직원이 아파서 못 나오겠다고 전화를 하면 그가 대신 그 자리를 메웠다. 또 직원 채용과 관리도 그가 직접 했고, 돈 관리도 그가 직접 했다. 하지만 가게를 여덟 곳으로 늘리고 나서는 모든 일을 혼자 처리하기 어려워졌다. "가게를 늘린 후 여덟 곳을 관리하기 위해 아등바등했지만 혼자서는 역부족이었습니다. 완전히 새로운 기반을 구축해야 했어요. 직원 관리 전담 부서, 회계 및 경리 전담 부서를 만들어야 했습니다. 그렇게 하는 데 돈이 많이 들었지요."

우리는 함께 머리를 맞대고 수입 흐름과 지출 흐름을 분석해보았다. 분석 결과 가게를 열세 곳으로 늘리면 조직을 유지하는 데드는 비용을 감당할 수 있겠다는 계산이 나왔다. 가게 여덟 곳을 운영 중인 지금은 사업이 고정 비용 단계를 넘지 못해 수익을 내지 못하는 구간에 머물러 있지만 가게를 늘리면 수익 달성 구간에 진입할 수 있을 것이었다.

이 사실을 알게 된 남자는 무척 심기가 불편한 표정을 지었다. "소리라도 지르고 싶네요. 처음 가게를 확장할 때 은행에 가서 대출 상담을 했는데, 가게를 열세 곳에서 열네 곳까지 늘릴 수 있는 돈을 빌려주겠다고 했어요. 하지만 그렇게까지 확장하는 건 무리일지도 모른다는 생각에 일부만 대출 신청을 했는데. 지금 알게 된 사실을 그때 알고 있었더라면 얼마나 좋았을까요. 그랬다면 지금 같은 어려움은 겪지 않아도 되었을 텐데."

현황 보고서의 힘

회사를 성장시키려면 새로운 사업 모델을 설계하고, 수익 달성이 가능할 정도로 회사 규모를 키워야 한다는 사실을 이제 알게 되었다. 그 밖에 또 필요한 도구가 있을까?

두 가지가 더 있다. 우선 회사가 사업 모델에 따라 올바른 성과를 내고 있는지 추적할 도구가 필요하다. 손익계산서, 대차대조표, 그리고 그 밖의 재무 현황 보고서가 그 도구라 할 수 있다. 이러한 보고서는 과거에서 현재까지의 경과를 돌아볼 수 있게 해주는 수단이다. 과거의 회계 정보만을 가지고는 미래를 예측할 수 없다는 단점이 있긴 하지만 이것들을 잘 활용하면 과거와 비교해 얼마나 전진했는지를 파악할 수 있다. 즉, 이 도구는 자신의 현재 위치를 알 수 있게 해주는 나침반 역할을 한다.

나는 현황 보고서의 중요성을 몸소 체험했던 적이 있다. 아치볼드 엔터프라이즈(Archibald Enterprises)라는 경영 구조가 복잡한 인쇄회사를 공동 경영할 때 일이다. 그 회사는 당시에 자회사 세 곳을 거느리고 있었다. 미국에서 가장 큰 부동산 관련 출판사인 홈 앤 랜드 퍼블리싱(Homes and Lands Publishing), 그래픽 및 인쇄회사인 비스타 크롬(Vista Chrome), 미 남서부에서 가장 큰 인쇄업체였던 프린팅 하우스(The Printing House). 회사의 인쇄소는 전국 300여 곳에 퍼져 있었으며 그중에는 직원이 수백 명이나 되는 대규모 시설도 있었다. 회사 운영 때문에 골머리를 앓던 나는 자료 분석을 통해 사업 전체의 핵심 동력을 알아냈다. 인쇄업에서 가장 중요한 것은 일감이 떨어지지 않도록 일을 따온 후 쉴 새 없이 인쇄기를 돌리는 것이었다.

인쇄란 금속판을 인쇄기에 넣고 그걸로 종이를 여러 장 찍어내면 되는 일이다. 나는 인쇄기를 계속 돌리는 게 바로 돈을 계속 찍어내는 일이라는 것을 깨달았다. 인쇄 공정에 필요한 사전 업무가 완수되기를 기다리며 인쇄기를 놀리는 것은 바보 같은 짓이었다.

당시 인쇄 일에는 집약적인 노동력이 필요했다. 경영의 귀재였던 공동 경영자 델 아치볼드는 인쇄량을 극적으로 증가시키며 동시에 인쇄 시간은 획기적으로 줄여주는 인쇄 공정을 새로 설계했다. 그 혁신 덕에 우리 회사는 세상 어떤 인쇄업체보다도 저렴하게 컬러 인쇄를 할 수 있었다. 단시간 내에 저렴한 가격으로 인쇄를 할 수 있는 우리 회사의 가격 경쟁력은 우리 회사만의 가치가 되었다. 전체 인쇄 과정 중 실제로 인쇄기를 돌리는 공정이 가장 중요하다는 사실을 깨달은 우리는 사업 모델을 손보기로 했다. 내용은 간단했다. 인쇄기가 항상 돌아가고 있도록 만들기만 하면 되었다. 그래서 우리는 인쇄기 작동에 대한 일간, 주간 보고서를 받기로 했다.

운영 현황 보고서는 회사가 성장으로 가는 길을 제대로 밟고 있는지를 보여주는 중요한 수단이다. 성장의 늪에 놓인 기업은 과거의 사업 모델에서 새로운 사업 모델로 급속히 이동해야만 한다. 이때 재정적 성과에 관한 큰 그림만을 이해해서는 변화 속도를 감당할 수 없다. 경영자는 회사 운영 현황에 대한 분 단위 보고를 받을 필요가 있다. 그렇게 할 때만 고효율 저임금 사업 모델이 무너지기 시작했던 때에 잃어버린 통제력을 되찾을 수 있다. 과거에 회사 규모가 작았을 때는 회사의 재정 현황을 머릿속에서만 계산해도 충분했지만 규모가 일정 수준 이상 커지고 나면 정기적으로 갱신되는 객관적 자료와 정보를 통해 회사가 제대로 운영되고 있는지 확인해야만 한다.

실행 가능한 사업 모델을 알고 있고 수익 달성 지대가 어디인지 표시된 지도도 있다면 이제 마지막으로 갖추어야 할 것이 있다. 바로 끈기와 자신감이다. 경영자는 성장의 늪에서 어떤 난관에 봉착하더라도 마음을 굳게 먹고 절대로 포기해서는 안 된다. 성장의 늪을 가로지르는 것은 위험한 지역을 강행군하는 모험과도 같다. 그 과정에서 당신의 회사는 돈을 잃을지도 모른다. 특히 기반 시설을 갖추기 위해 많은 고정 비용을 들여야 한다면 더욱 그렇다. 하지만 당신은 성장의 늪을 헤치고 가다 보면 다음 수익 달성 구역에 반드시 도달하리라는 믿음을 가지고 자신 있게 앞으로 나아가야 한다. 이를 위해서는 사업 모델에 근거해 미래 시나리오를 짜보는 것이 도움이 된다. 회사의 미래 모습이 어떨지 그려볼 수 있으면 어떤 어려움이 닥치더라도 희망을 가지고 묵묵히 나아갈 수 있다.

끈기 있게 버티기

사업 모델에 대한 극단적이기까지 한 믿음 덕에 회사를 성공으로 이끈 한 기업가의 이야기로 이 장을 마치겠다. 1990년대 중반,

캐머런 개리슨은 지역 보건복지부에서 발표하는 자료들을 정리해 보건 위생 기준을 위반한 식당들을 알려주는 라디오 쇼를 시작했다. 쇼는 곧 지역 주민들의 엄청난 호응을 받으며 대성공을 거두었다. 캐머런 개리슨은 사람들이 이러한 종류의 정보에 목말라 있었음을 깨달았다. 그래서 그는 1999년부터 노스캐롤라이나 주에 있는 도시 세 곳의 위생 점검 실태를 담은 웹사이트를 개설하고 뉴스레터를 발행하기 시작했다. 얼마 지나지 않아 그는 뉴스레터 구독자 3만 명을 확보하는 성과를 냈다. 하지만 마냥 행복해 할 수 없었다. 자본 집약적인 동시에 노동 집약적인 자신의 사업을 성장시키려면 2,000만 달러에서 3,000만 달러에 이르는 투자 자본을 확보해야만 한다는 사실을 깨달았기 때문이었다. 게다가 정부에서 각종 자료들을 점점 디지털화해 머지않아 사람들이 보건복지부에서 제공하는 자료를 쉽게 찾을 수 있게 되면 그가 제공하는 서비스는 곧 구닥다리가 되어버릴 것이었다.

그런데 2001년 어느 날, 개리슨은 갑작스런 통찰을 하나 얻었다. '정부가 기록을 디지털화하는 추세라면 그 일을 대행할 업체가 필요하지 않을까!' 그는 당장 샬럿 시 보건복지부에 찾아가 위생 점검 보고 자료들을 추적하기 위해 자신의 회사에서 개발한 소프트웨어를 디지털화 담당자들에게 시연해 보였다. 보건복지부 관료들이 그의 회사에서 개발한 소프트웨어에 흥미를 보였을까? 물론이었다. 그들은 벌어진 입을 다물지 못했다. 그는 다른 지역 공무원들도 유사한 반응을 보일지 알아보기 위해 로스앤젤레스와 뉴멕시코로 달려갔다. 물론 그들도 프로그램 시연을 보고 반가운 기색을 보였다. 그렇게 새로운 사업이 하나 탄생했다. 하지만 치러야 할 대가도 있었다. 정부 계약을 따내려면 사내에서만 사용하던 소프트웨어를 더욱 실용적으로 개선해야 했으며, 이전에 하던 사업을 모두 정리해야 했다. 보건복지부 자료를 정리해 대중이 이해하기 쉽도록 알려주던 이전 사업을 계속한다면 정부 관료들이 기밀 유출을 우려하며 탐탁지 않게 여길 것이기 때문이었다.

이 당시 개리슨 엔터프라이즈는 수백만 달러에 달하는 수입을 올리고 있었다. 하지만 개리슨은 새로운 사업 모델이 장기적으로 보았을 때 더 전망이 있다는 확신을 가지고 있었기에 기존 사업을 버리고 새로운 일에 뛰어들기로 결정했다.

자금 사정은 좋지 못했다. 첫 6개월간 그의 회사는 한 푼도 수익을 내지 못했다. 그 기간 동안 개리슨은 첫 고객과의 거래를 트기 위해 동분서주하면서 소프트웨어 디자이너를 새로 뽑아 제품을 섬세하게 다듬었다. 운영 자금이 점점 부족해지면서 규모를 축소하고 구조조정을 단행해야 했다. "그때는 정말 가슴 아팠습니다. 아무런 잘못 없는 직원 열두 명을 하루아침에 내보내야 했으니까요." 수익을 내려면 한참 기다려야만 하는 상황 속에 계속 사업을 밀어붙이는 것이 힘들게 느껴지기는 그도 마찬가지였다. "저는 그 일을 시작하기 위해 잘나가던 사업 하나를 접었습니다. 지금 생각하면 어떻게 그런 용기를 낼 수 있었는지 모르겠어요. 아무 수입 없이 6개월이 지났을 때쯤에는 신용카드 사용 한도액을 초과할 만큼 재정 상태가 악화되었습니다. 계약을 따내기 위해 이곳저곳을 다니느라 자동차 주행기록은 40만 킬로미터를 돌파한 상태였죠. 그때는 정말 힘들었습니다."

하지만 개리슨은 그 힘든 시기를 버텨냈다. 그리고 2002년 3월, 드디어 첫 번째 고객과 계약서를 썼다. 그리고 몇 달 후부터 수익을 올리기 시작했다. "우리는 제품을 판매하는 순간에도 계속해서 제품 개발에 매진했어요. 고객들이 원하는 바를 말하면 바로바로 현장에 그 내용을 전해 제품에 반영했죠. 우리는 시장이 원하는 것을 정확히 포착해 제품에 담았어요."

2006년이 되자 그의 사업은 안정기에 접어들었다. 그는 전국적으로 600곳의 거래처를 뚫었고, 300만 달러 수입을 올렸다. 개리슨이 말한다. "규모가 커지다 보니 이제는 민첩하게 반응하기가 힘들어졌습니다. 측근 서른 명과 함께 회사의 방향을 논의해야 하고, 서로 협력해야 할 일도 많고, 만족시켜야 할 고객도 많아졌어요." 개리슨은 아무런 수익을 내지 못했던 6개월 동안 가장 견디기 힘들었던 것은 불확실한 미래에 대한 불안감이었다고 말한다. "고객들을 찾아갔다가 이런 말을 듣는 게 가장 기운 빠졌어요. '당신네 소프트웨어가 정말 마음에 들지만 우리의 요구 사항을 반영해 완벽한 제품을 만들기까지 1년이나 기다려야 한다면 거래하기 힘들 것 같습니다. 당신 회사의 안정성을 확신할 수 없어요.' 당시 누구도 먼저 나서서 우리와 계약을 하려고 들지 않았습니다. 그쪽 입장을 물론 이해하지만 당시 저는 피가 마르는 듯한 심정이었습니다.

우리가 첫 계약을 따낼 수 있을지도 확신하지 못했죠." 하지만 결국 그는 해냈다. 개리슨은 지금도 그때를 생각하면 심장이 오그라드는 것 같다고 말한다. "요즘은 그때처럼 용기 있게 행동할 수 없을 것 같아요. 사업 하나를 정리하고 새로운 일을 시작할 만한 배짱이 없어졌어요. 예전에는 위험을 감수하는 걸 좋아하고, 깊이 생각하지 않은 채 무조건 뛰어들고 보는 경향이 있었는데 이제는 그렇지 않습니다. 하지만 뭐, 어쨌든 전 해냈습니다." 캐머런 개리슨은 새로운 사업 모델에 대한 무모하기까지 한 믿음과 그것을 끝까지 밀고 나가는 뚝심이 성공을 가져온다는 것을 보여준 산증인이다.

🐾 쉬어 가기_ 사업 모델 확대

사업 모델 확대와 관련된 문제들은 회사를 계속 성장시킬 것인지 말 것인지를 결정하는 기로에 서게 만든다. 규모를 키운 후에도 당신 회사가 계속 살아남을 수 있으리라 생각하는가? 아니면 규모 확대가 괜한 위험을 감수하는 일이라 생각하는가? 기반을 다지기 위해 많은 돈을 투자해도 아깝지 않을 만큼 성장의 열매가 달콤하리라 여기는가? 다시 한 번 말하건대, 그런 중대한 결정을 내릴 때는 일상적인 업무에서 벗어나 더 높은 곳으로 올라가볼 필요가 있다. 더 거시적인 견지에서 당신 회사의 미래를 생각해보라. 현재 당신 회사는 가치를 창조하고 돈을 벌어들이는 기업 본연의 기능을 제대로 해내고 있는가? 앞으로는 어떻게 될 것 같은가? 단적으로 말하겠다. 회사 규모를 더 키웠을 때에도 여전히 수익을 가져다줄 사업 모델을 고안해낼 수 없다면, 당신에게는 성장이 어울리지 않는다. 당신의 운명은 안정적으로 높은 수익을 내는 소규모 기업을 이끄는 것인지도 모른다. 만약 그렇다 해도 그것은 전혀 부끄러워할 일이 아니다.

🐾 쉬어 가기 질문_ 사업 모델 확대

다음 질문에 대한 답을 찾다 보면 재무 상황에 대한 통제력을 회복할 수 있을 것이다. 이 장에서 살펴보았듯 새로운 사업 모델이 얼마나 잘 작동하고 있는지 평가하려면 수입과 비용을 예측할 수 있게 해주는 수단을 확보해야 한다. 재무 담당 직원에게 다음 질문을 해보라.

월말 재무제표를 작성하기 전에 오차 범위 ±10% 이내로 재정 상황을 예측할 수 있게 해줄 현황 보고서를 만들 수 있겠는가? 만들 수 있다면 어떤 종류의 보고서를 작성할 것인가?

이 문제는 해결이 쉽지 않을 것이다. 재무 담당 직원에게 충분한 시간을 주라. 가젤들은 재정적 기능이 미약한 경우가 대부분이다. 그런데 직원들에게 회사의 성과를 이끌어낼 핵심을 찾아내고, 빠른 시일 내에 그에 대한 보고서를 제출하라고 요청하는 것은 무리일 수 있다. 직원들에게 재무제표를 만드는 것보다 이 일이 더 우선이라는 점을 명확히 전달해 충분한 시간을 들여 이 문제를 해결할 수 있도록 하라. 문제 해결을 위해 직원들이 서로 경쟁하도록 만들라. 10% 오차 이내로 순이익을 예측하게 해줄 방법을 찾으면 매달 한턱 내겠다고 선언하라.

이미 벌어진 일을 돌아보기만 해서는 회사를 성장시킬 수 없다. 매달 보고 받는 재무제표는 단지 회사가 사업 모델에 따라 제대로 운영되고 있는지 확인시켜주는 수단에 불과하다. 미래를 예측하게 해주는 운영 현황 보고서를 만들 수 있을 때에만 사업 모델에 대한 자신감을 회복할 수 있다.

성장은 결코 쉽지 않다. 성장을 선택한 기업은 수익을 내기에 앞서 기반을 탄탄하게 갖추기 위해 엄청난 자본을 투자해야만 한다. 그 자본은 어디에서 끌어와야 할까? 성장의 늪을 빠져나가기 위해 필요한 경제적 자원을 어떻게 찾아야 할까? 이 질문들에 대한 답을 찾으려면 자본(Money)과 관련된 문제들을 해결해야 한다. 네 번째 M인 자본에 대해서는 다음 장에서 자세히 다루겠다.

5장

자본 끌어오기

성장의 늪에 들어선 기업 중 그곳을 빠져나가기에 충분한 자본을 가지고 있는 곳은 매우 드물다. 성장 기업의 실패 원인으로는 대부분 '자본 부족'이 지목된다. 하지만 자본 부족은 실패의 원인이라기보다는 실패의 증상이라고 말하는 편이 더 정확하다. 진정한 실패 원인은 확실한 비전을 제시하지 못해 자본 시장의 관심을 끌지 못한 기업의 무능력이다. 필요한 자금을 끌어들이려면 성장 기업은 자본 시장의 위험 인식도를 줄이기 위해 2, 3, 4장에 나온 문제들을 해결하는 데 집중해야 한다. 그리고 시장과의 소통, 경영진 쇄신, 사업 모델과 관련된 문제를 모두 해결했다고 해도 자본 시장 내에 존재하는 제도적 장벽들이 기업의 발목을 잡을 수 있다는 점을 명심해야 한다. 살아남고 싶다면 끝까지 버텨라. 당신 앞에는 거친 모험이 기다리고 있다.

자본의 중요성

약물 실험을 대행해주는 업체인 어슈어런스 메디컬(Assurance Medical, Inc.,)은 1998년까지만 하더라도 찬란한 미래가 약속된 성장 기업이었다. 당시 어슈어런스 메디컬의 고객은 프리토레이(Frito-Lay), 사우스웨스트 에어라인(Southwest Airlines) 같은 거물급 기업들이었다. 하지만 1998년에 비극의 서막이 열렸다. 대기업 AT&T가 자신들의 업무를 아웃소싱하고 싶다고 연락해 왔지만 그들과 거래하기 위해서는 콜센터를 확충하고 직원을 더 뽑는 등의 구조적인 변화를 단행해야 했다. 그러려면 200만 달러에서 300만 달러에 달하는 현금을 미리 투자해야 했다.

설립자이자 최고경영자인 하든 비더만은 상황을 낙관적으로 보았다. 그는 개혁을 단행하기로 결정한 후 대규모 벤처 투자자들과 소규모 초보 투자자들을 찾아가 회사의 비전을 열정적으로 설명하면서 자금 투자를 요청했다. 하지만 놀랍게도 투자 제안을 받아들인 곳은 단 한군데도 없었다. 문제는 비더만의 사업 계획이 아니었다. 200만 달러에서 300만 달러에 이르는 금액이 문제였다. 이 액수는 소규모 투자자들이 선뜻 뛰어들기에는 너무 큰 금액이었으며,

대규모 벤처 투자자의 눈에는 너무 덩어리가 작았다.

비더만은 1년여를 허송세월하며 보냈다. 시간이 흐를수록 회사에 가해지는 압박은 커져갔다. "열심히 노력했지만 아무런 수확을 얻지 못했습니다. 꼬박 1년 동안 자본을 끌어들이기 위해 제 모든 시간을 투자했습니다. 하지만 거기에만 온통 신경을 쓰다 보니 회사 운영에 소홀했던 게 문제였습니다. 우리 회사의 핵심은 세심한 고객 서비스에 있었습니다. 그런데 제가 그 일에 신경 쓰지 못하자 곧 사업이 곤두박질치기 시작했습니다."

낙담한 비더만은 사업 방향을 전환해 만신창이 상태인 어슈어런스 메디컬을 웹에 기반한 응용 서비스 업체로 변모시키기로 결정했다. "한 벤처 투자업체가 우리에게 투자하겠다고 구두로 약속한 상태였습니다. 방향 전환 결과가 좋으면 다른 두 기업과 합병을 하고 500만 달러를 투자받기로 했었지요. 그런데 그때 전자상거래 시장이 쇠퇴하기 시작하면서 벤처 투자업체가 약속을 철회해버렸습니다."

결국 비더만은 2001년 1월에 어슈어런스 메디컬을 퍼스트 하스피탈 코퍼레이션(First Hospital Corporation)이라는 대기업에 매각할 수밖에 없었다. 그 일로 직원 20명을 내보내야 했고 더 성장할 수 있는 기회를 잃게 되었다. 비더만은 머리를 가로저으며 말한다. "발등에 떨어진 불만 끌 수 있었더라도 우리는 인력을 더 충원해 총 직원 50~100명에 연 매출 2,000만 달러에 달하는 대규모 기업이 될 수 있었을 겁니다. 회사가 망해서 문을 닫아버릴 정도로 악화된 상태는 아니었어요. 단지 우리가 가진 자원이 부족했을 뿐입니다. 거래 업체들의 요구를 감당할 만한 자금이 일시적으로 부족했던 거지요. 단기적인 현금 흐름 문제 때문에 그런 일이 벌어지게 된 겁니다."

자본 부족은 성장의 늪에 놓인 기업들이 직면할 수 있는 가장 무섭고도 절망적인 장애물 중 하나다. 대개 기업들은 이제 힘을 내서 막 성장의 늪을 빠져나가려는 시기에 자금 부족 문제에 직면하게 된다. 그런 상황은 흡사 포커 판에서 무적의 패를 손에 쥐고 있지만 더 이상 내걸 돈이 없는 상황에 처한 것과도 같다. 자본 부족은 한때 건강했던 기업과 경영자를 단숨에 무릎 꿇게 만들 수 있는 무시무시한 장애물이다. 비더만과 같은 입장에 처한 경영자가 선택할 수 있는 대안은 단 두 가지뿐이다. 회사를 팔아넘기거나 성장을 포기하는 수밖에 없다. 그렇지 않고 계속 성장을 고집하다가는 파산에 이르게 된다.

현금 흐름이 발목을 잡을 수 있다

고속 성장 기업들이 자금 부족 문제를 겪게 되는 이유는 무엇일까? 자금 조달 문제에 대한 경영자들의 인식 부족이 가장 큰 원인이다. 고속 성장 기업의 경영자들은 성장의 늪지대에서 발생할지도 모르는 자금 문제를 얕보는 경향이 있다. 그 결과 이 책에 나오는 다른 성장통을 막 극복하려는 찰나에 자금 부족으로 고통을 겪게 된다.

경영자들은 성장 그 자체가 자본을 잠식한다는 사실을 잘 깨닫지 못한다. 앞 장에 나온 '고정 비용 단계'를 떠올려보라. 성장 기업은 수익을 내기에 앞서 자본을 상당액 투자해야 한다. 자본 문제는 매우 까다롭고도 미묘하다. 기업이 수익을 내고 있을 때조차도 성장은 자금 유입을 필요로 한다. 유입되는 현금을 성장이 모조리 먹어치우기 때문이다.

잠깐, 수익을 내면서도 현금 흐름 문제를 겪을 수 있다는 게 가당한 일일까?

고속 성장 기업들의 속사정을 알면 그것이 사실이라는 걸 알 수 있을 것이다. 성장 기업 중에는 수익을 내고 있으면서도 당장 손에 현금을 쥐지 못하는 곳이 많다. 들어오는 돈보다 나가는 돈이 많기 때문에 그런 일이 벌어진다. 다음과 같이 말한 신흥 성장 기업 전문가도 있다. "패기만만한 젊은 기업들이 그토록 바라 마지않는 성공, 그게 그 기업에게 독이 되기도 합니다. 성공을 하면 돈 쓸 곳이 급격히 늘어나는데, 현금 수요가 가파르게 증가하는 그 순간을 극복하지 못하고 무너져버리고 마는 것이지요. 성장 기업들은 너무 빠른 성공을 경계해야 합니다."[1]

이해를 돕기 위해 가상 기업의 사례를 들어보자. 한 와인 수입 회사가 프랑스에 있는 주조장에서 포도주를 10만 달러어치 구매했다고 가정해보자. 그 회사는 현금으로 대금을 미리 지불하고, 미국 소매 고객들에게 배편으로 제품을 보냈다. 고객들은 물품 인도 후 60일 이내에 돈을 지불하겠다고 약속했다. 물품이 배달되고 있는 그 중간 시기 동안 그 회사는 서류상으로 수익을 내고 있지만 실질적으로는 10만 달러 적자를 보고 있는 셈이다. 구입한 금액이 10만 달러가 아니라 20만 달러라고 가정해보자. 그렇다면 그 회사는 최소 60일간 20만 달러 적자를 감당할 능력이 있어야 한다. 이제 문제가 무엇인지 알겠는가? 그 회사가 더 많이 주문하면 할수록 수익은 높아지지만 실질적인 현금 흐름은 악화된다.[2]

몇 년 전, 연방준비제도이사회(FRB)에서 일하는 선임급 경제학자들과 성장 과도기에 놓인 기업들의 미시적인 어려움에 대해 논의하고 있을 때의 일이다. 그들은 어디 내놓아도 빠지지 않을 정도로 학식과 경험이 풍부한 인재들이었지만 기업이 수익을 내고 있으면서도 현금 흐름 문제 때문에 어려움을 겪을 수 있다는 사실을 단번에 이해하지 못했다. 나는 그때 일을 지금도 잊지 못하겠다. 국가 이자율을 결정하는 중대한 일을 하는 경제학자들에게 내 말을 알아듣기 쉽도록 설명하기 위해 회계의 가장 기본적인 도구인 T-계정법(t-accounts)까지 동원해야 했다. 그 이후 중소기업위원회 소속 전문가들과도 성장의 늪에 대해 논의할 일이 있었는데, 그들도 성장 기업의 현금 흐름 문제를 제대로 이해하지 못하기는 마찬가지였다.

나는 그들을 이해시키기 위해 도표를 그려가며 열변을 토했다. 그때 사용했던 도표가 아래에 있다.

성장의 미시경제학

도표에서 볼 수 있듯, 특정 지점에 도달한 기업은 더 빠르게 성장하며 더욱 수익을 내지만 그와 더불어 더 많은 현금을 필요로 하게 된다. 발생주의(현금주의와 대비되는 개념으로 현금의 이동과 무관하게 기업 실제 거래가 발생한 시점에 근거해 비용을 계산하는 방법-옮긴이) 회계에서는 회사가 최종적으로 현금을 얼마나 보유하게 될지, 즉 현금 흐름을 예측해 재무제표상 '순 이익(Net income)'을 계산한다. 당신 회사가 한 해 동안 100만 달러를 벌었고, 다른 조건은 모두 동일한 가운데 다음 일 년 동안 성장률 0%를 기록하고 있다면 그해 말 당신 회사는 지난해와 똑같이 100만 달러를 벌게 될 것이다. 하지만 사업이 가파른 성장 곡선을 그리고 있다면 그 100

만 달러는 재고품, 미수 어음, 기반 시설 등의 현금 이외 자산으로 나타날 것이다. 사업이 침체될 경우에만 현금을 직접 손에 쥘 수 있는 것이다.*

과거에 미시 경제 관리를 소홀히 했던 것에 대해 너무 자책할 필요는 없다. 단지 당신은 회사가 수익을 내고 있더라도 그런 현금 흐름 문제가 발생할 수 있다는 사실을 몰랐던 것뿐이다. 빠르게 성장하는 가젤 기업들은 그 속도를 따라잡지 못해 필요한 현금을 미리 채워 넣지 못하는 경우가 많다. 이는 초고속 비행기를 운전하고 있으면서도 연료 계기판을 읽을 줄 모르는 상황과 같다. 경영자는 고객, 투자자, 동업자에 대해 올바른 판단을 내려야 한다. 그리고 그들 앞에 얼마나 큰 기회가 있는지, 실패했을 때 그 대가는 얼마나 가혹할지 객관적으로 볼 수 있어야 한다. 현금 흐름에 영향을 끼칠 수 있는 그런 요소를 제대로 읽을 줄 모르면 결정적인 순간에 연료가 부족해 비행기가 추락할지도 모른다.

자본 공백

앞에 나온 어슈어런스 메디컬의 경우, 경영자인 비더만은 성장 과정에서 현금 흐름 문제가 발행할 수도 있다는 사실을 인지하고 있었다. 그의 문제는 현금 흐름 문제에 대한 인식 부족이 아니었다.

---

* 과도하게 일반화한 경향이 있지만 이는 독자들의 이해를 돕기 위해서이다.

그는 앞으로 자금이 필요하게 되리라는 사실을 알고 있었고, 필요한 금액이 정확히 얼마인지도 알고 있었다. 그가 알지 못했던 것은 그 자금을 어디에서 조달하느냐였다.

그런 일은 비더만 혼자만 겪는 문제가 아니다. 대통령 과학기술 자문위원회의 공동의장인 플로이드 크밤이 이렇게 말한 바 있다. "신흥 성장 기업이 신경 써야 할 최우선 과제는 첫째도, 둘째도, 셋째도 충분한 자금을 확보하는 일이다."[3]

신흥 기업의 경영자들은 대부분 자금을 확보하기 위해 개인 신용에 의존한다. 그들은 집을 저당 잡히고, 친구와 가족에게 돈을 빌린다. 신용카드 빚은 눈덩이처럼 불어나기 일쑤다. 어느 시점에 이르면 경영자가 갚아나갈 수 있는 수준을 넘어서는 자본이 필요하게 된다. 돈을 빌려주는 입장인 사람은 경영자 개인의 신용이 아닌 사업체의 가치에 근거해 돈을 빌려줄지 여부를 판단해야 한다. 하지만 기업을 실사하는 데 드는 비용이 엄청나기 때문에 신생 기업은 은행이나 투자업체의 지원을 받기가 쉽지 않다.

이 문제를 인식하기 시작한 경제학자, 정책 결정자들이 늘어나면서 성장 기업들이 자금을 확보할 수 있는 환경이 점점 나아지고 있는 것은 다행스러운 일이다. 나는 성장 기업들을 돕고자 금융 기관 고위 경영자들을 찾아가 자본 시장의 현황에 대해 논의하고 그 내용을 재무부 고위 관료에게 보낸 적이 있다. 한 자산담보 대출업자는 대출업체를 유지하는 데 세 가지 비용이 든다고 말했다. 숙련된 대출 담당자를 보유하기 위해 드는 인건비, 자산 감시 비용, 위험 조정 비용. 이 세 가지 비용을 감당하려면 25% 미만의 이자율로 100만 달러를 빌려주어서는 수익을 낼 수 없다고 한다. 또 다른 은행 임원은 그들의 최소 대출 금액이 500만 달러라는 사실을 일러주기도 했다.

신생 벤처 기업에 필요한 초기 자본을 빌려줄 수 있는 곳은 무척 많다. 또한 성장의 늪을 이미 거친 탄탄한 기업들에 500만 달러, 1,000만 달러, 그 이상의 자본을 대줄 사모 투자회사도 많다. 하지만 자본 시장에는 25만 달러에서 50만 달러 사이 자본을 대줄 만한 곳은 찾기 힘들다.* 중소기업청에서 발행하는 「미국 중소기업 대출」에 나오는 자료를 보아도 25만 달러에서 100만 달러 규모 대출 건수가 가장 적은 것을 알 수 있다(아래 표 참조).

중소기업 은행 대출 규모별 대출 건수(2000년 6월)

대출 규모	총대출액(달러)	대출 건수(건)	평균 대출액(달러)
10만 달러 미만	1,214억	980만	13,400
10만~25만 달러 미만	880억	73만	120,500
25만~100만 달러	2,035억	63만	361,100
합계, 중소기업	4,129억	1,116만	

---

* 신생 기업이 확보하기 어려운 자본의 범위에 대해서는 전문가들마다 약간씩 의견을 달리하고 있다. 상무부 경제 개발 차관보 데이비드 샘슨 박사는 문제가 되는 자금 범위가 5만 달러에서 200만 달러 사이라고 말한다. 그는 "현존 자본 시장에서는 이 범위에 해당하는 자본을 조달하는 것이 가장 힘들다."라고 언급한 적이 있다. ("Entrepreneurship in a Growing Economy," 2003년 4월 28일, 연례 지방 정책 컨퍼런스에서 발표한 자료.)

앞 표를 분석해보면 전체 중소기업 대출 1,116만 건 중 25만 달러에서 100만 달러 사이 금액을 대출한 것은 63만 건에 불과하다는 것을 알 수 있다. 또한 전체 대출 건수 중 10만 달러 미만이 가장 높은 비율을 차지했음을 알 수 있다. (이는 50만 달러 미만의 중소기업 대출에 대해 회사 대표의 개인 신용만으로 대출을 승인하는 경우가 많기 때문이다.) 중소기업청 보고서를 보면 "100만 달러 이상의 대출 건수가 증가하는 추세이긴 하지만 중소기업들은 여전히 성장하기 위해 필요한 자금을 확보하는 데 어려움을 겪고 있다."는 사실을 알 수 있다.[4]

자본 공백

자본 원천과 신생 기업들이 겪는 위험

자금 조달 수준	기업 범주	자본 원천	투자자 위험
500만 달러	신흥 성장 기업	·시중 은행 ·사모 투자 그룹 ·벤처 투자자 ·대출	저위험
25만 달러	성장에 늪에 빠진 기업 현금 흐름 제한 −작다고 하기엔 너무 크고, 크다고 하기엔 너무 작은 상태	·자본에 대한 접근이 매우 제한됨 (엔젤투자자/채권금융회사) ·회계와 담보 관리에 드는 높은 비용 ·개인 자산을 초과하는 돈을 빌림	
0	중소기업 및 신생 기업	·친구와 가족들에게 투자금을 끌어옴 ·개인 대출 (은행 / 주택담보 대출 / 신용카드 / 중소기업투자기업 / 중소기업청 대출)	고위험

이러한 자본 공백 때문에 비더만 같은 경영자들이 기업의 잠재력과 상관없이 불운을 겪게 되는 것이다. 그리고 그들의 불운은 경영자 개인뿐 아니라 경영계 전체로서도 매우 유감스러운 일이다. 그 대가가 무척 크기 때문이다. 매년 숱한 혁신 기업들이 자본 부족 때문에 성장의 늪을 벗어나지 못하고 날개가 꺾여버린다.

자본 공백 문제의 심각함을 보여주는 사례 두 가지가 아래에 나온다.

자금만 끌어올 수 있었어도

자본 공백 문제만 아니었더라면 다큐소스(DocuSource)의 CEO인 레스 워커는 영업 인력을 확충해 오렌지카운티뿐 아니라 캘리포니아 주 남부 전역에 진출할 수도 있었을 것이다. 워커는 2001년에 이런 말을 했다. "필요한 자금만 마련할 수 있었어도 새로운 시장에 영업소를 세워 고객을 끌어들이고, 현장 서비스를 담당할 기술자도 고용하고, 지원 업무 부서를 확충할 수도 있었습니다." 대신 다큐소스는 100명이 넘던 직원을 70명으로 줄이고, 오렌지카운티 시장에만 집중했다. 당시 레스 워커는 회사 매각까지도 심각하게 고민했다고 한다. 워커가 말한다. "눈앞에 엄청난 기회가 있었지만, 그 기회를 잡기 위해 필요한 자본이 없었습니다. 어쩔 수 없는 현실 때문에 인원을 삭감하고 긴축 재정에 돌입했습니다."

다큐소스의 침몰은 예상 밖의 일이었다. 다큐소스는 기업 고객들을 상대로 통합 문서 관리 솔루션을 제공하는 사무용품 회사였다. 다큐소스는 설립 9년 만에 700%나 성장했고, 2001년에는 직원 100명으로 연 매출 2,100만 달러를 달성했다. 「잉크 매거진」이 선정하는 '1995년 미국에서 가장 빠르게 성장한 500대 기업' 중 159위에 오르기도 했다. 또한 「로스앤젤레스 비즈니스 저널(The Los Angeles Business Journal)」이 선정하는 '로스앤젤레스 지역에서 가장 급속히 성장한 기업' 목록에 5년 연속 오르기도 했다. 다큐소스는 주로 캘리포니아 남부 지역에 있는 업체들을 상대했지만 CB 리처드 엘리스(CB Richard Ellis)처럼 전국적으로 이름난 기업과 거래하기도 했다. "우리 회사는 대기업과 경쟁할 수 있는 신흥 성장 기업의 좋은 예였습니다. 우리 회사는 차별화된 문서관리 솔루션이라는 무기를 가지고 있었습니다. 성장 속도를 유지하게 해줄 자금만 확보할 수 있다면 우리에게는 거칠 것이 없었습니다. 자금 확보가 우리의 유일한 과제였지요."

그렇게 잘나가던 기업에 무슨 일이 생겼던 것일까? 워커도 말했듯 자금 확보 문제가 걸림돌이 되었다. 별안간 다큐소스의 주거래 은행이 대출 한도를 대폭 줄인 것이다. 워커는 즉시 거래 은행을 바꾸기 위해 새로운 곳과 협상을 시도했지만 결과가 그리 좋지 못했다. "대출 업체가 갑작스레 현금 유입을 차단해버렸습니다. 당시 은행들은 대출 심사 기준을 강화하는 추세였거든요."

다큐소스는 후순위채(subordinated debt, 미상환부채를 갖고 있

는 기업이 파산하거나 법적 정리 절차를 밟을 경우 제1순위 부채가 전액
상환된 후에 상환 받을 수 있는 채권-옮긴이)로 100만 달러라도 빌리
려고 백방으로 노력했지만 그것 또한 실패했다. "연이자 20%라는
파격적인 조건을 제안했음에도 당시에 필요했던 자금의 40%만을
빌릴 수 있었습니다."

문제가 시작된 것은 1998년부터였다. 1990년에 법인 등록을 한
다큐소스는 1998년에 제품 라인 확장과 목표 시장 확대를 꾀하기
시작했다. 그전까지는 로스앤젤레스 지역 시장만을 대상으로 단일
제품을 판매했지만 1998년부터 캘리포니아 남부 지역 일곱 곳을
대상으로 세 가지 제품을 제안하기 시작한 것이다. 그 변화의 계기
는 최초로 디지털 복사기를 개발한 리코(Ricoh Corporation)의 영
향이었다. 리코는 다큐소스 같은 대리점을 통해 제품을 판매하고
있었다. 다큐소스는 리코의 최신 제품을 판매할 수 있는 기회를 잡
았다. 하지만 한 가지 걸리는 점이 있었다. "그 기회를 잡으려면 엄
청난 자금을 투자해야만 했습니다. 영업 사원들을 교육하고, 현장
기술자를 새로 뽑고, 장치·부품 등도 더 구입해야 했습니다. 필요
한 자본만 충분히 조달할 수 있었다면 우리는 분명 성공했을 겁니
다. 영업 조직을 확충해 캘리포니아 남부 지역들을 더 적극적으로
공략하고 영업소를 세웠다면 분명 좋은 성과를 냈을 거라 자신합
니다."

하지만 필요 자본을 끌어모으지 못한 레스 워커는 회사 매각까
지 고려해야 했다. "회사를 매각하고 나면 인력을 더 감축해야 할

지도 모르는 일이었습니다. 구조조정은 인수회사의 손에 달린 일이 었으니까요. 저는 회사를 매각하고 직원들의 운명을 제3자의 손에 넘기느니 구조조정을 단행해 긴축 경영을 하고 독립된 회사로 남는 게 더 나으리라 생각했습니다."

엘리엇 와인먼의 경우

엘리엇 와인먼은 유망한 기업 두 곳을 설립한 성공한 기업가였 다. 매사추세츠에 살던 그는 설립 후 12년 동안 두 회사 모두 몇백 만 달러 수입을 벌어들이는 고속 성장 기업으로 키워냈다. 하지만 현금 흐름 사정이 악화되면서 두 곳 모두를 팔아야 하는 상황에까 지 처했다.

와인먼이 처음 세운 회사는 소프트웨어 프로덕티비티 그룹 (Software Productivity Group)이었다. 그는 1989년에 자신의 집에 서 그 회사를 시작했다. "우리 회사는 잡지를 발행하고, 컨퍼런스를 열고, 컨설팅 서비스를 제공하는 일을 했습니다. 주요 고객은 소프 트웨어 개발 도구나 소프트웨어를 구매하는 대기업들이었습니다." 소프트웨어 프로덕티비티 그룹은 1990년에 총 10만 달러를 벌어 들였다. 총수입은 1993년에 200만 달러로, 1995년에 380만 달러 로 늘어났다. 하지만 직원 수 스물다섯 규모였던 1996년에 그는 회 사를 매각해야 했다.

와인먼이 말한다. "그전까지 모든 일이 순조롭게 진행되고 있었습니다. 단지 회사 규모가 커지면서 갚아야 할 돈이 늘어간다는 게 문제였습니다. 상환 기한은 대부분 60일 이하였습니다." 소프트웨어 프로덕티비티 그룹이 갚아야 할 돈은 주로 인쇄비와 우편 요금이었다. 쌓인 요금은 상당했다. 반면 고객들에게 받을 미수금은 대부분 3개월에서 6개월이 지나야 받을 수 있었다.

1995년, 소프트웨어 프로덕티비티 그룹은 직원을 스물다섯으로 늘리고 6월에는 새로운 사무실로 이전하기도 했다. 당시 총수입은 400만 달러에 달했다. "그 추세대로라면 1996년에 600만 달러에 가까운 돈을 벌 수 있었습니다. 하지만 상황이 마음먹은 대로 흘러가지 않았습니다. 필요한 돈이 점점 늘어갔습니다. 우선 잡지 발행부수를 늘리기 위해 40만 달러가 필요했고 새로운 사무실로 이사도 하고 직원도 더 뽑아야 했습니다. 또 세금으로 내야 할 돈 30만 달러에, 운용 자금으로 최소 20만 달러가 필요했습니다. 게다가 1월과 2월은 보통 우리 업계에서 비수기였기 때문에 들어오는 돈은 없는 상태에서 3월까지 쓸 간접비 15만 달러를 추가로 감당해야 했습니다. 급한 마음에 대환 대출로 10만 달러를 마련했지만 급한 곳에 먼저 돈을 쓰고 나니 남은 돈으로는 더 이상 버틸 수가 없었습니다."

인수합병 회사인 울로 인터내셔널(Ullo International)이 접근해 온 것은 그때였다. "울로는 인수 대가로 우리 회사에 100만 달러를 투자하겠다고 제안했습니다. 그 돈이면 막혀 있던 현금 흐름의 숨통을 터주어 회사를 회생시킬 수 있을 것이었습니다." 와인먼은 내키지 않아 했지만 어쩔 수 없는 상황에 떠밀려 제안을 수락했다. "자금 조달이 조금만 원활했더라도 저는 회사를 지킬 수 있었을 겁니다."

와인먼은 굴하지 않는 사나이였다. 1997년 말, 그는 또 다른 회사를 차렸다. 첨단 기술 컨퍼런스 및 컨설팅 사업체인 인터미디어 그룹(Intermedia Group)이었다. 와인먼은 나스닥에 상장된 회사인 메타 그룹(META Group)에서 30만 달러를 투자받아 그 회사를 설립했다. 그는 이번에도 회사를 빠른 속도로 키워냈다. 인터미디어 그룹은 1998년에 총 45만 달러를 벌어들였고, 1999년에는 190만 달러, 2000년에는 620만 달러를 벌었다. "인터미디어 그룹은 전국 시장을 무대로 선전했습니다. 2000년 말 무렵에는 현금으로만 130만 달러를 보유하고 있었습니다."

하지만 고속 성장하는 회사를 뒷받침하기에는 130만 달러도 모자랐다. 인터미디어 그룹은 비수기인 12월에서 2월까지 세금으로 74만 달러를 납부하고 각종 비용으로 30만 달러를 썼다. 그리고 3월과 4월에 개최할 컨퍼런스를 준비하기 위해 마케팅 비용도 미리 써야 했다. 그해 초반에는 계획된 컨퍼런스가 없었기 때문에 첫 사분기 동안 들어오는 돈은 거의 없었다. 한때 두둑했던 와인먼의 계좌에는 25만 달러만이 남았다. 적어도 25만 달러에서 50만 달러가 더 필요한 상황에서 인터미디어 그룹은 또다시 인수합병 회사의 먹잇감이 되었다. "성장 기업은 100만 달러에서 1,000만 달러 정도

규모가 되는 시점부터 대기업들과 경쟁하기 시작합니다. 당시 우리의 경쟁자는 3,000만 달러에서 4,000만 달러 정도 규모의 컨퍼런스 업체들이었습니다. 더 위로는 연간 수입 10억 달러 이상 규모의 정보 기술 업체들과 경쟁해야 했습니다."

와인먼은 자금 부족 상태에서 성장을 계속하는 대신 합병 의향을 내비친 인터넷닷컴(Internet.com, 현 INT Media Group)의 제안을 수락했다. 와인먼은 말한다. "저는 회사를 대기업에 매각하는 것보다는 성장을 택하는 편이 낫다고 생각합니다. 저는 경영자이자 기업가입니다. 기업가라면 누구나 저와 같을 겁니다."

그러면 어떻게 해야 하나?

미안하지만 회사를 경영하면서 어두운 시기를 거치는 것은 피할 수 없는 일이다. 자본 공백 문제로 골치를 썩고 있는 경영자들을 위한 만병통치약 같은 것은 세상에 없다. 하지만 고속 성장 기업들의 어려운 처지를 조금이라도 완화시켜주기 위해 정부가 할 수 있는 일로 어떤 것들이 있는지 마지막 장에서 자세히 논의하겠다. 현재 기업가들은 정부 정책 미흡으로 본질적으로 위기 상황에 처해 있다. 그들은 고군분투하며 자본을 끌어와 기적을 만들기 위해 노력하고 있다.

"회사 총수입이 2,100만 달러에 이르자 비로소 자본 시장의 문이 활짝 열리더군요. 우리는 자본 900만 달러를 빌릴 수 있었습니다. 해외 시장에 진출하고 인재들을 끌어들이기 위해 그 돈이 필요했습니다. 하지만 자금 지원을 받기 전에는 정말 힘든 시기를 겪었습니다. 한번은 월급날이 다가오는데 직원들에게 줄 돈이 모자랐습니다. 돈을 어떻게 마련할지 막막하더군요. 저는 친구에게 전화를 걸어 제 사정을 털어놓고 15만 달러를 어렵게 빌렸습니다. 또 한번은 정말 운이 좋았던 적도 있습니다. 급한 채무를 도저히 상환할 수 없는 상태였는데 아침에 일어나 보니 8만 달러가 회사 계좌에 들어와 있었습니다. 우리는 어찌된 영문인지 모른 채 그저 기뻐했지요. 알고 보니 거래처 한 곳에서 대금을 일찍 지급한 것이었어요. 어쩜 그렇게 궁하던 때에 딱 맞춰 돈이 들어왔는지, 거래처에 정말 감사한 마음이 들더군요. 고맙다는 말을 전하자 그쪽에서는 '우리는 그저 그쪽과 신뢰를 쌓고 싶었을 뿐입니다.'라고 대수롭지 않게 답했습니다. 하지만 그 거래처는 운 나쁘게도 곧 망해버렸어요. 정말 힘든 세상이죠."

성장의 늪에서 만나게 될 재정적 위험을 극복하는 데 도움이 될 몇 가지 방법을 일러주겠다. 첫 번째는 창의적인 위기관리이다. 급박한 현금 부족 문제를 해결하기 위해 창의력을 동원해 급한 불을 끄는 것이다. 조지 뮤직의 경우 조지는 건물주와 협상을 해서 현금이 적게 드는 방법으로 가게를 임대했다. 직원 임금이나 공과금 같은 특정 채무를 해결하기 위해 친구나 가족에게 단기 자금을 빌리는 것도 한 방법일 수 있다. 책 앞부분에 나왔던 버트 프래터는 일시적으로 현금 부족 문제를 겪게 되자 리스 업체를 찾아가 이렇게 말했다. "사정이 어려워져 넉 달에서 다섯 달 정도 임대료를 지불하지 못하게 되었습니다. 하지만 5개월 후에 임대료에 20%를 더 얹은 금액을 꼭 지불하겠습니다." 리스 업체는 물론 그 말을 달가워하지 않았다. 하지만 당장 임대해준 사무기기를 뺀다 해도 어차피 손해였기에 리스 업체는 울며 겨자 먹기로 프래터의 제안에 동의했다. 일시적인 현금 부족 문제를 해결하려면 허리띠를 졸라매고 지출을 가능한 한 줄이는 것도 물론 중요하지만 그와 더불어 자본을 끌어들이기 위한 방법을 되도록 빨리 찾아야 한다. 투자 자본을 끌어들이는 것은 회사의 명운을 좌우할 수도 있는 중요한 일이다. 그래서 두 번째 방법인 자금 확보에 대한 내용을 항해 규칙으로 만들었다.

> **✎ 자본 항해 규칙**
> 자본을 조달하기 위한 핵심은 기업의 실제 위험도와 인식된 위험도를 줄이는 것이다.

자본 공백 시기를 잘 빠져나가려면 자본 시장에 뛰어들어 적극적으로 투자 자본을 끌어들이기 위한 준비를 해두어야 한다. 경영자들은 대출업자들과 투자자들이 기업의 수익 전망을 보고 투자 결정을 내릴 것이라 생각한다. 하지만 그것은 잘못된 가정이다. 대출업자들과 투자자들은 투자 결정을 내릴 때 완전히 다른 각도에서 기업을 평가한다. 그들은 물론 회사의 성장가능성도 평가한다. 하지만 그들이 정말 알고 싶어 하는 것은 그 기업의 '위험도'이다. 대출업자들은 대부분 사업이 얼마나 잘될지는 개의치 않는다. 그들이 정말 신경 쓰는 것은 어떻게 자신의 돈을 돌려받을 수 있느냐다. 사모 투자업체들도 자신들의 우선권 보호에 신경 쓰기는 마찬가지이다.*

　기업 잠재력이 아무리 엄청나다 해도, 투자 자본을 더 많이 확보하려면 실제 위험도와 인식된 위험도를 낮출 필요가 있다. 간단히 말해, 경영자는 자신의 회사가 성장의 늪을 탈출할 수 있다는 것을 투자자들에게 증명해 보여야만 한다.

　어떻게 해야 투자자들에게 회사의 안정적인 미래를 증명해 보일 수 있을까? 방법은 간단하다. 앞서 나온 세 가지 M과 관련된 단계들을 착실히 밟아나가면 된다. 시장과 다시 소통할 방법을 찾고

---

* '사모 투자업체(private equity)'란 민영 기업에 투자하려는 목적으로 한 무리의 투자자들의 돈을 모아 관리하는 업체를 말한다. 기술 및 생명공학 분야의 혁신적인 아이디어에 투자하는 벤처 캐피탈과 전통적인 기업매수합병전문회사(buyout firms) 등도 사모 투자업체에 해당한다. 기업매수합병전문회사는 가젤들을 상대로 하는 투자업체이다. 사모 투자와 관련되어 자주 나오는 우선권(liquidation preference)에 대해서는 부록에서 더 자세히 알아보겠다.

(Market), 경영진을 쇄신하고(Management), 회사 규모가 커지더라도 계속 수익을 낼 수 있는 사업 모델을 개발하면(Model) 그 회사는 실제 위험도와 인식된 위험도를 낮출 수 있으며 그 결과 성장하기 위해 필요한 자금을 더욱 쉽게 끌어모을 수 있다.

경영자들 중에는 돈과 관련된 문제들이 다른 더 깊은 문제들을 드러내 보여주는 '증상'에 불과하다는 사실을 깨닫지 못한 사람이 많다. 그들은 돈 그 자체만이 문제라고 생각하는 경향이 있다. 그들은 이렇게 말한다. "그때 급한 문제를 해결할 수 있는 돈만 있었더라도 고비를 넘길 수 있었을 텐데." 하지만 경영자가 해결해야 할 가장 근본적인 문제는 돈이 아니다. 물론 고속 성장 기업이 성공하려면 돈의 역할이 매우 핵심적이긴 하다. 하지만 돈이 충분히 있다고 해서 모든 일이 순탄하게 풀리는 것은 아니다. 자본을 끌어들이기 위해서는 앞서 나온 세 가지 M을 해결해 사업을 탄탄한 반석 위에 세워야 한다. 진정한 문제가 무엇인지 깨닫지 못한 채 돈 그 자체만을 문제로 보는 한 세 가지 M과 관련된 문제들은 결코 해결할 수 없다.

터널 끝에 빛이 있다

앞에 나온 내용들을 읽고 너무 의기소침해 하지는 말라. 자본 시장이 부정적이고 어둡기만 한 것은 아니다. 자본 시장은 기업들이 혁신과 효율성을 추구하도록 촉진하는 순기능적인 역할을 하기도 한다.

녹색 테이프나 백열전구처럼 주위에서 흔히 찾아볼 수 있는 물건들을 가지고 기발한 장치를 만들어 위기에서 빠져나오곤 했던 텔레비전 드라마 영웅, 맥 가이버를 기억하는가? 자본 부족에 직면한 경영자들은 회사를 살리기 위해 맥 가이버가 되어야만 할 때가 많다. 경영자들은 부족하면 부족한 대로 꾸려나가는 법을 배워야 한다. 그리고 그 경험은 나중에 분명 도움이 된다. 자본이 부족하더라도 허리띠를 졸라매고 사는 법을 아는 기업은 성장의 늪을 헤쳐나갈 수 있다. 기업은 그런 경험을 통해 효율성을 높이는 법을 배울 수 있으며, 나중에 자본 시장이 활짝 열린 후 그 효율성은 기업의 자산이 된다.

사실 성장의 늪을 지나 살아남은 기업은 상당히 많다. 일단 성장의 늪을 빠져나온 기업은 활짝 열린 자본 시장이 주는 혜택을 마음껏 누릴 수 있게 된다. 나는 기업이 성장의 늪을 막 빠져나온 바로 그 순간에 비로소 자본 시장이 문을 활짝 여는 모습을 누누이 목격했다. 기업이 성장의 늪을 빠져나왔다는 것은 그 기업이 매우 안정적인 상태에 접어들었으며 위험도도 매우 낮다는 사실을 의미한다. 그런 기업은 대출업자들과 투자업체들의 눈에 당연히 매력적으로 보일 수밖에 없다. 투자자들이 앞다투어 찾아와 당신 사무실의 문 밖에 줄 서 있을 때 기분이 어떨지 상상이 가는가? 성장의 늪을 빠져나오고 나면 거짓말 같은 일들이 당신 눈앞에 펼쳐질 것이다. 당신은 힘겨운 사춘기를 거치고도 살아남았다. 모든 면에서, 특히 재정적인 면에서 앞으로 당신이 걱정할 일은 별로 없을 것이다.

어떤 경우에는 자본 시장에서 숱하게 딱지 맞았던 기업이 예기치 못한 도움을 받아 성장의 늪을 빠져나오기도 한다. 잔디 깎는 기계 스내퍼의 극적인 사례가 그 좋은 예이다. 1960년대 초반, 조지아 주에 있는 한 회사에서 잔디 깎는 방식을 혁신시켜줄 기계를 하나 개발했다. 당시 사람들은 대부분 회전 칼날이 달린 거대한 콤바인 모양의 잔디깎이를 사용하고 있었다. 그런데 이 새로운 기계에는 작은 가스 엔진이 달려 있었으며, 수평 칼날이 보호 커버 아래에 붙어 있었다. 거북이처럼 생긴 모양 덕에 이 새로운 기계의 이름은 스내핑 터틀(Sanppin' Turtle)로 불렸다. 이 기계를 만든 회사는 스내핑 모잉 머신 컴퍼니(Snappin' Mowing Machine Company)라는 긴 이름을 가지고 있었다.

스내핑 터틀의 매출은 거북이처럼 꾸준하게 상승하면서 회사를 그럭저럭 먹여 살렸다. 그러던 어느 날 빌 스미스라는 인물이 그 회사를 인수하면서 변화의 바람을 몰고 왔다. 그는 우선 기계 소재를 변화시켜 무게를 대폭 줄였다. 다음으로, 그는 제품 이름을 부르기 쉽도록 더 짧게 바꾸었다. 바뀐 이름은 '스내퍼(Snapper)'였다. 세 번째로, 그는 회사 소유권을 일부 양도하면서까지 토니 말리지아라는 영업의 귀재를 사업에 끌어들였다. 토니는 스내퍼를 자신의 왜건 뒤에 싣고 다니며 철물점을 상대로 영업했다. 기술 혁신도 뒤따랐다. 제품 개발부서에서는 잘린 나뭇가지와 잎사귀를 빨아들이는 진공 시스템을 만들어냈고, 빨아들인 내용물을 '손잡이 사이에 달린 주머니'에 보관하는 방식은 특허까지 받았다.

1968년이 되자 매출은 1,000만 달러에 이르렀다. 빌과 토니는 스내퍼의 미래를 낙관적으로 내다보았다. 하지만 그들은 비전을 실행시키기 위한 자금을 어디에서 끌어와야 할지 몰라 난처한 상황에 처했다. 생산 비용을 아끼려면 1년 내내 제품을 생산해야 했지만 소매 판매가 대부분 봄과 초여름에 집중되어 있는 것이 문제였다. 게다가 목표 성장률 20%를 달성하려면 수요가 생기기에 앞서 제품을 생산해야 했는데, 그를 위해서는 공장과 시설에 더 투자할 필요가 있었다. 또 필요한 원재료와 부품을 구매하기 위한 자금, 완성 제품을 보관하는 데 드는 자금도 필요했다. 그 밖에도 소매 판매 시점에 앞서 판매상들에게 외상으로 잔디 깎는 기계를 내주는 편의도 제공해야 했다.

그들은 은행 문을 두드려보았지만 아무 성과가 없었다. 개인 투자자들을 찾아가보기도 했지만 거물급 투자자들 중에 소규모 거래에 관심을 보이는 이가 없었다. 소규모 투자자들 중에는 관심을 보이는 사람도 있었지만 그들은 그 사업의 위험성이 높다고 보고 투자 조건으로 너무 높은 대가를 요구했다. 자금을 끌어모으기 위해 동분서주하던 빌과 토니는 마침내 자신들의 비전을 이해해주는 사람을 만났다. 바로 J. B. 후쿠아였다. 후쿠아는 자신 소유의 상장 기업 후쿠아 인더스트리(Fuqua Industries)를 통해 빌과 토니의 회사가 성장할 수 있도록 자금을 지원해주고 회사 운영에는 일절 참견하지 않겠다고 약속했다. 이로써 스내퍼는 후쿠아 인더스트리에 팔렸고 놀라운 성장의 신화가 시작되었다. 1970년대에 스내퍼는 판매망을 활용한 광고 공세와 판매 대리점 지원을 통해 소비자들의 뇌리에 브랜드를 각인시키는 데 성공했다.

1년 내내 완성도 높은 제품을 생산할 수 있게 되면서 수익률도 현저하게 높아졌다. 스내퍼는 1970년대와 1980년대에 꾸준하게 매년 20~25% 매출 성장세를 보이면서 세전 20%의 판매 수익을 올렸다.

1988년, 스내퍼는 드디어 매출 3억 달러를 돌파했으며, 높은 수익 덕택에 성장에 필요한 자금을 무리 없이 댈 수 있었다. 20년 동안 스내퍼는 흑자를 내면서 후쿠아 인더스트리에 배당금으로 1억 달러 이상을 보냈다. 하지만 스내퍼는 거기에서 만족하지 않고 기존의 '손잡이 사이에 달린 주머니' 방식을 개선해 뒷부분에 엔진이 달린 잔디깎이를 개발했다. 새로운 기계를 사용하면 전방을 더 잘 볼 수 있고 피로감도 훨씬 덜했다. 뒤쪽에 엔진이 달린 스내퍼는 교외 거주자들 사이에 부와 지위의 상징이 되면서 더욱 인기를 모았다.

자금을 끌어모으는 것이 어렵다고 해서 아예 그 길이 막혀 있다는 뜻은 아니다. 자본 시장이 당신을 거절하더라도 네 가지 M과 관련된 문제들을 차근차근 해결하고, 부족한 자본으로나마 회사를 운영해나가면서 희망을 잃지 말라. 그것이 당신이 할 수 있는 최선이며, 사실 그것만으로도 충분하다.

자본 확대와 관련된 여러 주제 중 '투자자들과의 관계'는 꼭 짚고 넘어가야 할 중대한 문제이다.

성장의 늪을 거친 경험이 있는 사람이라면 누구나 알겠지만 투자를 받는 일은 과학일 뿐 아니라 예술이기도 하다. 대출업자나 공급업자는 자본 조달과 관련된 이들이긴 하지만 한 회사의 미래에 궁극적으로 관여하지는 않는다. 하지만 외부 지분 보유자는 다르다. 그들은 지분을 가지고 있기에 회사의 미래를 바꿀 수도 있는 결정에 영향력을 행사한다. 사모 투자업체와의 계약서에 서명을 할 때, 경영자는 이전에 겪어보지 못했던 관계 속으로 걸어 들어가는 것과 같다. 외부 투자자와 경영자의 관계는 고용주·직원 관계와 다르며 기업·고객 관계와도 다르다. 굳이 유사한 관계를 찾자면 외부 투자자와 경영자가 서로 손을 잡기로 결정하는 것은 부모가 양아들이나 양딸을 입양하는 것과 비슷하다. 당신은 갑자기 식탁에 의자를 하나 더 놓아야 한다. 당신은 새롭고 낯선 사회적 관계를 맺어야 한다.

둘 사이에 갈등이 발생하는 가장 근본적인 원인은 둘이 문제를 보는 방식이 완전히 다르기 때문이다. 투자자들은 사업을 추상적인 관점에서 본다. 즉, 그들은 높은 곳에서 멀리 내다보는 시각을 가지고 있다. 반면 경영자들은 총알이 빗발치는 현장인 참호에서 사업을 바라본다. 그들은 맨주먹으로 사업을 시작했다는 사실 이외에는 어떤 점에 대해서도 공감하지 못한다. 투자자들은 자본을 본래 건강한 사업의 조건을 개선하기 위한 보조 수단쯤으로 여긴다. 반면 경영자들은 자본을 회사가 앓고 있는 모든 병을 낫게 해줄 만병통치약으로 여긴다.

예기치 못한 합병증이 나타날 때 둘 사이에 갈등이 시작된다. 투자자들은 처음 계약서에 서명할 때 특정한 사업 계획과 전망을 약속받는다. 그런데 기업을 경영하다 보면 갑작스레 복병을 만나 사업 계획을 수정해야만 하는 상황에 놓이게 되는 경우가 많다. 이 상황은 경영자를 난처하게 만든다. 경영자는 처음에 세웠던 계획대로 밀고 나가야 할 것 같은 의무감을 느끼면서도 한편으로 자신의 본능이 말해주는 대로 계획과 다르게 반응해야 할 것 같은 충동을 느낀다. 한편 투자자는 이런 걱정을 하게 된다. '예상치 못한 문제가 생겼다는 건 알겠어. 무슨 일들이 벌어지고 있는지 나에게 솔직하고 투명하게 알려주었으면 좋겠군.' 경영자는 궁금하게 여긴다. '이런, 생각했던 것보다 더 많은 자본이 필요하게 생겼군. 돈이 더 필요하다고 말하면 투자자가 나를 어떻게 생각할까?' 한편 투자자는 사업을 하다 보면 자본을 추가로 유입시켜야 할 일이 생기기도 한다는 사실을 경험을 통해 알고 있다. 그들은 예상보다 더 많은 자본이 드는 것은 지극히 당연한 일이라 생각하기 때문에 이미 매 투자 건마다 여유 자금을 마련해놓고 있다.

경영자와 투자자의 관계가 깨지는 원인은 주로 의사소통의 실패 때문이다. 가상으로 꾸민 편지 두 통을 보며 경영자와 투자자 사이의 의사소통 실패가 어떤 결과를 가져올 수 있는지 생각해보자. 편지 한 통은 경영자가 투자자에게, 다른 한 통은 투자자가 경영자에게 보내는 것이다. 편지 내용을 보면 양쪽의 관점이 어떻게 다른지, 그 관계의 특성이 어떻게 갈등을 유발하는지 알 수 있을 것이다. 편지를 보면서 당신이 앞으로 겪을지도 모를 외부 투자자들과의 관계를 미리 준비해두라. 자신의 결정이 무엇을 의미하는지도 알지 못하면서 외부 투자자들을 끌어들이는 것보다 더 끔찍한 일은 없다.

투자자가 경영자에게 보내는 편지

친애하는 릭,

당신 회사에 투자하게 되어 진심으로 기쁘게 생각합니다. 저는 당신 회사의 잠재력을 믿습니다. 이제 우리는 한 배를 타고 있는 것이나 다름없습니다. 저는 당신이 회사를 잘 운영하리라 믿어 의심치 않습니다. 그래서 회사 경영에 가타부타 참견하고 싶지는 않습니다.

당신이 하루에도 수백 가지 문제를 해결하기 위해 애쓰고 있다는 걸 잘 알고 있습니다. 하지만 우리가 했던 약속 몇 가지가 잘 지켜지지 않는 것 같다는 두려운 마음이 듭니다. 진실은 당신만이 알고 있겠지요. 당신만이 어떤 실패의 위험이 있는지 정확히 알고 있습니다. 우리가 진실을 알지 못하면 자본을 투자하기가 어렵습니다. 물론 당신이 의도적으로 거짓말을 해서 우리의 판단을 흐리고 있다고 생각하지는 않습니다. 하지만 경영자들은 우리가 어떻게 생각할지 두려워한 나머지 우리에게 모든 사실을 솔직히 이야기하지 않는 경우가 많습니다. 태만도 죄라면 죄일 수 있습니다.

당신 회사에 투자한 자본은 여러 사람들의 돈을 모아 만든 것이라는 사실을 잊지 말았으면 합니다. 그 돈이 모두 제 돈이었다면 오히려 마음이 훨씬 편했을 것입니다. 제 말이 너무 냉정하게 들릴지도 모르지만 제 입장도 이해해주시길 바랍니다. 자본은 가차 없고 무자비합니다. 저는 당신 사업이 잘될 것이라 믿지만 제가 모시고 있는 분들은 당신 사업에 대해 그다지 신경 쓰지 않습니다. 그들이 신경 쓰는 것은 오로지 돈뿐입니다. 그들은 수치에 근거해 판단을 내립니다.

저는 회사의 미래에 대해 전략적으로 생각하려 노력하고 있습니다. 사업에 문제가 있다면 되도록 빨리 알았으면 합니다. 그래야 해결할 수 있도록 도울 수 있을 테니까요. 자본을 더 투자하는 것은 별 상관없습니다. 제게는 시간이 돈과 다름없습니다. 문제 해결은 생각만큼 어렵지 않습니다. 그러니 어떤 문제가 생기건 제게 연락 주십시오. 당신을 돕고 싶습니다.

장문의 편지 읽어주셔서 감사합니다.

진심을 담아,

레지널드 캐피탈

토드 P. 올드리치

친애하는 토드 씨

솔직히 정말 힘들게 이 편지를 쓰고 있습니다. 우리 회사에 자본을 투자해줄 분을 만나게 되어 얼마나 기쁜지 모릅니다. 덕분에 난생처음 자본이 풍족한 상태에서 회사를 경영할 수 있게 되었습니다. 그리고 더 이상 혼자가 아니라는 생각에 든든하기도 합니다.

우리가 함께 논의했던 사업 계획에 차질이 생기고 있다는 말씀을 드려야 할 것 같습니다. 저는 처음 약속을 지켜야 한다는 강박관념을 느끼고 있습니다. 환경이 바뀌고 있습니다. 그쪽에서 의문을 느끼고 화내시는 것 이해합니다. 하지만 변화된 환경 때문에 사업 계획에 차질이 생겼다는 사실을 말씀드리면 사업 계획이 처음부터 잘못되었다고 생각하시는 건 아닐지 걱정이 됩니다. 저는 신용을 깨트리고 싶지 않습니다. 저는 회사 경영과 관련된 모든 내용을 속속들이 알고 있으며 문제가 생길 때마다 즉시 해결하고 있습니다. 저는 지금 시점에는 직원들에게도 문제에 대해 알리지 않는 편이 낫다고 생각하고 있습니다. 회사를 이 자리까지 이끌어온 제 능력을 믿어주셨으면 좋겠습니다.

솔직히 말씀드리자면, 사업과 관련된 문제들 중 어디까지 말씀드리고, 어디서부터 저 혼자 해결하는 것이 좋을지 잘 모르겠습니다. 토드 씨는 저에게 당신을 믿고 문제가 생기면 즉시 얘기해달라고 하시지만 저는 아직 당신에 대해 잘 모르겠습니다. 돈 때문에 쪼

들리지 않게 된 것이 얼마 되지 않다 보니 큰돈을 어떻게 써야 할지 잘 모르는 것도 사실입니다. 이전까지는 문제가 생겼을 때 돈으로 해결해본 적이 없었습니다. 저는 토드 씨께 자본을 더 요청하면 거절당할 것이라 지레짐작했습니다.

솔직하게 말씀드리지요. 토드 씨와 만날 때마다 너무 바쁘신 것 같아서 자세한 얘기를 꺼내기가 쉽지 않았습니다. 저에게는 사업과 관련된 자세하고 구체적인 내용들이 중요한데 토드 씨에게는 그렇지 않은 것 같더군요. 당신은 그저 큰 그림만을 원하는 것 같은 태도를 보였습니다. 그런데 제가 어떻게 속 이야기를 꺼내놓을 수 있었겠습니까?

토드 씨께서 투자자들을 위해 일하고 있다는 건 알고 있습니다. 토드 씨가 그런 것처럼 저에게는 오로지 이 회사뿐입니다. 저는 직원과 고객을 어떻게 만족시켜줄지 고민하면서 아침에 눈을 뜹니다. 저는 이 일에 제 모든 열정을 바쳐왔습니다. 저는 제가 내린 결정들이 모두 옳았고 모든 문제를 조금씩 해결해가고 있다고 믿고 있지만, 토드 씨께서는 현금 흐름 문제만을 따로 떼서 사업을 비관적으로 보고 계신 것 같습니다. 걱정 마십시오. 사업은 잘 되어가고 있습니다. 단지 시간이 조금 필요할 뿐입니다. 하지만 토드 씨께서는 그렇게 믿고 싶어 하시지 않는 것 같습니다. 제 노력과 공로도 인정해주시지 않고요. 이런 상황에서 제가 어떻게 사업의 단점들을 당신에게 툭 터놓고 이야기할 수 있겠습니까?

토드 씨, 편지 주신 것은 정말 감사하게 생각합니다. 우리 둘 다

모든 문제를 다시 한 번 생각해보는 것이 어떨까요. 각자 깊이 생각해본 후 다시 이야기 나누었으면 합니다. 당신의 편지를 읽고 제가 오해했던 부분이 있었다는 생각이 들었습니다. 이제는 머리가 맑아진 느낌입니다. 토드 씨께서도 그러기를 바랍니다.

감사드리며,
릭

가상의 편지를 쓰다 보니 한 대형 사모 투자업체에서 일하는 투자 전문가와 점심을 함께했던 일이 떠오른다. 다른 투자회사에서 관리자로 일하던 그는 대형 업체 경영자의 눈에 들어 투자 전문가로 스카우트되었다. 우리가 만났던 당시 그는 새로운 회사에서 문제 기업들을 정리하는 업무를 맡고 있었다. 그리고 당시 나는 한 금융 서비스 회사의 최고 재무 담당자로 파견나간 지 얼마 되지 않은 상태였다. 회사에 문제가 생겼을 때 밟는 첫 단계는 대부분 최고 재무 담당자를 갈아치우는 것이다. 금융 서비스 회사에도 문제가 생겼기에 이전에 있던 사람을 내보내고 나를 영입한 것이었다.

우리는 업무차 만난 것이었지만 금세 의기투합하게 되었다. 나는 과거에 투자회사의 자금 지원을 받는 이른바 '포트폴리오 기업'에서 일해본 경험이 있었기에 그가 하는 일에 대한 배경지식이 있었다. 우리는 사모 투자업체 사람들이 기업을 실사할 때 정말 중요한 문제들을 놓치곤 하는 이유가 무엇인지에 대해 흥미로운 대화를 하기 시작했다. 나는 제품 종류에 상관없이 모든 업계의 제품 생명 주기가 단축되어가고 있는 것 같다고 그에게 말했다. 그래서 성장의 늪을 빠져나온 기업이 시장 변화 속도에 적응하려면 매 3~4년마다 조직을 전면적으로 쇄신해야 한다는 의견을 펼쳤다.

점심을 함께 먹던 그 사람도 내 의견에 동의했다. 자신이 일하면서 가장 힘든 점도 기업에 투자를 결정할 때 그 기업이 성장의 어느 단계에 속해 있는지 판단하는 것이라고 말했다. 변화의 시작 단계에 자금을 투자하면 성장 후 이득을 볼 수 있지만, 변화 주기의 마지막 단계에 투자했다가는 과도기로 넘어가야 할 시기를 지체시킬 수도 있었다. 그는 이렇게 말했다. "기업이 어떤 성장 주기에 속해 있는지 판단하는 것은 정말 쉽지 않습니다. 제 일은 연습이 아니라 실전이니까요. 우리는 투자 대상 기업들이 성장할 수 있도록 도와야 합니다. 그러기 위해서는 경영진의 역할이 핵심적입니다."

그가 한 말은 가상의 편지에 나온 투자자와 경영자 사이의 관점 차이가 왜 생겨나는지 핵심적으로 보여준다. 현장에서 일하는 경영자는 사업 환경 변화를 직감적으로 알아차린다. 그리고 그 변화에 맞추어 어떤 조치를 취하고, 처음 계획을 어떻게 수정해야 할지도 안다. 반면 사모 투자업체는 재정적 수치에 의존해 상황을 파악하기 때문에 일이 계획대로 진행되지 않으면 경영자가 잘못된 결정을 내린 것은 아닌지 의아하게 여기게 된다. 또한 사업이 처음에 계획했던 것과 다른 방향으로 진행되면 불편한 심기를 드러낸다.

내 생각에 모두를 위한 해결책은 차분하게 앉아 사업에 대해 객관적으로 생각해보는 것이다. 피터 드러커가 말한 '기업가의 기술'을 발휘해 과도기를 겪고 있는 사업이 앞으로 어떤 방향으로 진행될지 예측해보아야 한다. 성장의 늪이라는 과도기에 들어선 기업에게는 그 어느 때보다도 미래를 예측하는 능력이 절실해진다. 나와 점심을 함께했던 그 사람이 말했듯 변화의 시기에 노련한 경영진을 영입하는 것도 미래를 예측하는 데 도움이 되는 한 방법일 수 있다.

🍂 쉬어 가기 질문_자본 끌어오기

지금까지 살펴보았듯 자본 항해 규칙의 핵심은 위험을 줄여야 자금을 끌어들일 수 있다는 것이다. 여기에서는 위험이라는 주제에 초점을 맞춰보자.

1. 돈으로 없앨 수 있는 사업 관련 위험이 있는가?
2. 당신이 외부 투자자라고 가정해보라. 당신이 회사에 대해 현재 알고 있는 내용을 모두 알고 있더라도 자본을 투자하겠는가?
3. 회사를 성장시키기 위해 어떤 종류의 자본이 필요한가? 외부 투자자의 자본을 끌어들이기 위해 회사 내부 사정에 대해 솔직히 털어놓고 간섭받을 준비가 되어 있는가?

6장

추진력

　설립 초기, 고속 성장 기업들은 엄청난 추진력을 발휘한다. 하지만 그 기업들이 성장의 늪지대에 들어서면 이 추진력은 증발해버리고 위험한 침체기가 시작된다. 성장의 늪을 가로질러 가려면 기업은 다시 한 번 긍정적인 힘을 발휘해야 한다. 앞에 나온 항해 규칙들은 긍정적인 힘을 발휘할 수 있는 토대가 되어준다. 그 규칙들을 적용해 문제를 해결하다 보면 구체적인 성과를 얻을 수 있을 뿐 아니라 회사가 올바른 방향으로 나아가고 있다는 긍정적인 분위기를 북돋워주어 직원들의 사기를 높일 수 있다. 하지만 추진력은 항해 규칙을 실행으로 옮겼을 때 생기는 당연한 결과물일 뿐 아니라 그 규칙들을 성공적으로 수행하기 위한 선결 조건이기도 하다. 성장의 늪에서 살아남으려면, 지도자들은 항상 적극적으로 기업 문화(이를 테면 의사 결정 절차 같은)를 관리해 생존 여부가 불확실한 순간에 조차도 기업이 앞으로 나아갈 수 있도록 이끌어야만 한다.

초록색 M&Ms의 힘

미래가 불투명한 순간에도 변함없는 추진력을 발휘해 성장의 늪을 무사히 빠져나간 예로 누들즈 앤 컴퍼니라는 레스토랑 체인점을 들 수 있다. 누들즈 앤 컴퍼니는 볼더(Boulder)라는 레스토랑 체인을 소유한 기업이다. 콜로라도 주에 본점을 둔 볼더는 전국적으로 145개 점을 운영 중이며 2007년에만 28~35개 지점을 새로 열 계획을 세웠다. 볼더는 가볍게 식사할 수 있는 레스토랑 부문에서 선두를 달리고 있다. 치폴레 앤 파네라 브레드(Chipotle and Panera Bread) 같은 경쟁 기업이 누들즈 앤 컴퍼니를 위협하고 있긴 하지만 경영자의 탄탄한 비전과 재능 덕에 사업은 순항 중이다. 기발한 웹사이트(www.noodles.com), 직원 소식을 알려주는 뉴스레터 등을 보면 알 수 있듯 누들즈 앤 컴퍼니에는 즐거움과 창의성의 정신이 널리 퍼져 있다. 누들즈 앤 컴퍼니의 설립자인 애런 케네디가 웃음 띤 얼굴로 말한다. "우리 회사에는 에너지와 활기가 넘칩니다. 모든 일이 순조롭게 잘 흘러가고 있지요."
　하지만 처음부터 모든 일이 쉽게만 진행되었던 것은 아니다.

2002년에 저탄수화물 다이어트가 유행하면서 성장률이 2%까지 떨어지는 힘든 시기를 겪기도 했다. 또 한 번은 레스토랑 업계에서 오랫동안 일한 임원을 CEO로 영입했다가 사업에 악영향만 끼친 적도 있었다. 케네디는 브랜드 구축에 매우 뛰어난 경영자였다. 그런데 새로 온 CEO가 케네디에게 아무런 자문을 구하지 않은 채 독단적으로 브랜드를 관리했다. 그 결과 소비자들의 머릿속에 애써 구축해놓았던 브랜드의 장점이 모두 사라져버렸다.*

케네디와 신임 CEO 간의 계속되는 다툼 속에 직원들은 끔찍한 나날을 보내야 했다. 케네디도 인정한다. "경영진 간의 불화 중 일부는 제 잘못이었습니다. 일상적인 회사 경영 일에 지친 나머지 전문 경영인을 뽑아 그에게 모든 업무를 일임한 것이 화근이었습니다. 저는 그가 사업을 어떻게 운영하는지 일절 신경 쓰지 않고 혼자만의 시간을 보내고 싶었습니다. 하지만 그 결과 회사 전체가 큰 대가를 치러야 했지요."

케네디는 만신창이가 된 회사를 수습하기 위해 강력한 조치를 단행했다. 그는 2003년에 그 CEO를 내보낸 후 본사 직원들을 모두 한자리에 모아(당시 본사 직원은 총 60명이었다) 누들즈 앤 컴퍼니가 새로운 길을 걷기 시작할 것이라고 선언했다. 그 후 몇 개월 동안 그는 업무 통제권을 되찾고, 브랜드를 강화하고, 기업 목

---

* 케네디는 누들즈 앤 컴퍼니를 설립하기 전에 한 대기업에서 브랜드 이미지를 구축하고 관리하는 일을 했다. 그는 그 회사에서 소비자의 머릿속에 브랜드를 각인시키는 데 뛰어난 재능이 있다는 평가를 받았다. 이 사례는 새로운 CEO가 기존 경영자의 전문성을 인식하지 못했을 때 어떤 불행한 결과를 초래할 수 있는지 보여준다.

표와 전략을 다듬는 일에 몰두했다. 그는 또한 업무 수행 능력에 대한 자신감을 잃은 직원들의 사기를 진작시키기 위해, 순전히 회사에 활기를 불어넣으려는 목적만으로 이벤트를 실시하기로 했다. 이벤트에 특별한 의미가 없어도 상관없었다. 직원들이 즐거움을 느낄 수만 있으면 족했다. 그는 마침 다가올 성 패트릭 데이(매년 3월 17일)를 결전의 날로 삼았다. 아일랜드에서 유래한 성 패트릭 데이는 아일랜드에 기독교를 처음으로 전파한 선교사 성 패트릭을 기리는 날이다. 아일랜드 이민자들이 세계 곳곳에 퍼지면서 이제 성 패트릭 데이는 전 세계인이 함께 즐기는 축제 중 하나로 자리 잡았다. 성 패트릭 데이가 되면 사람들은 온통 초록색으로 치장을 하고 거리에서 퍼레이드를 펼친다. 그날이 되면 사람들은 초록색 셔츠를 입고 초록색 양말을 신으며 초록색 꽃이나 리본 등을 달고 초록색 케이크, 과자를 먹고 초록색 맥주를 마신다. 성 패트릭 데이의 상징이 초록색이 된 이유는 성 패트릭이 세 잎 토끼풀에 비유해 삼위일체를 설명했기 때문이라고 한다.

케네디는 성 패트릭 데이를 맞아 라이스 크리스피에 초록색 M&Ms 초코볼로 회사 약자를 새겨 넣자고 제안했다. "처음에 말을 꺼내자 요리 담당자가 심장발작을 일으키려고 하더군요. 성 패트릭 데이가 고작 8일 남았는데 그 기간 동안 회사 약자를 제품에 새기는 건 무리라는 의견도 나왔습니다. 하지만 저는 직원들에게 말했습니다. '우리는 꼭 해낼 겁니다. 우리가 아직도 할 수 있다는 걸 보여줘야지요. 정말 훌륭한 아이디어 아닙니까? 그리고 분명 재미도 있을 거예요.' 그리고 어떻게 되었는지 아세요? 우리는 해냈습니다. 그리고 효과도 있었습니다. 고객들은 초록색 로고가 새겨진 라이스 크리스피를 정말 마음에 들어 했습니다. 그리고 직원들은 이 작은 프로젝트의 성공으로 우리가 새로운 무엇인가를 해낼 수 있다는 자신감을 얻었습니다. 회사 사정은 아직 어려웠지만, 그 일은 우리가 아직 죽지 않았다는 걸 확인할 수 있는 계기가 되었습니다."

고속 성장 때문에 발생하는 여러 문제들을 해결하는 일이 아무리 정신을 쏙 빼놓더라도 기업 윤리와 기업 문화를 소홀히 해서는 안 된다. 성장의 늪을 가로질러 가는 동안 자본, 노련한 경영진, 수익성 있는 사업 모델처럼 실체가 있는 문제에 대처하는 것도 중요하지만 그것만으로는 부족하다. 경영자는 아무리 어둡고 암울한 시기일지라도 조직의 추진력을 유지하는 데 신경 써야 한다. 추진력은 대차대조표에 표시되지 않는다. 측정할 수도 없다. 하지만 전진하고 있다는 느낌과 분위기는 직원들의 변화를 이끌어낸다. 다섯 번째 M인 추진력(Momentum)이 존재하느냐 그렇지 않느냐는 고통스러운 과도기를 거치고 있는 기업에게 큰 차이를 만들어줄 수도 있다.

추진력이란

추진력이란 정확히 무엇을 의미할까? 『아메리칸 헤리티지 사전(The American Heritage Dictionary)』에서는 추진력을 '목표를 향하여 밀고 나아가는 힘' 혹은 '물체를 밀어 앞으로 내보내는 힘'이라고 정의하고 있다.[1] 물리학에서 말하는 추진력의 의미는 더 구체적이다. 추진력이란 질량에 속도를 곱한 값을 뜻한다. 사업에서 추진력이란 '제도화된 자존감(institutional self-esteem)'을 의미한다. 경영자들이 추진력이라는 용어를 언급할 때 그들은 회사를 앞으로 나아가게 해주는 무형의 정서적인 힘을 뜻하는 것이다. 추진력이란 긍정적인 에너지로 회사의 미래가 현재보다 더 나아지리라는 낙관적인 전망에 뿌리를 두고 있다.

설립 초기의 고속 성장 기업들은 추진력이라는 통쾌한 기분을 맛보는 축복을 누린다. 그래서 경영자들 중에는 회사를 활주로에서 띄우는 그 짜릿함을 다시 느끼고자 기존 회사를 떠나 새로운 회사를 설립하는 사람도 많다. 하지만 불행하게도 그러한 추진력을 유지하는 것은 쉬운 일이 아니다. 1장에서 보았듯 성장은 기업에 힘겨운 문제들을 야기하고, 그 문제들은 기업을 침체에 빠지게 하며, 침체에 빠진 기업은 더 깊은 수렁에 갇히기도 한다. 그리고 때로 그런 기업은 원치 않게 다른 사람 손에 넘어가기도 한다.

자존감이 부족한 사람이 긍정적인 변화를 받아들이는 데 어려움을 겪는 것과 마찬가지로, 경영진을 비롯한 주요 관계자들이 더 이상 추진력을 느끼지 못할 때 기업은 활기를 잃고 만다. 역으로, 추진력과 성장은 서로 밀접하게 관련되어 있다. 성장은 기업 내에 추진력을 불러오고, 추진력은 기업이 성장할 수 있게 해주는 심리적 토대를 마련해준다. 둘은 선순환 관계라 할 수 있다. 그래서 성장의 늪에 놓인 기업은 네 가지 M에 해당하는 항해 규칙들을 실행하면서 항상 긍정적인 에너지를 유지하기 위해 노력해야 한다. 기업이 성장의 늪에서 가장 어둡고 혼란스러운 시기를 보내고 있다 하더라도 경영자는 투자자를 비롯한 이해 관계자들에게 더 좋은 날이 오리라는 점을 납득시킬 수 있어야 한다. 실제로 그렇지 않더라도 최소한 겉모습이라도 그렇게 보여야만 한다.

잠깐! 그렇다고 경영자가 존재하지도 않는 추진력이 있는 것처럼 직원들을 속여야 한다는 뜻은 아니다. 나는 추진력의 가장 근본적인 원천은 네 가지 M과 관련된 항해 규칙을 이행하면서 앞으로 나아가는 것이라고 굳게 믿고 있다. 앞에 나온 케네디는 이 점을 잘 인식하고 있었다. 그랬기에 그는 말썽을 일으킨 CEO를 내보내고, 더 분명하고 포괄적인 사업 전략을 세우는 등의 실제적인 혁신을 단행하면서 동시에 초록색 M&Ms를 활용한 이벤트를 실시하기로 결정했던 것이다. 초록색 M&Ms는 사실 '네 가지 M'과 관련된 혁신들이 효과를 발휘하기 전까지 일시적인 문화적 충격을 주어 회사를 기사회생시키고자 한 전술이었다.

하지만 경영자들 중에는 추진력 배양이 기업에 큰 변화를 가져올 것이라 기대하지 않는 사람이 많다. 그들이 추진력에 대해 마뜩하지 않은 태도를 보이는 이유는 무엇일까? 사실 기업이 성장의 늪을 성공적으로 가로질러 가려면 긍정적인 에너지가 필수적이긴 하지만 그것만으로는 충분하지 않다. 1장에서 5장까지 논의했듯 고객과 다시 소통하고, 경영진을 쇄신하고, 확장성 있는 사업 모델을 개발하고, 충분한 자본을 끌어모은 기업만이 안정적인 수익을 올리는 성인기에 접어들 수 있다.

그런데 자존감은 네 가지 M과 연관된 항해 규칙을 대신해줄 수단이 될 수는 없지만, 네 가지 M을 성공적으로 이행하려면 이미 존재하는 추진력이 꼭 필요하다. 추진력은 조직에 활기를 주고, 고통스러운 변화에 적응할 수 있게 도와주며, 치명적인 실수를 저지르더라도 고비를 넘기고 앞으로 나아갈 수 있게 해준다. 추진력을 발휘하는 기업은 연료가 풍부한 기관차처럼 빠르게 달려나갈 수 있다. 질주하는 기관차는 투자자를 비롯한 이해 관계자들을 선택에 직면하게 만든다. 그들은 기관차에 올라타거나 길에서 비켜서야 한다. 네 가지 M과 관련된 항해 규칙을 적용하는 일은 직관에 반하는 경우가 많다. 하지만 회사가 앞으로 나아가고 있다는 느낌을 감지할 수 있을 때 경영자와 투자자는 네 가지 M과 관련된 혁신을 훨씬 쉽게 포용할 수 있다.

조직에 추진력을 불어넣는 법

수년 전, 우리 회사 직원 중 하나가 나에게 위대한 CEO의 핵심적인 특징을 요약해달라고 부탁한 적이 있다. 막상 위대한 CEO들의 특징을 간단히 요약하려니 진땀이 났다. 그 일은 세계의 역사를 몇 단락으로 간결하게 표현하는 것과 같았다. 나는 아직도 훌륭한 지도자들의 능력과 자질들 중 핵심적인 부분만을 찾아내 하나의 목록으로 만드는 일은 미션 임파서블, 즉 불가능한 임무라고 생각한다. 하지만 그 목록에 포함될 특성들 중 하나는 확실히 알고 있다. 그것은 바로 조직의 추진력을 배양하고 유지하는 능력이다.

경영자가 어떻게 해야 조직 내에 긍정적인 에너지를 퍼트리고 유지할 수 있을까? 이를 위한 단일한 법칙이나 규칙 같은 건 없다. 경영자 개인의 리더십 유형과 자질에 따라 추진력이 배양되는 방식은 모두 다르다. 예컨대 초록색 M&Ms 같은 이벤트는 한 조직에서는 제대로 효과를 발휘할 수 있지만 다른 곳에서도 그럴지는 미지수이다. 하지만 경영자들이 추진력을 배양하기 위해 사용할 수 있는 몇 가지 일반적인 수단은 찾아볼 수 있다.

수단 1: 낙관주의

경영자가 낙관적이지 않다면 성장의 늪지대에 놓인 기업을 순조롭게 이끌고 나가는 것은 더욱 어려워질 것이다. 설립 초기 기업의 추진력은 대부분 경영자 자신의 헌신과 몰입에서 나온다. 자신의 비전이 성공을 가져다줄 것이라는 경영자의 믿음과 열정은 다른 사람들에게까지 전염되어 조직 내에 긍정적인 분위기를 조성한다. 경영자의 낙관적인 태도는 직원 개개인이 따로 떨어져 있을 때는 결코 해낼 수 없는 일을 성취할 수 있도록 만들어주는 버팀목이 된다. 직원과 투자자들은 경영자가 어떤 난관에 처하더라도 결코 낙심하지 않으리라는 믿음 속에 그를 따른다.

성장의 늪은 경영자를 한계까지 몰아붙인다. 고객 불만이 쏟아지고, 직원들이 능력을 발휘하지 못하고, 급여 줄 돈이 부족한 상황에서도 낙관적인 기분을 유지하는 일은 물론 힘들다. IT 업체인 헤이테크 서비스(HeiTech Services)의 CEO 하이디 저딩은 이런 말을 했다. "우리 회사는 지금 성장의 늪에 빠져 있습니다. 저는 매일 아침 두려움 속에 잠을 깹니다. '신이시여, 내년이면 만료될 계약을 어떻게 하면 갱신할 수 있을지 알려주십시오.' 저는 이런 기도를 하며 회사로 출근합니다. 또 밤이면 잠 못 이루며 고민합니다. '언제쯤이면 회사 성장에 기여할 괜찮은 관리자를 뽑을 수 있을까.' 어느 날 아침 눈을 떴는데 우리 회사가 망해 있는 끔찍한 생각이 떠오르기도 합니다."

하지만 저딩도 이미 알고 있다. 걱정만 한다고 해서 나아지는 일은 아무것도 없다는 걸. 무슨 수를 써서든 회사를 이끌고 성장의 늪을 헤쳐나가야 한다. 그 과정에서 결단력, 희망, 할 수 있다는 자신감을 잃어서는 안 된다. 그래야만 직원들이 당신에게 기댈 수 있다. 저딩은 낙관적인 태도를 잃지 않기 위해 힘들 때마다 남편에게 정서적인 위안과 조언을 구한다. 또한 저딩과 그녀의 동업자는 분별력을 유지하기 위해 이따금씩 일부러라도 휴가를 떠난다. "가끔 혼자서는 도저히 감당할 수 없는 순간이 찾아오기도 합니다. 그래서 우리는 바쁜 와중에도 숨 돌릴 틈을 내서 머리를 식히고 옵니다. 정서적인 균형을 되찾고 나면 골치 아팠던 일들이 더 이상 위협적으로 느껴지지 않게 됩니다."

경영자는 낙관적인 태도를 유지하기 위해 자신의 짐 중 일부를 다른 사람에게 위임할 필요가 있다. 2장에서 보았듯, 기업은 시장과의 소통을 회복하고 고객들에게 가치를 전달할 수 있는 시스템을 구축해야만 성장의 늪을 통과할 수 있다. 기업의 정서적인 건강과 관련해서도 비슷한 시스템을 구축해야 한다. 성장의 늪을 빠져나온 기업은 조직 전체에 낙관주의를 퍼트리는 역할을 하는 지도층을 만들어야 한다. 제너럴 일렉트릭(General Electric)은 긍정적인 조직 문화의 힘을 잘 활용하고 있는 모범적인 기업이다. 제너럴 일렉트릭에는 어떤 문제가 발생하더라도 해결할 수 있다는 자신감이 널리 퍼져 있다. 제너럴 일렉트릭을 본받아야 한다.

당신이 역경을 이겨내기 위해 활용하는 자신감과 창의성을 되도록 빨리 제도화해야 한다. 그래야만 최고 경영진에서 말단 사원에 이르기까지, 회사 구석구석에 긍정의 힘을 전파시킬 수 있다. 그렇다고 해서 기업 전망에 대한 맹목적인 믿음에 근거해 거짓 낙관주의를 제도화해야만 한다는 뜻은 아니다. 경영자는 자신의 비전에 바탕을 둔 낙관주의를 퍼트려야 한다. 회사 내 다른 사람들과 달리 경영자는 '미래를 내다볼 줄 아는' 능력을 가지고 있다. 경영자는 미래가 칠흑같이 어두워 보이는 순간에도 기회를 식별할 줄 아는 존재다. 경영자들은 본질적으로 창의적이다. 그렇지 않았다면 손수 회사를 설립하고 이끌 수 없었을 것이다. 그들은 본능적으로 장애물보다는 가능성에 역점을 두어 생각하는 경향이 있다. 바로 이 직관에 근거한 낙관주의를 제도화할 때에만 기업은 추진력을 발휘해 더욱 빨리 성장의 늪을 빠져나갈 수 있다.

수단 2: 명료한 의사 결정 절차

당신 회사에서는 어떤 절차에 따라 결정이 내려지는가? 곤란한 결정을 내리는 사람은 누구인가? 그리고 결정을 내릴 때 적용하는 가치와 판단 기준은 무엇인가? 당신 회사의 가장 중요한 목표와 야망은 무엇인가?

2장에서도 이야기했듯, 의사 결정 절차에는 기업 문화가 반영되어 있다. 의사 결정 절차는 추진력을 발휘하게 해주는 핵심적인 수단이다. 한 번 내렸던 결정을 손바닥 뒤집듯 번복하고, 목표가 수시로 바뀌는 회사에서 직원들이 앞으로 나아가고 있다고 느끼기는 힘들 것이다.

사업을 시작할 때 경영자들은 대부분 직관적으로 기업 목표를 확립한다. 그리고 그 자신이 의사 결정 절차의 중심이 된다. 하지만 점차 회사 규모가 커지면서 경영진이 늘어나고 사업 모델이 확대되면 기업의 원래 가치와 사명, 비전을 잃을 위험도 커진다. 성장의 늪에 놓인 경영자가 기업 문화에 대해 더욱 의식적으로 생각하고, 의사 결정 절차를 명료하게 만들어야 하는 이유가 바로 그것이다.

"가족 기업을 운영하면서 가장 힘든 일 중 하나는 의사 결정 절차를 명확하게 유지하는 것이었습니다. 경영에 참여하는 가족과 친척들이 저마다 회사가 처한 위험을 다르게 인식하고 있다는 게 문제였습니다. 위험에 대한 인식이 저마다 다르다 보니 그에 대응하기 위한 전략도 중구난방이었습니다. 사업을 물려받은 저는 제품군을 강화해야겠다고 마음먹었습니다. 그런데 친척이기도 한 어느 관리자가 제 생각을 탐탁지 않게 여겼습니다. 앞으로 나아가려면 둘 사이의 갈등을 먼저 해결해야 했습니다. 노력 끝에 우리는 서로 의견 일치를 보았고, 그 경험이 우리에게 큰 자산이 되었습니다. 그 후 직원들은 최종 책임자가 누구인지, 우리 회사의 전략은 무엇인지 명확히 알게 되었습니다. 저 자신도 그 일을 통해 회사를 경영하는 보람을 되찾았습니다."

회사 규모가 커지더라도 분명한 목적의식과 의사 결정 기준을 유지하는 게 가능할까? 물론 가능하다. 제너럴 일렉트릭과 AIG가 그 좋은 예이다. 두 기업의 의사 결정 절차를 비교해보자. 제너럴 일렉트릭에서는 중요한 결정을 내릴 때 다음 잣대를 따르도록 하고 있다. '이 결정이 우리 회사를 업계 최고가 되게 하는 데 도움이 될 것인가?' 반면 AIG에서는 설립자인 행크 그린버그가 중요한 결정을 내리기 위한 기준이 된다. AIG의 한 임원이 나에게 이런 말을 한 적이 있다. "저는 어떤 결정을 내릴 때든 그린버그 씨에게 돈을 벌어줄 것인지 손해를 끼칠 것인지를 판단 기준으로 삼습니다."

"투자의 관점에서 비유적으로 말씀하시는 거죠?" 내가 물었다.

그는 이렇게 대답했다. "아뇨, 문자 그대로입니다. 제 말은 어떤 거래를 하든 그린버그 씨에게 단 한 푼도 손해를 끼칠 수 없다는 뜻입니다."[2] 제너럴 일렉트릭과 AIG는 전혀 다른 문화를 가진 대기업이다. 하지만 둘의 의사 결정 절차가 명료하다는 점만은 동일하다.

고속 성장 기업들은 규모가 작기 때문에 의사 결정 절차에 대한 직원들의 신뢰를 비교적 쉽게 확보할 수 있다. 다음 번 회의 때 의사 결정 절차를 비롯한 당신 회사의 문화에 대해 심도 있게 논의해 보라. 의사 결정 절차를 어떻게 생각하고 있는지 직원들에게 물어보라. 신뢰가 무너진 상태에서는 결코 추진력을 만들어낼 수 없다는 사실을 명심하라.

수단 3: 충격 요법

앞의 두 방법은 효과가 나타나기까지 오랜 시간이 걸린다는 단점이 있다. 오랫동안 흐르지 않고 고여 있는 기업 문화를 쇄신하려면 극적인 무엇인가가 필요할 때도 있다. 과거 문화의 잔재를 잘라버릴 수 있는 과감한 행동이 필요한 것이다. 당신의 기업이 서서히 죽어가고 있다면 의사가 나타나 죽음을 선고할 때까지 가만히 앉아 기다리고만 있지 말라. 회사의 심장에 전기 충격을 주라. 회사가 벌떡 일어나 앞으로 나아가게 할 수 있는 방법으로는 다음 세 가지가 있다.

권력 중추부를 뒤흔들라

권력 중추부를 대대적으로 쇄신하는 것은 회사에 즉시 추진력을 가져다줄 수 있는 가장 손쉬운 방법이다. 모든 경영자는 소수의 핵심적인 조언자들과 의사 결정자들에게 둘러싸여 있다. 이 측근들이 어떤 사람들로 구성되어 있느냐는 기업 문화를 단적으로 보여준다. 회사 홍보용 영상, 뉴스레터, 비망록, 회의 등 어떤 수단도 측근들보다 기업 문화를 잘 반영하고 있는 것은 없다. 직원들에게 회사 내에서 당신이 가장 신뢰하는 인물이 누구라고 생각하는지, 권력과 가장 가까운 쟁쟁한 인물이 누구일지 물어보라. 권력이나 사내 정치에 관심 없을 것 같아 보이는 말단 직원조차도 망설임 없이 단번에 이름을 댈 것이다. 그래서 최측근을 뒤흔드는 것은 강력한 의지를 보여주는 행동이 될 수 있다. 권력 중심부에 신선한 비전과 새로운 DNA를 유입시키는 행위는 회사 전체에 상당한 파급 효과를 낼 수 있다. 경영자의 개혁 의지에 고무된 직원들은 회사를 다시 신뢰하고 팔을 걷어붙이고 일하게 될 것이다.

당장 눈앞에 위기가 닥친 것은 아니라 할지라도 경영자는 최측근들을 쇄신해 추진력을 배양할 필요가 있다. 대통령들이 취임 후 가장 먼저 하는 일도 바로 권력 중심부를 뒤흔드는 것이다. 그들은 집행부를 자신이 데려온 사람들로 싹 갈아치운다. 그 행위는 대통령이 어떤 정책을 최우선으로 생각하는지를 만방에 알리는 효과적인 수단이 된다. 그리고 대통령의 의지대로 진용을 갖춘 측근들은 추진력의 원천이 된다. 경영자로서, 당신은 믿을 만한 측근들을 확대하고 다양화해야 한다. 이때 가장 중요한 것은 측근들을 통제하고 관리하는 권한이 당신에게 있어야 한다는 것이다. 나는 회사를 경영할 때 전략적으로 측근들을 보통보다 더 규모가 크게 유지한다. 그리고 측근 선택이 가져다주는 상징적인 힘을 알고 있기에 목적의식을 가지고 구성원들을 선택한다. 또 지속적인 변화를 위해 꾸준히 구성원들을 교체하면서도 동시에 일관성과 연속성을 유지하는 데 신경 쓴다. 당신은 권력 중추부 내에서 새로운 인물의 힘이 너무 커지지 않도록 주의해야 한다. 권력이 새로운 목소리의 지배를 받고 있는 듯한 인상을 주어서는 안 된다. 신흥 성장 기업의 지도층은 고유의 목소리를 항상 유지해야 한다. 그래야만 직원들이 지도부에 대해 안정감과 신뢰를 느낄 수 있다.

급진적인 변화를 피하라

농구 코치들은 팀에 활력을 불어넣기 위한 목적으로 선수를 교체하는 충격 요법을 사용한다. 성장의 늪이 당신 회사의 발목을 잡고 있다면 한 번쯤은 추진력을 내기 위한 목적만으로 사건을 벌여 보라. 초록색 M&Ms 같은 이벤트 말이다. 빨간색 M&Ms면 또 어떤가. 초코볼이든 캔디바든 어떤 수단을 활용하는지는 중요하지 않다. 단지 재미있기만 하면 된다. 무슨 수를 써서든 회사에 활력을 불어넣어 보라. 그 이벤트에 돈이 얼마나 드는지, 결정이 얼마나 합당하고 논리적인지, 이벤트가 사업 모델과 얼마나 관계있는지 따위는 걱정하지 말라. 중요한 점은 직원들이 아직도 문제를 해결할 수 있다는 사실을 증명하고 회사에 활력을 불어넣는 것이다. 한 기업가가 말했듯 "그저 공을 몰고 앞으로 나아가기만 하면 된다."

앞서 나온 캐머런 개리슨은 공을 몰고 앞으로 나아가기 위해 상상을 초월하는 행동들을 했다. 4장에 나온 개리슨 엔터프라이즈는 보건 위생 기준을 위반한 식당 목록을 담은 뉴스레터를 발행해 돈을 벌었다. 하지만 시장 변화를 감지한 개리슨은 이전과 전혀 다른 사업 모델을 개발했다. 개리슨은 각 지방 정부의 보건 담당 부서에 기록관리 소프트웨어를 판매하는 사업에 뛰어들었다. 새로운 사업을 시작한 후 처음 6개월 동안 그의 회사는 아무런 수익을 내지 못했다. 그리고 과도기를 거친 후에도 기업 실적은 여전히 지지부진했다. 추진력이 떨어졌기 때문이었다. 개리슨은 상황을 타개하기 위해 직원들에게 통 크게 금전적 보상을 해주기로 했다. 자세한 이야기는 다음과 같다.

우리 회사 직원이 총 일곱이었을 때 일입니다. 새로운 사업에 뛰어든 후 힘든 과도기는 넘긴 상태였지만 왠지 사업 엔진이 멈춰버린 듯한 분위기였습니다. 저는 사기를 돋우기 위해 직원들에게 '뇌물'을 주기 시작했습니다. 제가 얻은 부를 직원들과 나누기 시작했습니다. 직원들에게 보너스로 현금을 두둑이 주고, 실적이 뛰어난 직원을 뽑아 가족들과 함께 디즈니랜드로 휴가를 보내주기도 했습니다. 물론 비용은 다 대주었지요.

우리 회사 CTO(최고 기술 담당자)에게는 잊지 못할 선물을 안

겨주기도 했습니다. 그 친구와 함께 애틀랜타에 출장을 갔다가 돌아올 때 일이었습니다. 그는 출장 가 있던 6주 동안 토막잠을 자면서 정말 열심히 일해주었습니다. 차를 몰고 오는 길에 BMW 대리점이 눈에 띄었습니다. 저는 그 친구의 꿈이 BMW 오픈카를 가지는 것이라는 걸 알고 있었습니다. 저는 그 대리점 앞에 차를 세우고 그 친구에게 자동차 구경이나 하고 가자고 말했습니다. 우리는 함께 Z4 모델을 시승해보았습니다. 그 친구의 눈이 반짝반짝 빛나는 게 보이더군요. 대리점을 나오는 길에 저는 조용히 그 친구 손에 Z4의 키를 쥐여 주었습니다. 어마어마한 보너스였죠.

나중에 저는 그때 내가 정신이 나갔던 게 아닌가 하는 생각도 했습니다. 하지만 그 일은 효과를 발휘했습니다. 시간이 한참 흐른 후 그 친구가 제가 주었던 선물 덕분에 아무리 힘든 고비가 찾아와도 정신 바짝 차리고 일할 수 있었다고 털어놓더군요. 밤새 야근을 하고 몸이 천근만근일 때에도 그 차에 올라 운전을 하노라면 피로가 싹 풀리는 기분이 들었다고요. 한 달 동안 제가 버는 돈이 50만 달러도 넘는데 그중 얼마 안 되는 돈으로 그 친구에게 그런 기쁨을 줄 수 있다는 게 저도 행복했습니다. 저는 지금 혼자서는 죽을 때까지 다 쓰지도 못할 정도로 돈을 많이 법니다. 저는 제가 누리는 풍요를 주위 사람들과 나누고 싶습니다. 그들이 성장할 수 있도록 돕고 싶어요.

보 벌링엄은 이렇게 썼다. "예기치 못했던 깜짝 선물이나 이벤트로 직원들을 놀라게 해주라. 그럼 그들은 회사가 자신들에게 신경 쓰고 있다는 느낌을 받을 것이다. 그리고 조직 내에 친밀감의 문화가 싹틀 것이다."[3] 친밀감의 문화는 그 자체만으로도 가치가 있으며 개리슨이 했던 것과 같은 깜짝 이벤트는 더 직접적이고 즉각적인 효과를 낸다. 그러한 깜짝 선물은 기업이 추진력을 가장 필요로 하는 바로 그 순간에 추진력을 북돋는 역할을 할 수 있다.

사업을 뒤죽박죽으로 만들라(그러고 나서 깨끗하게 치우라)

추진력을 배양하기 위해 때로는 회사의 얼굴을 바꿀 필요도 있다. 빈도그래픽스(Bindographics)는 인쇄업체들을 상대로 구멍 뚫기, 접지 등의 일을 해주는 장정 서비스 업체였다. 볼티모어에 위치한 빈도그래픽스는 비교적 규모가 큰 가족 기업이었지만 2001년 9·11의 여파와 인터넷 기업들의 파산으로 된서리를 맞았다. 얼마 지나지 않아 매출은 회복되었지만 CEO인 마티 앤슨은 추진력을 배양하기 위해 조직을 쇄신하기로 마음먹었다.

표지 장정 서비스는 이미 성숙기에 접어든 산업이었다. 앤슨은 업계 밖으로 진출하기로 결심했다. 그는 다른 회사를 인수하기 위한 기회를 노리고 있다가 2005년에 버팔로에 있는 코래드(Kolad)라는 회사를 인수했다. 코래드는 인포메이션 패키징 서비스(기업들을 상대로 로고가 들어간 폴더, 바인더, CD 케이스, 브로슈어 등을 제작해주는 서비스-옮긴이)를 전문적으로 제공하는 업체였다. 코래드를 인수한 지 1년이 지난 현재까지 빈도그래픽스는 총 3,000만 달러를 벌어들였으며 더 창의적인 사업을 펼칠 수 있는 기회도 얻게 되었다. 내년 총수입이 5,000만 달러에 이를 것으로 예상되는 가운데 빈도그래픽스는 예전보다 더욱 강한 추진력을 얻게 되었고, 앤슨의 아들은 어서 사업을 물려받아 경영에 뛰어들고 싶은 생각에 마음이 들떠 있다.

빈도그래픽스의 사례에서 볼 수 있듯, 사업을 '뒤죽박죽으로 만든다'는 것은 새로운 고객층을 끌어들이거나 기존 고객에게 새로운 서비스를 제공해주기로 약속하는 것을 의미한다. 고객들에게 새로운 약속을 한 기업은 그 약속을 지키기 위해 내부 과정을 변화시킬 수밖에 없으며, 그 변화의 바람은 새로운 추진력이 된다. 직원들은 고객과의 약속을 지키기 위해 창의성을 발휘하고 새로운 해결방안을 마련하며, 그를 통해 자신이 할 수 있다는 자신감을 얻는다. 그리고 직원 개개인의 자신감은 긍정적인 에너지를 조직 전체에 뿌리내리게 한다.

경영자들은 사업을 뒤죽박죽으로 만들고 나면 직원들이 뒷수습을 하느라 한동안 들볶이리라는 사실을 안다. 그래서 그들은 죄책감을 느끼기도 한다. 하지만 앞서 이야기했듯 고객에게 새로운 약속을 하지 않는 기업은 고여 있는 물과도 같아서 서서히 썩다가 죽음을 맞이하게 된다. 반면 기업이 고객에게 너무 많은 약속을 하는 기업도 문제다. 그런 기업은 직원들에게 과도한 짐을 지워 결국 뒤죽박죽인 상태를 깨끗이 청소하지 못해 고객들을 만족시키지 못하게 된다. 그런 기업은 서서히 죽음을 맞이할 일은 없지만 대신 한

방에 나가떨어질 수 있다.

기업에게 필요한 것은 단순히 사업을 뒤죽박죽으로 만들거나 엉망인 상태를 깨끗이 치우는 것이 아니다. 둘 사이의 생산적인 균형이 필요하다.

꼭 기억해야 할 것이 하나 있다. 고객들에게 새로운 약속을 할 때 주눅들 필요는 없지만 새로운 약속에는 반드시 '목적'이 있어야 한다. 잊지 말라. 어떤 약속은 고객을 잔뜩 끌어올 수 있지만 어떤 약속은 그러지 못할 수도 있다. 경영자는 회사를 뒤죽박죽으로 만들어 얻은 추진력이 장기적으로 회사에 도움을 줄 것인지 사전에 분명히 확인해야 한다. 빈도그래픽스의 경우 코래드를 인수했던 결정에는 합당한 이유가 몇 가지 있었다. 빈도그래픽스는 비교적 견실한 기업인 코래드를 경매를 통해 적당한 가격에 인수할 수 있었다. 또한 코래드의 사업 분야는 빈도그래픽스의 기존 사업 분야와 밀접하게 연관되어 있었다. 무엇보다도 앤슨은 사업을 하면서 쌓아온 풍부한 업계 지식을 바탕으로 수년 내에 코래드의 제품에 대한 수요가 폭증하리라는 자신감을 가지고 있었다. 그 결과 앤슨은 소기의 목적을 달성했다. 추진력과 새로운 고객들을 얻게 된 것이다.

링컨 로지스틱스의 경우

앤슨은 어떻게 해야 회사를 잘 '어지를 수 있을지' 알고 있었기에 추진력을 배양해 회사를 성장시킬 수 있었다. 또한 그에게는 회사의 미래 사업에 대해 창의적으로 구상할 수 있는 자유가 있었고, 적당한 시기가 왔을 때 사업 방향을 원하는 쪽으로 전환할 수 있는 권한도 있었다. 하지만 모든 경영자들이 그렇게 운이 좋은 것은 아니다.

리치 링컨은 1920년에 설립한 가족 기업 링컨 로지스틱스의 CEO이다.[4] 링컨 로지스틱스는 수출·수입업자들을 상대로 화물 운송, 통관, 선적 등의 업무를 대신 해주는 업체로 사우스캐롤라이나 주 찰스턴에 위치해 있다. 링컨 로지스틱스는 설립 이후 꾸준하게 성장했다. 1990년대 연간 500만 달러를 벌어들이다가 2006년이 되자 약 1,000만 달러를 버는 수준에까지 이르렀다. 하지만 1장에 나왔던 퍼스트 스탠더드 화물 운송과 마찬가지로 업계 내에서 다국적 대기업들과의 경쟁이 심화되면서 신통치 않은 마진 때문에 고심하게 되었다. 세계화의 영향으로 화물 운송 업계는 덩치 큰 거인 기업과 총수입 100만 달러 미만의 소규모 가족 기업으로 양분되었다. 리치 링컨이 말한다. "우리 같은 중간 규모 기업들이 사업하기 어려운 상황이 되었습니다. 허리띠를 졸라매고 아껴야만 살아남을 수 있는 상황입니다. 최근 들어서는 비용이 오르는데도 수수료를 인상하지 못하고 있습니다."

링컨은 떨어지는 수익률에 대응하기 위해 선적 공간을 구매해 고객들에게 그 공간을 되파는 사업에 뛰어들었다. 그 사업은 위험도가 높았지만 수익률이 높았다. 이제 링컨은 전 세계적인 영업망을 구축하고, 선적 공간을 구매하기 위해 자본도 미리 투입해야 했다. "우리는 사업 모델을 바꾸고 있습니다. 우리는 대행업체로서 제품을 선적하려는 무역상과 제조업체들을 위해 일하고 수수료를 받았지요. 하지만 새로운 사업에 뛰어들면서 상당한 자본이 필요하게 되었습니다. 이제는 사소한 실수 하나로도 회사에 큰 타격이 올 수 있게 되었습니다. 엎친 데 덮친 격으로 경쟁업체들이 고객들에게 신용 대출을 늘려주고 있어서 뒤처지지 않으려면 우리도 그렇게 할 수밖에 없는 상황입니다. 1,000만 달러를 벌려면 1억 달러 매출을 올려야 합니다. 마진율이 정말 터무니없이 작아요."

링컨 로지스틱스는 IT에 많은 투자를 해놓은 덕에 아직 업계에서 뒤처지지는 않고 있다. 또한 신뢰도 높은 서비스를 기반으로 고객들에게 여전히 매력적인 가치를 제공하고 있다. 하지만 리치 링컨도 인정하듯 중간 규모 업체가 돈을 벌 수 있는 기간은 그리 오래가지 않을지도 모른다. "1990년대 중반에 우리 같은 지역 업체 인수에 눈독 들이고 있는 대기업에서 일하는 한 남자와 이야기를 나눈 적이 있습니다. 그는 저에게 이렇게 말했습니다. '당신도 우리처럼 게임에 뛰어드는 게 좋을 거요. 그렇지 않으면 당신 회사는 점점 쪼그라들어 직원이라고는 남편과 아내 둘밖에 없는 소기업이 되어버리고 말 겁니다.' 그의 말마따나 우리는 중대한 선택에 직면해 있습니다. 살아남으려면 사업 방향을 바꿔야만 하죠. 손 놓고 마냥 서 있을 수는 없습니다."

링컨은 그 방향이 인수와 조직 확대를 통해 덩치를 키우는 것이라고 생각한다. 하지만 친인척들로 구성된 회사 주주들을 설득해 투자에 동의하도록 만들어야 한다는 난관이 기다리고 있다. "매년 나오는 수익 배당금에 의지해 먹고사는 숙모나 사촌들이 주주로 있습니다. 제가 가진 회사 지분은 전체의 5%밖에 되지 않아요. 이제 상황이 예전 같지 않고, 앞으로 나아가기 위해 과감한 조치를 취해야만 하며, 그렇게 하지 않으면 몇 년 내에 우리 회사는 사라져버릴지도 모른다는 사실을 그분들에게 납득시키는 게 얼마나 어려운 일인지 모릅니다."

링컨 로지스틱스는 수년째 사업 방향 전환을 미루고 있으며 그 때문에 침체를 면치 못하고 있다. 링컨은 대대적인 방향 전환을 대신하기 위해 무수한 작은 변화들을 통해 추진력을 배양하기로 했다. 그는 혁신 전담반을 설치해 링컨 로지스틱스를 '작지만 훌륭한 서비스를 제공하는 지역 업체'로 포지셔닝해 경쟁력을 확보하려고 노력 중이다. 하지만 리치 링컨은 여전히 답답한 마음을 풀지 못하고 있다. "제가 단행한 조치들은 모두 훌륭했다고 자부합니다. 하지만 하루 일과를 끝낼 때마다 우리가 어디까지 왔는지 확인하고 다음 목표치를 정해야 합니다. 저는 절름발이 경영자입니다. 회사 규모를 키우기 위해 자본이 필요하지만 친인척들의 압력에 버텨낼 재간이 없습니다. 이따금 현기증이 날 정도입니다. 우리 회사의 미래에 대해 긍정적인 시각을 유지하려고 하지만 그것이 힘들 때도 있습니다."

■ ■ ■

지금까지 추진력의 개념과 추진력을 배양하고 유지할 수 있는 일반적인 방법에 대해 설명했다. 경영자가 추진력 배양을 위해 할 수 있는 일이 별로 없을 때 그 회사의 미래는 그다지 밝다고 할 수 없다. 성장의 늪을 가로지르기로 결정하는 것은 회사를 걸고 한판 도박을 벌이는 것과도 같다. 기업의 규모를 일단 키우기 시작하면 이전으로 되돌리기 힘들다. 침체기에 접어든 기업은 어느 정도는 근근이 사업을 꾸려갈 수 있지만 무한정 살아남을 수는 없다. 경영자는 특단의 조치를 마련해야 한다. 순간순간의 위기는 일시적인 미봉책으로 넘길 수도 있겠지만 그것만으로는 충분하지 않다.

현재 리치 링컨이 회사를 살릴 수 있는 유일한 방법은 이해관계자들을 불러 모아 회사가 나아가야 할 방향에 대해 솔직하게 논의하는 것이다. 링컨 로지스틱스에게 성장의 늪을 건너는 것은 가치 있는 선택일까? 회사를 매각하거나 규모를 축소하는 것이 더 낫지는 않을까?

더 이상 추진력을 배양할 수 없는 기업은 갈림길에 서 있는 것이다. 경영자는 성장의 길을 걸을 필요가 있을지 다시금 냉정히 생각해볼 필요가 있다. 리치 링컨은 자신의 회사가 양자택일의 기로에 놓여 있다는 사실을 알고 있었기에 가슴 찢어지는 고통을 느꼈다. 누구라도 그의 얼굴을 보면 그가 겪는 고통을 감지할 수 있을 정도였다. 하지만 현실은 그가 생각하는 것만큼 나쁘지 않을지도 모른다. 성장은 분명 짜릿한 일이지만 성장을 포기하는 것을, 즉 계속 소규모 기업으로 머무르거나 다른 곳에 회사를 매각하는 것을 개인적인 비극으로까지 여길 필요는 없다. 다음 장에서 자세히 알아보겠지만, 성장의 늪을 건널지 말지 결정하는 것은 기업의 전망뿐 아니라 경영자 자신의 개인적인 목표도 고려해야만 하는 복잡한 선택이다. 당신이 유서 깊은 가족 기업을 운영하고 있든, 맨주먹으로 시작해 회사를 일구었든 상관없이 성장의 늪을 앞에 두고 당신이 할 수 있는 가장 책임감 있는 선택이 때로는 조용히 뒤로 물러나는 것인 경우도 있다.

7장

성장을 넘어서

기업은 규모를 키워야만 하는가? 이 질문에 정답은 없다. 성장의 늪을 가로지르기로 한 결정은―혹은 이미 시작된 여정을 완수하겠다는 결정은―네 가지 M과 관련된 항해 규칙들을 실행할 능력이 있는지에 대한 평가나 기업 전망뿐 아니라 경영자 자신의 개인적인 야심을 반영한다. 성장의 늪을 이제 막 지난 기업을 이끌려면 한 발 뒤로 물러나 투자자의 관점에서 생각해볼 줄 아는 자세가 필요하다. 그리고 성공을 원하는 경영자는 투자자들을 만족시키는 방식으로 회사를 경영하는 것이 자신의 가치나 꿈과 부합하는지 심사숙고해야만 한다.

딜레마에 빠지다

지금까지 이 책을 읽은 독자라면 4M이 무엇인지, 회사를 이끌고 성장의 늪을 헤쳐나가려면 어떻게 해야 하는지 잘 알고 있을 것이다. 당신은 이제 4M과 관련된 항해 규칙들을 잘 지키고 조직 내에 추진력을 잘 유지하기만 하면 힘든 과도기를 이겨나갈 수 있으리라 자신할지도 모른다. 하지만 그 모든 생각에 앞서 해결해야 할 의문이 하나 남아 있다. '꼭 성장을 선택해야 하는가?' 성장의 늪을 가로질러 가기 위해서는 엄청난 대가를 치러야만 한다. 과연 그 대가를 치를 가치가 있을까? 그리고 성장의 늪을 건넌 후에는 어떤 미래가 기다리고 있을까?

1장에서 보았듯, 성장의 늪에서 살아남은 기업을 기다리고 있는 결과는 셋 중 하나다. 경영자는 가치를 제공하기 위해 시스템을 관리하면서 기업을 성숙으로 이끌 수 있다. 이 경우 기업가가 선택할 수 있는 방향은 둘 중 하나다. (1) 기업을 자립할 수 있게 만든다. (2) 회사를 대기업에 매각해 그 대기업의 실질적인 연구개발 부서 역할을 하게 만든다. 아니면 경영자는 기업 규모를 조금씩 줄여나갈 수도 있다. 경영자 자신의 노력과 재능으로 감당할 수 있는 가치를 제공하면서 회사를 '작은 거인'으로서-즉, 규모는 작더라도 고품질 제품과 서비스를 제공하는 회사로서-자리매김하게 만든다는 것이다.

경영자는 사업의 잠재력을 평가한 후 이 세 가지 대안 중 어떤 것이 자신의 관심과 능력에 맞아떨어지는지 결정해야만 한다. 앞서 나온 버트 프래터의 사례를 통해 이러한 선택이 얼마나 복잡한지 알아보겠다. 프래터는 의료 검진 회사 EMR을 설립하겠다는 뜻을 품고 의사 가운을 벗었다. EMR은 환경 관련 업체에서 일하는 근로자들의 복지를 개선하기 위해 한층 더 강화된 정부 규제에 발맞추어 관련 업체들을 상대로 표준화된 의료 검진 서비스를 제공했다. 시기를 잘 탄 EMR은 급속히 성장했다. EMR은 설립 5년 만에 직원 수 60명에 총수입 400만~500만 달러에 이르는 견실한 기업이 되었다. EMR과 업무 제휴를 맺은 지역 병원은 1,000여 곳에 달했으며 EMR은 한 해에만 20만 건이 넘는 의료 검진 서비스를 대행했다. 당시 EMR의 시장 점유율은 50%도 넘었다.

하지만 좋은 날은 오래가지 못했다. EMR은 선택의 기로에 놓이게 되었다. 업계 내 경쟁자들이 늘어나면서 수익률이 줄어들었으며 설상가상으로 총수입의 20%를 차지하는 가장 큰 고객을 다른 업체가 빼내 가려고 시도하고 있었다. 프래터는 그때를 이렇게 회상한다. "우리 회사는 뛰어난 서비스와 전문성을 제공했습니다. 업계 선구자로서 훌륭한 표준을 만들고, 바보라도 사용할 수 있는 검사 도구를 개발했습니다. 우리의 서비스 품질은 최고였다고 자부합니다. 우리와 업무 제휴를 맺은 지역 병원의 수준도 최고였습니다. 하지만 우리 회사의 사업 모델에는 단점이 하나 있었습니다. 우리의 서비스와 표준은 복제하기가 매우 쉬웠습니다. 경쟁업체들은 우리가 사용하던 도구와 양식을 빼돌려 베낀 후 우리보다 낮은 가격에 서비스를 제안했습니다."

　프래터도 막 깨닫기 시작했지만 당시 EMR은 성장의 늪에 들어선 상태였다. EMR은 시장과의 소통 회복 문제를 해결해야 했다. 프래터가 말한다.

　우리는 고객이 원하는 바를 충족시켜주면서 성장했습니다. 우리 회사의 고객은 환경 관련 업체에서 일하는 산재보험 담당자들이었습니다. 이들은 비용에 대해 그다지 신경 쓰지 않았습니다. 그들은 자신들 회사 특유의 조건들을 반영하면서도 지역 규정에 합치하는 질 높은 맞춤식 서비스를 원했습니다. 하지만 1990년대 중반이 넘어가면서 환경오염방지를 위한 미 연방정부의 대규모 기금인 슈퍼펀드가 고갈되기 시작했습니다. 환경 관련 업체들은 슈퍼펀드의 지원 덕에 비용에 구애받지 않고 근로자들의 복지에만 신경 썼지만 이제는 더 이상 그럴 수 없는 상황이 되었습니다. 환경 관련 업체들이 비용의 압박에 시달리게 되면서 졸지에 각 업체의 CFO(최고 재무 담당자)들이 우리의 고객이 되었습니다. 그들은 더 이상 품질 높은 맞춤식 서비스를 원하지 않게 되었습니다. 그저 가장 낮은 비용으로 정부 규제만 어기지 않으면 족하게 여겼죠.

　EMR이 처음 사업을 시작했을 때는 검진 한 건당 900달러를 청구했다. 하지만 업계 경쟁이 치열해지면서 건당 가격이 300달러 정도로 떨어졌다.

프래터는 어떻게 해야 좋을지 확신하지 못했다. 하지만 치열해진 경쟁에 대응하기 위해 회사를 재정비할 필요가 있다는 사실만은 확신했다.

경쟁이 반드시 위협만은 아니었습니다. 그게 업계의 이동 방향이라면 우리도 뒤지지 않기 위해 돌격해야죠. 일단 고객의 소리에 귀 기울여 가격을 바닥까지 낮추어야겠지요. 그러려면 우리 회사의 장점이라 할 수 있는 맞춤식 서비스를 포기하고 타협해야 할 수도 있습니다. 우리는 제휴를 맺은 병원들과 협상해 기존에 제공하던 부가적인 서비스들을 모두 없애야만 할 겁니다. 그렇게 거래량을 늘리면서 가격을 낮추면 수익률을 지킬 수 있을 겁니다.

프래터는 4M과 관련된 항해 규칙을 잘 수행하면 성장의 늪을 빠져나갈 수 있으리라 확신했다. 그의 육감은 일단 조직을 재편성하는 데 성공하고 나면 자신의 회사가 매력적인 인수 대상이 될 것이라고 그에게 말해주고 있었다. 하지만 프래터에게 다른 기회가 찾아왔다. EMR은 「포춘」지 선정 50대 기업 중 한 곳에 2년 동안 서비스를 제공해왔는데, 그곳에서 보건 및 안전 관련 업무를 모조리 아웃소싱할 업체를 물색하면서 EMR에 일을 맡을 의향이 있는지 물어온 것이었다. 이 거래가 성사만 된다면 EMR은 하룻밤 새 총수입을 두 배로 늘리는 동시에 매력적인 새로운 분야에 발판을 마련할 수 있었다. 상대 업체가 제안한 계약 조건에 따르면 적어도

5년 동안 수입이 보장될 것이었다. 그렇다면 EMR은 기존 사업에서 가능한 한 오랫동안 이익을 남기면서 다른 대기업의 아웃소싱 계약을 따내기 위해 공격적으로 영업을 펼칠 수 있었다.

프래터는 그 「포춘」지 50대 기업과의 거래를 준비하면서 100만 달러나 되는 돈을 투자했다. 그는 계약이 체결될 날만을 기다리며 들떠 있었다. 하지만 그의 마음속에는 좀처럼 가시지 않는 한 가지 걱정이 있었다. 아웃소싱 일을 하려면 직원도 새로 뽑고 기반 시설도 마련해야 했다. 그러려면 자본 수백만 달러를 끌어들여야 하는데, 돈을 마련하려면 프래터가 가진 회사 지분의 상당 부분을 양도해야 할 수도 있었다. 또한 상대 기업은 최종 계약서를 만들기까지 18개월이 넘는 협상 기간 동안 줄다리기를 하면서 프래터 쪽에 점점 더 많은 짐을 지웠다. 상대 업체는 아웃소싱을 하더라도 업무의 모든 부분을 완벽하게 통제하기를 원했다. 얼마나 많은 변수가 작용하느냐에 따라 다르겠지만 그 계약이 앞으로 EMR의 숨통을 조일 가능성도 있었다. 계약이 마무리되기 2주 전, 두 가지 사건이 터지면서 프래터의 심적 고통은 더욱 커졌다. 프래터는 계약서를 최종 점검하던 중 자금 확보와 관련된 문제로 자신이 가진 지분 중 절반 이상을 잃게 될 수도 있다는 사실을 깨달았다. 또 회사 총수입의 20%를 차지하던 고객이 경쟁 입찰을 통해 가장 낮은 가격을 제시한 업체에게 지금까지 EMR이 맡아 해오던 일을 넘기겠다고 선언했다. 입찰에 참여한 업체 중에는 EMR이 하는 것과 똑같은 건강 검진 업무를 건당 200달러 미만에 해주겠다고 나선 곳도 있었다. 200달러는 EMR이 제시한 가격보다 훨씬 낮은 금액이었다. EMR이 거기까지 가격을 낮출 수 있을까?

프래터는 강펀치를 날리는 권투선수에게 흠씬 두들겨 맞기라도 한 듯한 기분이었다. 예전 같으면 자신만만하게 어떤 어려움이 닥치더라도 능히 뚫고 나갈 수 있었겠지만 이제 그의 앞에는 어느 쪽도 결코 녹록하지 않을 두 갈래 길이 놓여 있었다. 경쟁 입찰을 선언한 그 고객에게 200달러 미만의 가격을 제시하면 다른 고객들도 가격을 깎아달라고 요구할 것이 뻔했다. 계속 수익을 내려면 고객과의 소통을 다시 확보해야 했고, 그러려면 전력을 다해 내부를 재편성해야만 했다. 하지만 아웃소싱 계약을 따내기 위해 해야 하는 일만으로도 벅찬 상태였기에 두 일을 동시에 진행시킬 수는 없었다. 아웃소싱 계약을 따내려면 그에 맞추어 내부 조직을 혁신하고 사업 방향을 대대적으로 전환해야 했다. 일에 만전을 기하려면 둘 중 한쪽에만 집중해야 했다. "어느 쪽도 선택하기 힘듭니다. 저는 어떻게 해야 하죠? 저는 제 평생 가장 힘든 선택에 직면해 있습니다."

자신의 내면 들여다보기

프래터의 경우에서 볼 수 있듯 성장을 선택하는 것이 회사에 '최선'인지 분명히 알 수 없을 때 경영자는 매우 고통스러울 수 있다. 양쪽 길—성장 혹은 퇴각—모두 동일한 위험과 이익을 수반한다. 이런 경우 성장을 선택하느냐 마느냐는 매우 개인적인 문제가 된다. 처음에 당신이 이 사업을 시작한 이유는 무엇이었는가? 당신은 사업을 통해 무엇을 얻길 바라는가? 경영자들은 이러한 질문들에 대한 답을 심사숙고한 후 장기적인 행동 방침을 정해야 한다.

나는 이 책을 쓰면서 여러 경영자들을 만나 성장이 바람직하다고 생각하는지 물어보았다. 그들의 의견은 다양했다. 어떤 사람은 그 대가가 어떻든 경영자는 성장을 선택해야 한다고 말했다. 또 어떤 사람은 이런 말을 했다. "간단해요. 10억 달러를 얼마나 빨리 벌 수 있는지로 결정하면 됩니다. 단기간 내에 10억 달러를 벌 수 있다면 사업의 잠재력을 믿고 성장을 선택해도 좋습니다." 헤이테크 서비스의 CEO인 하이디 저딩은 사업의 가치를 판단할 때 투자자의 관점에서 생각해보는 게 도움이 된다고 말한다. 그녀는 야심이 있는 경영자이다. "지금 제가 내리는 선택이 우리 회사가 살아남느냐 실패하느냐를 결정할 것입니다. 우리에게는 성장 이외의 다른 대안이 없습니다. 제가 그리는 성공이란 사람들 사이에 널리 회자되는 이름난 기업을 경영하는 것입니다. 저는 건물 한쪽 벽과 광고판에 제 이름이 새겨져 있는 모습을 항상 꿈꾸어왔습니다. 저는 소규모 회사로는 만족할 수 없습니다."

어떤 경영자는 업계 선두를 유지하기 위해 성장을 선택할 수밖에 없었다고 말한다. 데이비드 스톤은 유리 제품을 만드는 켄싱턴 글라스 아트(Kensington Glass Arts)를 경영하고 있다. 2000년대 초반, 켄싱턴 글라스 아트는 프로스티드 글라스(Frosted Glass, 빛이 산란되도록 표면을 처리한 불투명 유리 - 옮긴이)를 판매해 총 400만 달러를 벌어들였다. 데이비드에게는 돈을 더 벌거나 유명해지고 싶은 마음은 없었다. 단지 그는 지루함을 없애기 위해 색다른 분야인 유리 제조업에 뛰어드는 도박을 벌였다. 인피니티 소프트웨어의 톰 린치도 성장 이외의 다른 길은 상상도 할 수 없었기에 다른 도시로 진출하기로 결정했다. 그는 자신의 회사를 좋아했고 업계를 선도하는 것을 즐겼다.

헤리티지 인포메이션의 설립자 존 트리포디는 자신의 비전을 실현시키기 위해 과감하게 회사를 다른 사람 손에 넘겼다. 헤리티지 인포메이션이 더 큰 기업의 일부가 되면 자신이 그토록 바라던 고객층을 끌어올 수 있을 것이라고 생각했다. 그는 회사 소유 여부에 상관없이 자신의 비전이 찬란하게 실현되는 모습을 보고 싶었다. "저는 일말의 불안감이나 고민 없이 회사를 매각하기로 결정했습니다. 저는 언제든 회사에서 손 뗄 준비가 되어 있다고 생각해왔습니다. 저는 게임에서 이겼습니다. 저에게 승리란 부를 창조하고 제 비전을 실현시키는 것을 의미했습니다. 저는 그 두 가지를 모두 손에 넣었습니다. 헤리티지 인포메이션에 제가 없더라도 이전에 세워둔 비전은 계속될 것이고, 저는 충분한 금전적 보상도 받았습니다. 그래서 저는 홀가분하게 손 털고 나올 수 있었습니다. 그렇지 않았다면 저는 아직 회사를 경영하고 있었을 겁니다."

전화 응답 서비스 회사인 팻라이브의 글렌 데이비슨 같은 이들은 일상적인 경영 업무에는 별 관심이 없다. 그들은 자질구레한 경영 업무는 전문 경영인에게 맡긴 채 자신은 더 크고 창의적인 일에 집중할 수 있기를 바란다. 여러 경영자들의 사례에서 볼 수 있듯 회사를 성장시킬 것이냐 말 것이냐에 대한 단 하나의 '정답'은 없다.

대규모 회사를 경영하는 일이 괴롭게 느껴지는 경영자에게는 회사를 일정 규모까지 키운 후 더 큰 곳에 매각하는 것이 올바른 답일 수 있다. 아니면 사업 규모를 축소한 후 신뢰할 수 있는 직원 몇몇의 도움을 받아 손수 회사를 경영하는 게 답일 수 있다. 지금까지 기업을 성장시키기 위해 필요한 틀을 설명했지만, 다시 한 번 단호하게 말하건대 소규모로 계속 머무르기를 선택한다고 해서 불명예스럽게 여길 필요는 없다. 당신이 손수 사업의 모든 면을 돌볼 수 있는 규모로 머무르는 것은 불법도 아니고, 비윤리적인 것도 아니며, 비합리적이지도 않다. 최고의 요리사들 중에는 자신의 이름을 딴 대규모 레스토랑 체인을 만들기보다는 스스로 모든 부문을 통제할 수 있는 작은 식당을 운영하면서 만족감을 느끼는 사람도 많다. 그들은 직원들과 함께 호흡하고 고객과 얼굴을 맞대고 이야기할 수 있는 소규모 레스토랑을 운영하면서 행복을 느낀다. 그들은 통제력을 유지하면서 레스토랑을 자신이 원하는 방향으로 꾸려나갈 수 있다.

하지만 당신의 회사가 개인적인 노력으로 감당할 수 있는 규모로 물러설 수 없는 조직일 경우 소규모로 남는 것은 위험할 수 있다. 소규모 기업은 대개 한 개인이 관리할 수 있는 범위 내에서 사업을 운영하기 때문에 그 가치가 제한되고 생존을 위협받기 쉽다. 또한 모든 기업이 소규모로 머물 수 있는 것도 아니다. EMR의 경우 버트 프래터가 규모를 키우고 가격을 낮추어 경쟁력을 높이기로 결정하지 않았다면 미래가 그리 밝지 않았을 것이다. 하지만 소규모로 머무를 수 있으며, '약속된 땅'에 도달했을 때 얻을 만족감보다 대규모 기업을 경영하면서 겪게 될 위험과 압박감을 더 크게 느끼는 경영자라면 성장을 선택하지 않는 편이 낫다.

경영자들 중에는 최종 결정을 내릴 때 피상적인 분석이나 희미한 '육감'에 의존하는 우를 범하는 이들도 있다. EMR 사례에서 경영자 프래터는 회사의 핵심 사업을 경시하고 「포춘」지 선정 50대 기업이 제안한 거래를 따내기 위해 자본을 지나치게 투자하는 실수를 저질렀다. '마침내 해냈어! 앨라배마 출신 시골뜨기가 회사를 세우고 「포춘」지가 선정한 쟁쟁한 기업에게 3,000만 달러짜리 거래를 제안 받은 거야. 내가 깨끗하게 한방 날린 거지. 미치지 않고서야 그런 제안을 날려버릴 수는 없지.'

하지만 다행스럽게도 프래터는 한껏 부풀어 있는 그의 자의식이 하는 말을 따르지 않았다. 그는 내면의 소리를 듣기 위해 매우 엄격한 두 단계 분석 절차를 밟았다. 첫 단계는 핵심 사업을 더 키우기로 결정할 경우 '지도자로서 자신의 모습'이 개인적으로 무엇을 의미할지 생각해보는 것이었다. 두 번째 단계는 어느 한쪽을 선택했을 때 개인적으로 누리게 될 금전적 결과가 어떠할지 계산해보는 것이었다.

첫 단계부터 자세히 살펴보자. 성장의 늪을 빠져나온 후 경영자가 맡게 될 역할은 무엇일까? 우리는 성장의 늪을 지나온 기업의 모습이 어떨지 이미 잘 알고 있다. 만족스러워하는 고객들, 엄청난 사업 잠재력, 자신감 넘치는 경영진, 명료한 사업 모델, 풍족한 자금, 그리고 활기 넘치는 기업 문화. 하지만 경영자의 감정적 상태는 회사 분위기와 꼭 동일하지 않을 수도 있다. 성장의 늪을 건너온 후 기업은 번창하지만 경영자는 스트레스로 끔찍한 기분을 느낄 수도 있다. 기업이 안정적인 발판을 확보하더라도 가끔은 경영자가 감당해야 할 문제들이 생겨나게 마련이며 경쟁도 항상 존재한다. 더 근본적으로는 성장의 늪을 빠져나온 기업이라 해도 성장세를 계속 유지하려면 조직 내부를 정기적으로 개편해야 한다. 경영자는 그런 부분에 대해 부담감을 느낄 수도 있다.

경영자들은 대부분 하나에서 열까지 손수 일구는 보람을 느끼고자 자기 사업을 시작한다. 그런데 회사가 커가면서 경영자들은 자신들이 완전히 새로운 '고객'을 만족시켜야 한다는 사실을 깨닫게 된다. 바로 직원들 말이다. 그리고 기업이 성장의 늪을 빠져나오고 나면 경영자는 또다시 만족시켜야 할 제3의 고객이 등장했다는 사실을 발견한다. 바로 지분 투자자들이 그들이다. 투자자들에게 책임을 다하기 위해서는 지금까지와는 전혀 다른 관점에서 사업을 바라보아야 한다. 투자자의 관점에서 생각해야 하는 것이다. 그들은 투자 수익률을 최대화할 수 있는 방식으로 자원을 배분해야 한다. 이제 더 이상 사업은 경영자가 창조한 개인적인 프로젝트가 아니다. 냉정한 경제의 법칙을 적용받는 자산이 된다.

경영자는 성장을 선택할 것인지 말 것인지 결정할 때 투자자의 관점에서 사업을 본다는 것이 어떤 의미인지 명확히 인식해야 한다. 투자자의 관점으로 사업을 본다는 것은 수익률을 최대화하기 위해 충성스러운 직원들을 정리해고 하거나, 자신의 개인적인 가치관에 부합하지 않는 방식으로 직원들을 대해야 한다는 뜻일 수 있다. 또한 개인적으로 전혀 관심이 없는 제품들을 개발해야 할 수도 있다. 그뿐만 아니라 창의적인 새로운 아이디어를 짜내면서 시간을 보내기보다는 일상적인 경영과 관련된 일에 거의 모든 시간을 보내야 할 수도 있다. 그리고 마지막으로 경영자는 궁극적인 다음 질문에 대한 답을 찾아야 한다. '이러한 상황들, 그리고 또 다른 우발적 사태들을 받아들이고 그와 함께 살아갈 수 있는가?'

투자자의 시각에서 회사를 운영한다는 게 어떤 의미일지 생각해보는 것에 덧붙여, 경영자는 지금 당장 투자자의 관점을 빌려와 성장을 선택했을 때와 그렇지 않을 때의 결과가 각각 어떠할지 계산해볼 필요가 있다. 때로 이 계산은 그 자체만으로 성장의 늪을 건널지 말지를 결정하는 데 도움이 될 수 있다.

프래터의 경우 계산기를 두드려본 것이 특히 큰 역할을 했다. 프래터는 투자자의 관점으로 회사를 운영하려면 경영자로서의 역할을 다시 한 번 떠맡아 새로운 업계로 뛰어들어야 한다는 사실을 알고 있었다. 프래터는 회사 경영을 즐기기는 했지만 다른 경영자들이 그렇듯 한 기업의 지도자가 되는 것에 대해 강렬한 내면의 동기를 느끼지는 못했다. 그는 새로운 사업을 시작하는 자신의 모습을 상상할 수는 있었지만 기존 사업을 성장시켜 24개월 후 막대한 차익을 남기고 회사를 매각한다 해도 동일한 행복을 느낄 것 같았다. 하지만 금전적 조건을 고려했을 때도 모든 것이 동일했을까? 아니면 자본을 끌어들여 아웃소싱 사업에 뛰어드는 게 훨씬 나았을까?

표면적으로 보면 다소 위험을 감수하더라도 「포춘」지 선정 50대 기업이 제의한 거래를 좇는 것이 올바른 결정인 것처럼 보인다. 벤처 투자자들이라면 그런 관점을 적극 지지할 것이다. EMR은 사업 분야를 다각화할 경우 2억 달러 규모까지 성장할 잠재력이 있는 기업이었다. 하지만 내부 사정을 자세히 들여다보면 프래터 개인으로서는 그 거래가 매력적이지만은 않았다. 계약을 성사시키려면 프래터의 지분 중 상당 부분을 포기해야 했기 때문이다.

성장 결정이 경영자에게 금전적 이득을 가져다줄 것인지 손해를 끼칠 것인지 계산하려면 무척 복잡하고 까다로운 과정을 거쳐야 한다. 프래터의 사례를 보면서 어떤 식으로 결과를 계산해야 하는지 알아보자.

1단계: 버트 프래터는 두 갈림길 중 한 곳을 선택해야 했다. 그는 핵심 사업을 재정비해 고객들에게 더 낮은 가격을 제안하고 돈을 벌어들일 수 있었다. 아니면 그는 대기업이 원하는 아웃소싱 제안을 수락할 수도 있었다. 두 번째 선택의 문제는 계약을 따내기 위해 자본을 더 조달해야 한다는 것이었다. 그림 1을 보면 그 새로운 아웃소싱 계약이 EMR 총수입에 끼칠 영향력이 어느 정도일지 알 수 있다.

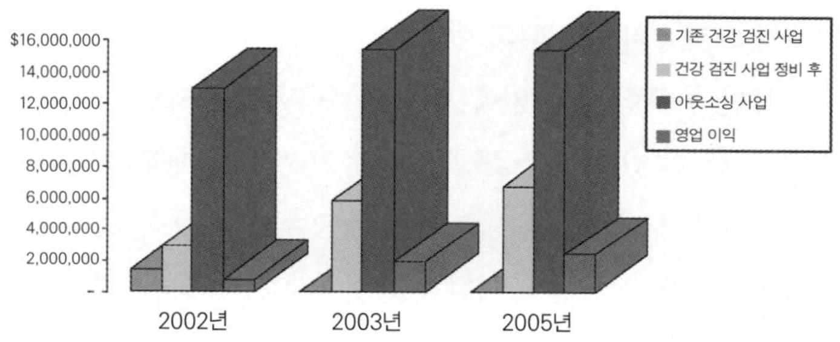

2005년 그래프의 세 번째 막대를 보라. 아웃소싱 사업에 뛰어들 경우 1,500만 달러를 웃도는 수입을 얻을 수 있다. 한편 기존 건강 검진 사업을 대대적으로 정비해 가격을 낮출 경우 총수입은 700만 달러에서 800만 달러에 이를 것이다. 그리고 그래프의 네 번째 막대를 보면 알 수 있듯 영업 이익도 전반적으로 개선될 것이다. 지금까지는 괜찮아 보인다.

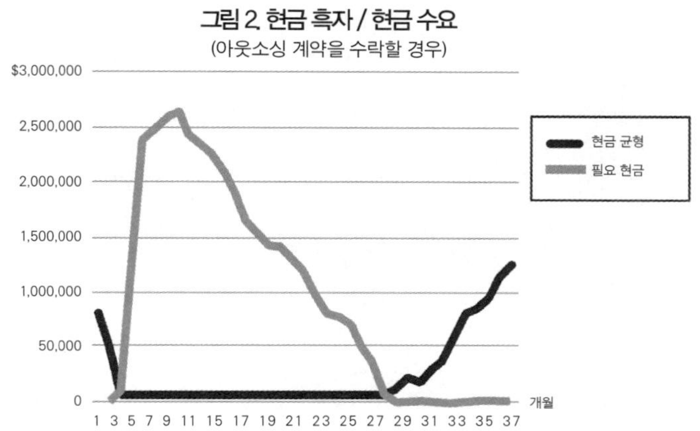

2단계: 서두르지 말고 천천히 생각해보자. 이제 그림 2에 나온 필요 현금이 얼마나 되는지 보라.

만약 프래터가 대기업의 아웃소싱 제안을 수락한다면 처음 26개월 동안 아무런 수입 없이 계속 현금을 투자해야만 한다. 그래프를 보면 알 수 있듯 아웃소싱 사업은 26개월차 때부터 현금을 창출할 것이다. 투자자들은 필요 자금을 기꺼이 대려고 할 테지만 우리도 앞서 보았듯 그들의 지원을 받으려면 프래터의 지분과 통제권을 상당 부분 양도해야 한다.

3단계: 자, 이제 프래터가 아웃소싱 거래 제안을 차버리고 기존 사업을 재정비해 고객에게 더 낮은 가격으로 건강 검진 서비스를 제공했을 때 어떤 결과가 나올지 살펴보자.

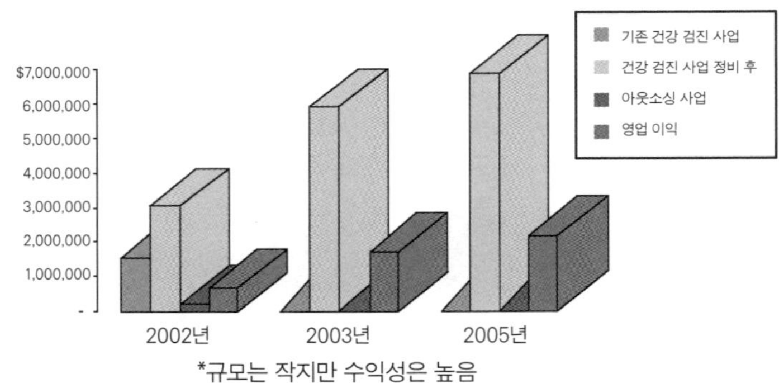

그림 3. EMR 총수입 및 영업 이익
(기존 사업을 재정비하는 데 집중할 경우)

*규모는 작지만 수익성은 높음

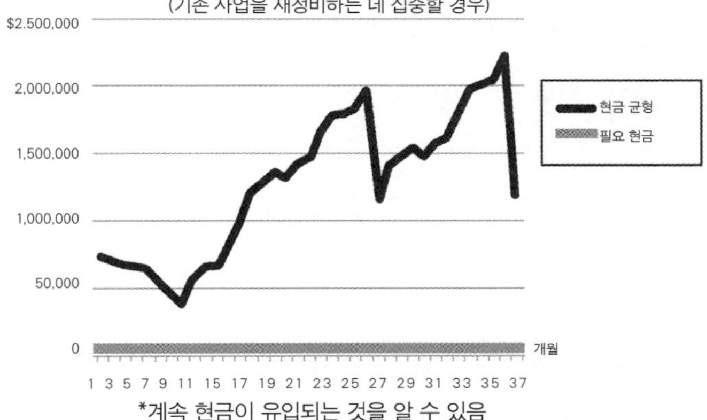

*계속 현금이 유입되는 것을 알 수 있음

게다가 아래 그림 5에서 볼 수 있듯 브래터가 기존 건강 검진 사업을 재정비하기로 선택한다면 투자자들의 자본을 추가로 끌어올 필요도 없었다. 프래터가 신용 대출할 수 있는 자금만으로도 사업을 충분히 꾸려갈 수 있기 때문이다.

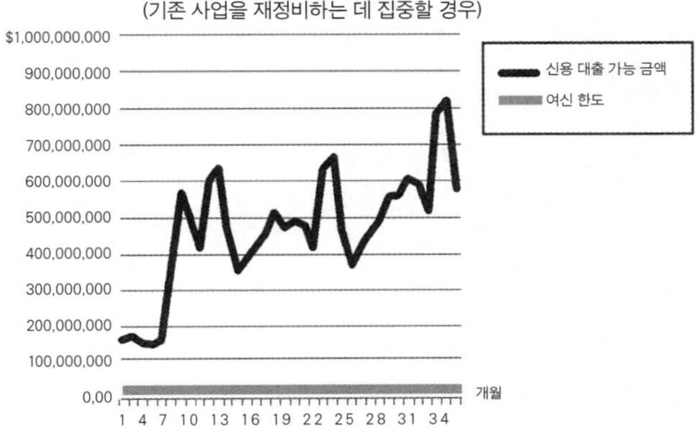

4단계: 이 마지막 4단계가 가장 중요하다. 프래터가 아웃소싱 거래를 수락하고 추가 자본을 투자받는다면 주주들은 결국 더 많은 돈을 벌 수 있을까? 아래 표를 보라.

(단위: 달러)

	핵심 사업을 재정비	아웃소싱 계약
매출액	12,742,037	16,578,196
투자자 투자액	3,500,000	6,500,000
투자자 수익	8,379,823	11,724,370
주주 수익	4,362,214	4,853,826

표에 나오는 수치는 에비타(EBITDA, Earnings Before Interest, Tax, Depreciation and Amortization 영업을 통해 창출한 현금을 보여주는 수익성 지표로 이자·법인세·감가상각비 등을 공제하기 전의 이익을 말한다 - 옮긴이)를 보여준다. 왼쪽 열은 프래터가 아웃소싱 계약에서 손을 떼고 핵심 사업을 재정비하는 데 집중했을 때 얻을 이익을 보여준다. 이때 일반 주주들이 가져갈 이익이 얼마인지와 아웃소싱 계약을 체결했을 때 그들이 가져갈 이익이 얼마인지를 비교해보라.[1]

프래터는 4단계 분석을 해본 후 아웃소싱 계약을 수락하더라도 자기 자신과 일반 주주들에게 돌아가는 이익이 그리 크지 않다는 사실을 깨달았다. 물론 그는 미래를 정확히 예측할 수는 없다. 아웃소싱 제안을 수락한 후 다른 대기업의 아웃소싱 계약도 따내 총이익이 위의 표에 나온 수치보다 훨씬 더 커질 가능성도 배제할 수 없다. 하지만 여기서 핵심은 버트 프래터가 다양한 시나리오에 따른 금전적 성과를 고려해봄으로써 상당한 통찰을 얻었다는 것이다. 표면적으로 보았을 때는 대기업과 아웃소싱 계약을 체결하는 것이 훨씬 더 매력적이고 합당한 선택인 것처럼 보이지만, 자세히 보면 프래터 자신과 일반 주주들이 얻어갈 이익은 그다지 크지 않다.

결단의 순간

그래서 프래터는 어떤 결정을 내렸을까? 각 선택에 따른 장단점을 면밀히 검토한 후 고심 끝에 투자자들의 말을 따르지 않고 핵심 사업을 재정비하는 데 집중하기로 결정했다. "아웃소싱 계약에 수반되는 위험이 불편하게 느껴졌습니다. 저는 회사를 이끄는 걸 좋아했습니다. 세상에서 가장 싫은 일이 남 밑에서 일하는 것이었죠. 아웃소싱 제안을 수락했다면 저는 그 「포춘」지 선정 50대 기업이나 투자자들을 위해 일해야만 했겠죠. 저는 누군가에게 간섭받는 게 싫었습니다." 프래터는 결정을 내리면서 자신의 신념과 가치관을 따랐다. "저는 어렸을 때 아버지께서 들려주신 가르침을 잊지 않고 있습니다. 아버지는 절대 다른 누군가를 위해 일하지 말라고 하셨습니다. 아버지는 스스로 주인 되는 삶을 살라고 말씀하시곤 했습니다. 의과대학에 들어갔던 것도 그래서였습니다. 저에게는 다른 사람 밑에서 일하는 것보다 회사를 매각하는 게 훨씬 쉬운 일이었습니다."

결정을 내린 직후 상황을 수습하는 건 물론 쉽지 않았다. "아웃소싱을 제안했던 곳의 임원에게 전화를 걸어 거래에서 발을 빼겠다고 말했던 일을 결코 잊을 수 없을 겁니다. 그들은 거래가 진행 중이라는 걸 이미 내부적으로 공개한 상태였기 때문에 제 말을 듣고 펄쩍 뛰었습니다. 그들로서는 상상도 할 수 없는 일이었겠죠. 그리고 그 회사 소속 의사들이 거래가 무산되었다는 소식을 듣고 무척 실망했다더군요. 그들은 우리와 함께 일하고 싶어 했어요!"

계약을 철회한 후 프래터와 경영진은 본격적으로 뛰기 시작했다. 그들은 핵심 사업이었던 건강 검진 업무를 재정비했다. 그리고 머지않아 가격 경쟁력을 되찾고 총수입 1,000만 달러를 돌파했다. 프래터는 24개월 후 회사를 매각했다. 기존 투자자들을 비롯한 모든 사람들이 회사 매각으로 이득을 보았다. 프래터가 말한다. "저는 꽤 잘해냈습니다. 물론 아웃소싱 제안을 수락했더라면 얼마를 벌 수 있었을지 누구도 알 수 없습니다. 하지만 지금으로서는 제가 당시에 올바른 결정을 내렸다고 확신합니다. 그런 결정을 내릴 때는 개인의 인생철학을 따라야 한다고 생각합니다. 누구도 저를 대신해 선택을 내려줄 수는 없는 법이니까요. 선택에 영향을 끼치는 여러 요소들 중 금전적 이득이 가장 중요한 것만은 아닙니다."

누구도 자신을 대신해 선택을 내려줄 수는 없다는 프래터의 표현보다 경영자의 입장을 잘 대변해주는 말은 없는 것 같다.

8장

성장 기업을 보호하라

한 국가의 경제에 가장 큰 영향을 끼치는 경제 주체는 소수의 대기업도 다수의 중소기업도 아니다. 국가의 앞날을 좌우하는 가장 중요한 단일 요소는 다양한 업계에서 혜성처럼 등장해 혁신을 주도하고 폭발적으로 성장하는 기업들이다. 하지만 불행하게도 정책 결정자들은 국보(國寶)와 다름없는 성장 기업에게 어울리는 대접을 해주지 않고 있다. 경제적 번영을 위해서는 신흥 성장 기업에 불리하게 제정되어 있는 각종 정부 규제를 고쳐야 한다. 신흥 성장 기업이 마음껏 날개를 펼칠 수 있는 공정한 환경을 조성해주면 국가의 경쟁력을 높일 수 있다.

불공정한 경쟁 환경

맥 설리번은 식품 서비스 업계의 치열한 경쟁에 매우 익숙했다. 하지만 그는 경쟁 업체뿐 아니라 정부 관료와 맞서 싸워야 할 일이 생기리라고는 상상하지도 못했다.

맥 설리번은 1885년에 설립된 유서 깊은 가족 기업 페이트 도슨을 경영하고 있다. 식품 유통업체인 페이트 도슨은 시스코(Sysco, 2006년 총수입 320억 달러) 같은 골리앗의 공격에도 무너지지 않고 버텨왔다. 페이트 도슨은 1990년대에 2,500만 달러를 벌어들이는 소규모 기업에 불과했으나 현재는 5억 달러 이상의 매출을 올리는 중견 기업으로 탄탄하게 자리 잡았다. 1990년대 초반까지 페이트 도슨은 지역 식당과 학교에 식자재를 납품하는 유통업체에 지나지 않았다. 하지만 그 이후 설리번이 경영권을 물려받으면서 페이트 도슨을 대규모 레스토랑 체인을 상대하는 전문 업체로 변모시켰다. 2장에도 나왔듯 페이트 도슨은 레스토랑 체인과 거래하기 시작한 후 이전과는 완전히 다른 사업 모델을 개발했다. 이전까지 대부분의 식자재 유통업자들은 개별 레스토랑과 거래하면서 구매 과정의 복잡성을 악용해 이익을 남겼다. 하지만 페이트 도슨은 개별 레스토랑을 동등한 권리가 있는 동업자로 대우하면서 서로 협력해 식자재 가격을 낮추는 전략을 취했다. 페이트 도슨에서 전체 식자재의 90% 이상을 구매하는 조건으로 가격을 대폭 낮추어준 것이었다. 레스토랑으로서는 페이트 도슨과의 거래를 통해 전반적인 식자재 비용을 낮출 수 있으므로 손해날 것이 없는 장사였다. 이런 게 바로 윈윈 게임이라고 할 수 있었다. 페이트 도슨은 한 레스토랑에 더 많은 제품을 납품하면서 마진율을 높일 수 있었고 레스토랑은 필요한 식자재를 더 효율적으로 구매할 수 있었다.

2005년 무렵 페이트 도슨의 성장률은 업계 평균을 훨씬 상회하는 수준이었다. 5년 동안 노스캐롤라이나 주 골즈버로에 일자리 100개 이상을 창출하면서 지역 공동체에 이바지하기도 했다. 그런데 그 무렵 맥 설리번은 충격적인 소식을 하나 듣게 되었다. 업계 최대 경쟁자인 시스코가 골즈버로와 불과 40킬로미터 떨어진 셀마에 대형 유통 센터를 세운다는 것이었다. 더군다나 정부에서는 약 400여 개 일자리를 창출해준다는 이유로 시스코에 1,020만 달러를 지원할 계획이라고 했다.

설리번은 여기저기 수소문해 노스캐롤라이나 주 정부에서 일자리 창출 기금으로 520만 달러, 경제 개발 기금으로 220만 달러, 세제 혜택 50만 달러를 지원해줄 것이라는 정보를 입수했다. 또 셀마 시에서도 전기세 100만 달러 감면, 재산세 100만 달러 감면, 수도세 70만 달러 감면 혜택을 줄 것이라고 했다. "대기업 유치 대가치고는 1,020만 달러가 그리 큰 금액이 아니라고 생각할지도 모르지만 우리 업계 상황을 고려하면 전혀 그렇지 않습니다. 우리 업계 마진율은 매우 낮습니다. 세후 순수입 1,020만 달러를 벌려면 매출을 5억 달러 이상 올려야 합니다. 그러니 우리 회사 코앞에 세울 경쟁 시설에 정부가 지원한 금액은 실질적으로 5억 달러에 달한다고 볼 수 있습니다. 이 지역에서 100년 넘게 사업을 꾸려오며 지역 경제에 이바지해온 우리 회사를 깡그리 무시하는 처사라고 할 수 있죠!"

설리번은 반대 의사를 전하고자 정부 관료와 면담을 신청했다. 하지만 그 결정과 관련된 핵심 인물인 주 정부 상무 담당관은 그의 연락에 아무런 답을 하지 않았다. 수차례 면담을 요청한 결과 2005년 가을, 설리번은 겨우 약속을 잡을 수 있었다. 약속 장소에 도착했을 때 설리번은 무척 놀랐다. 그 자리에서 격의 없이 자신의 사정을 털어놓고 이야기할 수 있으리라 예상했는데 거기에 정부 변호사가 동석해 있었던 것이다. 하지만 설리번은 기죽지 않고 300~400개의 새로운 일자리를 창출할 것이라는 시스코의 약속이 터무니없다고 설명했다.

"저는 그들에게 식자재 유통업이 매우 성장률이 낮은 업종이라고 말했습니다. 우리 업계에서는 한 해에 4~5% 성장해도 무척 많이 성장한 거였죠. 그런데 어떻게 시스코가 일자리를 300에서 400개나 새로 만들어낼 수 있다는 건지 납득이 되지 않았습니다. 기껏해야 노스캐롤라이나 주 다른 지역이나 다른 주에서 일하던 사람들을 끌어오는 것에 불과할 겁니다. 그렇게 해서는 진정으로 일자리를 창출한다고 할 수 없지요. 일자리 순 증가율은 0%에 가까울 겁니다. 혁신을 통해 실질적으로 일자리 100개를 만들어낸 당사자는 오히려 저였습니다."

동석해 있던 변호사는 설리번의 논리적인 설명에 할 말을 잃은 표정이었다. 하지만 정부 관료는 요지부동이었다. 설리번은 그 관료에게 물었다. '시스코가 한 약속이 실행 가능성이 있는지 평가해보셨습니까? 우리 업계에서 일하는 전문가와 이에 대해 이야기해본 적 있으십니까?'

"그 관료는 그래 본 적이 없다고 시인했습니다. 자신의 부서에서 나름대로 조사를 실시하기는 했다더군요. 우리 업계에 대한 어떤 전문 지식도 없는 사람들이요. 하지만 그 관료는 이미 마음의 결정을 내린 듯했습니다. 그는 제 말을 전혀 들으려고 하지 않았습니다." 그 일이 있은 후 얼마 지나지 않아 시스코가 약속한 345개 일자리 중 기존 시설에서 이동해올 사람들이 165명 정도 된다는 발표가 나왔다. 하지만 그 발표도 주지사 마이크 이즐리의 마음을 흔들지는 못했다. 주지사는 2005년 1월에 '시스코의 결정은 기업, 공동체, 주정부 모두에게 도움이 되는 엄청난 승리'라고 선언했다. 그는 노스캐롤라이나 주의 훌륭한 인력풀, 교육에 대한 끊임없는 지원, 사업친화적인 환경 덕에 이런 성과를 낸 것이라고 자화자찬했다.[1]

하지만 노스캐롤라이나 주에 시스코 유통 센터를 유치하기로 했다는 소식이 발표되자 시민들의 거센 비판과 반발이 이어졌다. 그들은 주 정부에서 시스코에 기금을 지원하는 것에 반대했다. 여론이 악화되자 민주당 의원 월터 돌턴은 다음과 같은 논리로 주 정부의 기금 지원을 옹호하고 나섰다. "경제 사정이 어려운 지역에 일자리를 창출하는 것은 언제든 환영할 일입니다. 주 정부들이 기업 유치를 위해 자금 지원 경쟁을 펼치는 것을 부정적으로 보는 시각이 있다는 건 알고 있습니다. 하지만 다른 주에서 자금 지원을 통해 기업들을 유치하고 있는데 우리 노스캐롤라이나 주만 손 놓고 있을 수는 없습니다."[2] 물론 맥 설리번의 시각은 달랐다.

저는 모든 사람이 불가능하다고 생각했던 혁신을 이루어낸 사람입니다. 하지만 시스코는 그렇지 않습니다. 그들은 그저 덩치로 밀어붙일 뿐입니다. 국가 경제에 진정으로 도움이 되는 기업은 어느 쪽일까요? 우리 회사는 시스코와 다릅니다. 저는 기금을 구걸하지 않습니다. 저는 그저 정부가 우리 사업을 방해하지 않기만을 바랄 뿐입니다. 저는 시스코가 두려운 게 아닙니다. 공정하게 경쟁할 수 있는 환경만 만들어주면 족합니다. 하지만 지금 상황에서는 환경이 결코 공정하다고 볼 수 없습니다.

1장에서 7장까지는 경영자의 입장에서 위험 지대인 성장의 늪을 건널 때 따라야 할 규칙들을 소개했다. 이 책의 마지막 장인 이 장에서는 더 큰 맥락에서 성장 기업들의 역할이 무엇인지 알아볼 것이다. 내가 만났던 경영자 중에는 그들의 노력이 국가 경제에 끼치는 결정적 영향에 대해 제대로 인식하지 못하는 사람도 있었다. 나는 그 과감한 혁신가들에게 성장 기업들이 국보와 다름없는 존재라는 사실을 증명해 보이고 싶다. 그래서 그들에게 힘든 과도기를 건너갈 수 있는 용기와 희망을 주고 싶다. 또한 내가 만났던 정책 결정자들이나 경제학자들 중에도 성장 기업이 국가 경제에 얼마나 지대한 기여를 하는지 충분히 인식하지 못하는 사람이 많다. 중소기업이나 대기업에 우호적인 정책 중에는 성장 기업에 불필요한 짐을 지우는 것들도 있다. 이 장 뒷부분에서 국보와 다름없는 성장 기업들을 보호하기 위해 정부 관료들이 할 수 있는 일로는 어떤 것들이 있는지 제안하겠다. 우선 성장 기업의 몇 가지 특성과 그들이 경제에 어떤 역할을 하는지 알아보자.

성장 기업의 특성

존경받는 물리학자이자 수학자인 데이비드 버치는 성장 기업에 대한 통계 분석 분야의 선구자이다.[3] 그는 성장 기업이란 4년 동안 연평균 20% 이상 성장한 기업이라고 정의한다. 데이비드에 따르면 미국 내 전체 2,000만 개 기업 중 35만 개 기업이 성장 기업이라고 한다. 성장 기업은 대부분 소규모이거나 중간 규모 기업이며 그 중 5%만이 4년간의 폭발적인 성장기를 거친 후 직원 수 100명 이상의 대규모 기업으로 탈바꿈한다. 성장 기업이 속한 업종은 매우 다양하다. 이 책에 나온 사례들만 봐도 식자재 유통업체, 레스토랑 체인, 건강 검진 회사, 소프트웨어 개발 업체 등 다채로운 업종에 속한 기업들이 성장의 늪을 경험한다. 또한 성장 기업이 모두 젊기만 한 것은 아니다. 급속한 성장기를 거치는 기업의 절반 정도는 설립한 지 15년 이상 지난 중장년 기업이다. 마지막으로 성장 기업은 특정 지역에 집중되어 있지도 않다. 페이트 도슨은 낙후된 노스캐롤라이나 주 시골 지역에 있으며 그 밖에 이 책에 나온 기업들이 위치한 곳은 펜실베이니아, 애리조나, 뉴욕, 메릴랜드, 콜로라도 주 등이었다.[4]

성장 기업 통계 (미국)
- 평균적으로 4년 동안 매년 성장률 20% 이상을 기록
- 대략 35만 개 성장 기업이 항상 존재
- 그중 5%가 직원 수 100명 이상의 대기업으로 진화
- 성장 기업은 업종과 지역을 가리지 않고 존재

경제의 엔진

성장 기업들은 한 국가의 전체 기업 중 매우 일부에 해당한다. 많다고 해도 최대 5% 정도일 것이다. 국가 경제의 적은 부분을 차지하는 성장 기업이 중요한 이유는 무엇일까? 그들은 두 가지 중요한 역할을 한다. 일자리 창출과 혁신이 그것이다.

데이비드 버치의 연구가 보여주듯 대기업과 소규모 자영업체들은 새로운 일자리를 창출하지 못한다. 하지만 신흥 성장 기업은 일자리를 창출한다. 성장 기업들은─혹은 버치의 표현대로 가젤들

은-전반적인 경제 상황이 좋지 못했던 1989년에서 1993년 사이에 일자리 440만 개를 창출했다. 1994년에서 1998년 사이에는 새로운 일자리 중 95%를 만들어냈다. 이는 새로 생긴 일자리 1,110만 개 중 1,070만 개를 성장 기업이 창출했다는 뜻이다. 그리고 같은 기간 동안 직원 100명 이상인 상태에서 성장을 시작한 '초대형' 가젤이 창출한 일자리는 가젤들이 만들어낸 전체 일자리 중 61%를 차지한다. 버치는 가젤들이 그렇게 놀라울 정도로 많은 일자리를 창출할 수 있는 것은 시장 환경 변화에 빠르게 적응하는 능력 덕택이라고 말한다. "직원 수 50명인 기업은 직원 수 500명인 기업보다 훨씬 빠르게 방향을 전환할 수 있습니다."[5]

일자리 창출과 혁신

성장 기업들이 많은 일자리를 창출하는 이유는 무엇일까? 성장 기업들이 점점 규모를 확장하면서 사업을 체계화하거나 자동화하는 과정을 거치게 되고, 점점 더 많은 인력을 필요로 하게 되는 것이 그 한 가지 이유이다. 또한 대규모 기업들은 자금줄이 탄탄하기 때문에 인력을 확충하거나 자본을 투자해야 할 경우 우선 돈으로 문제를 해결하고 보는 경향이 있는 반면 성장 기업은 자본이 부족한 경우가 많기 때문에 돈을 들이기보다는 사람 손을 써서 문제를 해결하는 경우가 많기 때문에 일자리 창출에 기여하는 것이다.

일자리를 창출하는 것 외에도 성장 기업이 국가 경제에 크게 이바지하는 부분이 있다. 바로 혁신이다. 한 추정치에 따르면 국가 전체 혁신 중 성장 기업들이 기여하는 비율은 60%가 넘는다고 한다.[6] 전체 기업 중 혁신 기업들이 차지하는 비율이 얼마나 낮은지 생각해보면 그들의 공로가 얼마나 큰지 알 수 있다. 2006년 노벨 경제학상 수상자인 에드먼드 펠프스는 이런 말을 쓰기도 했다. "대기업이 이룩하는 혁신도 많지만 훨씬 더 많은 혁신이 신생 기업에서 나온다. 특히 신생 기업들은 기발하고 참신한 혁신을 이루어내는 경우가 많다."[7] 「이코노미스트(The Economist)」지에도 비슷한 말이 나온다. "획기적인 혁신이 대기업의 연구개발 부서에서 시작되는 일은 별로 없다. 오히려 혁신은 보잘것없던 새로운 기업에서 새로운 발명과 함께 시작되는 경우가 많다." 프린스턴 대학교 경제학과 교수인 윌리엄 보몰은 기존의 관행과 틀을 깨고 다른 사람들과 다른 방향으로 가는 경영자만이 혁신적으로 사고할 수 있으며, 그런 반항적인 이단아만이 창의적인 아이디어로 새로운 사업을 일구는 경제적 위험을 감수하는 배포를 발휘할 수 있다고 말하기도 했다.[8]

가젤 기업들은 혁신적인 아이디어를 바탕으로 시장을 뒤흔들고 기존 대기업들도 혁신의 대열을 따라갈 수밖에 없도록 만든다. 이런 점에서 성장 기업들은 대부분의 소규모 기업과 판이하게 다르다고 할 수 있다. 한 연구 보고서에는 이런 내용이 나온다. "모든 기업이 역동적이고 기업가적인 모험을 감행하는 것은 아니다. 다시 말해, 모든 기업이 새로운 아이디어·방법·해결책을 시장에 소개하는 것은 아니다."[9] 요컨대, 성장 기업만이 새로운 아이디어를 민첩하게 시장에 선보일 수 있다. 그리고 그런 성장 기업이 대기업에 인수될 경우 국가의 실질적인 연구개발의 온상 역할을 하게 된다.

성장 기업들은 대기업에게 점점 중요한 시장이 되고 있다. 오길비(Ogilvy) 그룹 계열사인 레퍼드(Leopard)사 CEO이자 중소기업을 대상으로 한 마케팅 전문가인 셰리 레퍼드는 성장을 원하는 대기업이라면 가젤들에게 잘 보이는 수밖에 없다고 말하기도 했다. 경제 변화 속도를 고려할 때, 앞으로 「포춘」지 선정 2,000대 기업을 고객으로 삼고 싶은 서비스 기업이라면 성장 기업들이 아직 가젤일 때 서둘러 잡아두어야 할 것이다. 7년에서 10년 후면 그 가젤 기업들이 「포춘」지 선정 2,000대 기업 목록에 오르게 될 것이기 때문이다. "대기업 중 상당수가 대규모 거래를 한 건 올린 후 몇 년 동안 그 거래 덕을 보고 지내는 것이 익숙하다. 하지만 요즘 세상에는 성장하고 싶다면 민첩하게 움직여 다양한 규모의 여러 고객들에게 서비스를 제공해야 한다. 그리고 특히 가젤들을 고객으로 잡기 위한 만반의 준비를 갖춰두어야 한다."

역사적 맥락*

성장 기업들은 혁신을 이끌어냄으로써 국가가 경쟁력을 유지할 수 있도록 돕는 거시 경제적 역할을 수행한다. 한 유명한 경영 고문은 이런 말을 했다. "모든 인간, 기업, 국가의 성공을 가능하게 하는 원동력은 혁신과 새로운 기회 창출이다."[10] 통계에 따르면 성장 기업들이 얼마나 선전하느냐에 따라 선진 공업국 간의 경제 성장률 차이가 벌어진다고 한다.[11]

그 이유가 궁금한가? 버치 교수는 최근 성장 기업들이 한 국가에서 차지하는 중요도가 높아진 이유가 경제의 광범위하고 구조적인 변화 때문이라고 생각한다. 구체적으로 말하자면 산업 경제 시대가 저물고 지식 경제가 시작되면서 성장 기업의 중요성이 점점 커졌다는 것이다. 그가 지적하듯 1980년대 중후반부터 중요한 변화가 시작되었다. 과거 그 어느 때보다 큰 혁신과 성장이 시작된 것이다. 「포춘」지 선정 500대 기업들은 1979년 이전까지는 매년 더 많은 일자리를 만들어왔지만 1979년을 기점으로 일자리를 대폭 줄이기 시작했다. 1980년대는 사모 투자업체들이 기하급수적으로 늘어나기 시작한 시기라는 점이 매우 흥미롭다.

---

* 나는 운 좋게도 윌리엄 보몰 박사와 데이비드 버치 박사를 함께 인터뷰하는 영예를 누릴 수 있었다. 보몰 박사는 경영자와 자본의 집중 현상에 대해 언급하면서 대규모 사모 투자업체들이 등장한 것은 1980년대에 연금 기금 투자가 허용되면서부터라고 말했다. 뒤이어 버치 박사는 그와 비슷한 시기에 가젤들이 경제의 주요 세력으로서 등장하기 시작한 것 같다고 말했다. 사모 투자업체의 등장과 가젤들의 세력 확대 사이에 관찰된 상관관계에 대한 후속 연구는 학자들에게 맡기겠다.

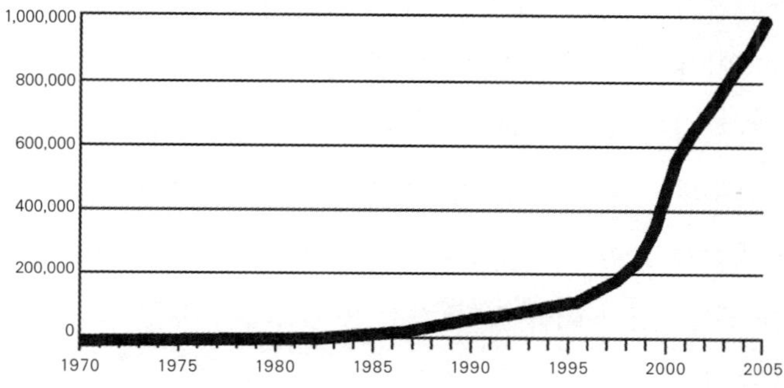

　버치 교수는 여성 기업가의 등장, 제품 생명 주기의 단축 같은 그 밖의 여러 사회적 추세에 대해서도 언급했다.[12] 버치 교수는 제품 생명 주기가 짧아진 것과 성장 기업과의 연관성에 대해 이런 말을 했다. "기술이 급속히 변화하고 하루가 다르게 시장이 세계화되어가는 시기에는 젊은 기업일수록 케케묵은 인습이나 사고의 영향을 덜 받기 때문에 더 쉽게 새로운 기회를 잡을 수 있다."[13]

　보몰 교수 또한 시기가 훨씬 이르긴 하지만 새로운 기업가 정신의 등장을 목도했다고 말했다. 그는 중세 후기를 결정적인 변화의 시기로 보았다. 보몰 교수에 따르면 중세 후기 이전에도 기업가 정신이 존재하기는 했지만 당시 부의 향방을 좌우했던 군사력을 증강하는 데 그 에너지가 온통 집중되어 있었다고 한다. 그런데 중세 후기 이후부터 기업가들은 '돈의 흐름'을 따라 교량 건설이나 증기 기관 개발 같은 프로젝트에 자신들의 재능을 발휘하기 시작했다.

보몰 교수는 새로운 기업가 정신의 등장 시기에 대해 버치 교수와
의견을 달리했지만 혁신이야말로–그리고 혁신을 추구하는 고속 성
장 기업이야말로–한 국가가 경제적 성장을 이룩하는 데 중추적인
역할을 한다는 점에 대해서는 같은 의견을 내놓았다. "혁신 기업들
을 그만두게 만들 수 있는 방법은 없다. 사실 더 이상 살고 싶지 않
다면 혁신을 그만두는 것도 그 한 방법이라고 할 수 있다. 혁신에
우리의 모든 것이 달려 있다. 생산성이 급속하게 향상되면서 점점
더 소수의 인력만으로 기업을 운영할 수 있게 되고 있다. 이제 중요
한 것은 혁신과 아이디어다."[14]

성장 기업들이 국보처럼 중요하다고 해서 대기업들이 더 이상
경제적으로 가치 없다고 말할 수는 없다. 소규모 성장 기업들과 달
리 대규모 기업들은 국제적인 유통망, 확장성 있는 자본 등의 엄청
난 자원을 가지고 있다. 그들은 가공할 속도로 혁신을 전개할 수
있다. 다만 혁신을 창조할 수 없을 뿐이다. 그들이 일자리를 창출
하지 못하는 이유가 그것이다. 대규모 기업들은 또한 관리자들을
육성하는 기능을 한다. 대기업에서 일을 배운 관리자들은 회사에
서 나와 자신들의 성장 기업을 시작한다. 훌륭한 관리자들을 키워
내 여러 성장 기업의 모태가 된 대기업으로 텍사스 인스트루먼트
(Texas Instrument)를 들 수 있다.

마이크로칩 생산 회사인 심텍(Simtek)의 CEO인 해럴드 블룸
키스트는 나에게 도전 정신이 뛰어난 한 남자의 이야기를 들려주
었다. 그 남자의 이름은 리처드 페트리츠였다. 그는 텍사스 인스

트루먼트에서 일하다가 나와 컴퓨터 메모리 생산 업체인 모스텍 (Mostek)을 시작했다.[15] 모스텍이 성공적인 업체로 널리 알려지고 나자 페트리츠는 또다시 도전 정신을 발휘해 1978년에 마이크로 프로세서 제조업체인 인모스(Inmos)를 차렸다. 인모스는 1984년에 영국 정부로부터 자금 지원을 받아 1억 5,000만 달러 규모에 이르는 탄탄한 기업이 되었다. 그러고 나서 그 회사는 민영화되어 다른 기업의 손에 넘어갔다. 그 시점에 페트리츠는 다시 인모스를 떠나 세 번째 기업을 일군다. 그 회사가 바로 심텍이었다. 블룸키스트는 심텍에서 이사로 일하다가 2003년에 페트리츠가 사망하면서 회장 자리에 올랐다.

블룸키스트는 텍사스 인스트루먼트와 인모스가 인재 사관학교 였다고 말한다. 그곳에서 일했던 인재들이 회사를 그만두고 나가 성장 기업을 일군 예가 많다는 것이다.

인모스가 처음 생겼을 때 텍사스 인스트루먼트에서 일했던 기술자들이 대거 인모스로 옮겨갔습니다. 뒤이어 마케팅, 영업, PR, 사업 개발 부문에서 일하던 직원들도 한꺼번에 인모스로 이직했지요. 인모스 설립자 중 하나인 폴 슈뢰더는 인모스 매각 후 회사를 나와 맥시멈 스토리지(Maximum Storage), 앵커칩 테크놀로지(AnchorChip Technologies) 등의 회사를 세웠습니다. 인모스에서 영업·마케팅 부사장으로 일했던 더그 랜킨은 시그네틱스 (Signetics)로 옮겨갔다가 다시 액텔(Actel)을 만들었습니다. 액텔은 나중에 매우 성공한 기업이 되었지요. 우리 회사를 떠났던 사람 중에는 론 사토르라는 똑똑한 친구도 있었습니다. 그는 우리 회사에서 일할 때 수많은 업계 표준을 개발했습니다. 그리고 우리 회사를 떠나 자기 회사를 세웠습니다. 텍사스 인스트루먼트와 인모스는 여러 성장 기업들이 탄생할 수 있게 해준 토대였습니다.

블룸키스트는 자신의 경험을 돌아볼 때, 규모가 큰 기업일수록 더 많은 아이디어를 낼 수 있지만 그 아이디어를 실행으로 옮기는 것은 더 꺼리는 경향이 있다고 말한다. 기업의 덩치만큼이나 복잡한 의사 결정 단계와 권력 구조를 극복하면서까지 자신의 아이디어를 밀고 나가는 사람이 드물다는 것이다. 블룸키스트는 텍사스 인스트루먼트가 인재를 쏟아내는 대학 같은 역할을 했다고 생각한다. 그는 엔지니어와 관리자 수천 명이 텍사스 인스트루먼트에서 일을 익힌 후 밖으로 쏟아져 나가 그동안 배운 기술을 다른 곳에서 사용했다고 말한다.

따라서 한 국가의 경제적 번영은 성장 기업들에게만 달려 있다고는 볼 수 없다. 오히려 한 국가의 발전은 소규모 성장 기업과 대규모 기업 간의 협력을 통해 달성할 수 있다. 보몰 교수는 말한다. "한 국가의 미래를 위해서는 가젤과 대기업이 모두 필요합니다. 인텔(Intel)은 반도체 메모리나 컴퓨터를 발명하지는 않았습니다. 하지만 30여 년에 걸친 점진적인 개선을 통해 CPU 속도를 500만%나 향상시켰습니다. 한 국가의 발전을 위해서는 다윗과 골리앗의 협력이 필요합니다. 다윗이 돌파구를 열어줄 혁신을 창조하면, 골리앗이 자신의 풍부한 자원을 활용해 그 혁신을 제도화하면 됩니다."[16]

성장 기업의 발목을 잡는 규제

성장 기업이 국가 발전에 기여하는 부분이 이렇게 큰데, 어째서 정부는 대기업에게 더 유리한 정책과 규제로 불공정한 경쟁 환경을 만드는 것일까? 그 이유는 놀랍다. 권력 중심부에 있는 많은 사람들이 성장 기업이 국가 발전에 끼치는 막대한 영향을 전혀 인지하지 못하고 있기 때문이다. 나는 국회의원, 연방준비은행 관계자, 정책 입안자들을 다수 만나본 후 그런 착잡한 결론을 내릴 수밖에 없었다. 게다가 더 슬픈 일은 여러 분야의 학자들조차도 성장 기업에 대해 아는 바가 거의 없으며 성장 기업과 소규모 기업 간의 차이를 전혀 구분하지 못하고 있다는 것이다. 그나마 이제라도 조금씩 변화의 조짐이 보이기 시작하는 것이 다행이라고나 할까. 저명한 경제학자인 칼 슈람은 2006년 전미경제학회 회의에서 다음과 같은 글을 발표했다.

기업가들은 그 가치를 인정받지 못하면서도 마치 오뚝이처럼 일어나 끊임없이 제 역할을 톡톡히 해왔다. 우리는 이제야 그들이 지금까지 해온 중대한 역할을 깨닫기 시작했다. 그들은 민주적 자본

주의를 이끌어가는 원동력이다. 기업가들은 찾기 어렵지만 절대 박멸시킬 수 없는 인종인 동시에 우리 경제의 최종 목표인 '성장'을 달성하기 위해 결코 없어서는 안 될 존재들이다.[17]

버치 교수와 보몰 교수는 어떤 경제 정책이나 경제 이론으로도 파악하지 못한 광범위한 구조적 변화를 감지했다. 우리는 기업가 정신에 대한 이해 부족 때문에 성장 기업들을 위한 경제를 운용하지 못하고 있다. 그 결과 성장 기업들에 불필요하게 해를 끼칠 수도 있는 잘못된 정책들을 만들어 국가의 잠재력을 완전히 펼치지 못하게 하고 있다.

정부가 성장 기업에 필요한 정책을 마련하도록 촉구하려면, 우선 경제학자들이 '새로운 경제' 패러다임과 그 성과를 측정할 수 있는 도구를 개발해야 한다. 나 또한 새로운 변화에 보탬이 되고자 버치 교수와 함께 기업가 정신과 관련된 지표를 개발하는 일을 하는 비영리 단체를 만들었다. 우리가 개발하고 있는 '성장의 늪 지표(No Man's Land Index)'는 성장의 늪을 성공적으로 통과한 기업의 비율이 얼마나 되는지 측정하기 위한 도구이다. 이 도구를 통해 정치가들이 성장 기업의 중요성을 인식하고 그들에게 피해를 끼치지 않는 공정한 경쟁 환경을 조성해주기를 바란다.

오늘날 성장 기업들이 직면하고 있는 어려움은 대기업에 유리한 규제와 정책뿐만이 아니다. 정치가들은 그렇지 않아도 성장의 늪에서 힘든 나날을 보내고 있는 전도유망한 젊은 기업들에 또 다른 불필요한 짐을 지우는 법안을 별 생각 없이 통과시키고 있다. 예를 들어, 과거에는 자본이 부족한 성장 기업들이 스톡옵션을 나누어주는 조건으로 노련한 인재들을 끌어들일 수 있었다. 하지만 직원들에게 스톡옵션을 제공하는 기업은 매년 그 가치를 재평가해야 한다는 까다로운 규제가 생기면서 이제는 스톡옵션을 직원들을 잡아두기 위한 도구로 사용하기가 어려워졌다. 인재가 절대적으로 필요한 성장 기업들은 직접적인 경제적 보상 이외에 직원들을 묶어둘 수 있는 방법이 있을지 찾기 위해 고심하고 있다.

내가 스톡옵션을 제한하는 규제들이 성장 기업에 얼마나 큰 영향을 끼치는지에 대해 고민하기 시작한 것은 몇 년 전부터였다. 당시 한 재능 있는 프랑스 과학자가 벤처 회사 창업을 준비하면서 자본을 끌어들이기 위해 투자 시장의 문을 두드렸지만 일이 마음먹은 대로 되지 않자 나에게 조언을 청했다. 나는 그 신사를 파리에서 만났다. 처음 만난 자리에서 그에게 몇 가지 질문을 던졌다. '회사를 어느 지역에 세울 생각인가요? 어떤 사람들을 채용할 생각이세요? 그들에게 어떤 경제적 보상을 해줄 계획이십니까?' 우리는 그 방법 중 하나로 스톡옵션을 고려했다. 하지만 프랑스 법에 의하면 직원들에게 스톡옵션을 제공한 신생 기업은 엄청난 세금 폭탄을 맞을 수도 있었다. 우리는 아무리 뛰어난 변호사와 회계사에게 일을 맡긴다고 해도 직원들에게 스톡옵션을 제공하는 것은 사실상 불가능에 가깝다는 결론을 내렸다. 우리는 프랑스 남부에 있는 아름다운 별장에서 맛있는 식사를 하고 종일 뒹굴뒹굴하면서 직원들에게 스톡옵션을 나누어주려면 미국에 회사를 세워야 할지도 모르겠다는 이야기를 나누었다.

요즘 들어 나는 미국도 프랑스와 비슷한 방향으로 가고 있다는 느낌을 받고 있다. 아무런 조치를 취하지 않은 채 가만히 있다가는 성장 기업들의 목을 옥죄는 규제와 법안들이 우후죽순으로 생겨날 것이다. 다음 도표에 2000년경의 프랑스 내 스톡옵션 관련 규제와 2000년경 미국 내 규제, 현재 규제를 비교해놓았다. 내용을 보면 2000년경에는 그다지 까다롭지 않았던 미국의 스톡옵션 관련 규제가 현재는 프랑스와 다름없이 엄격해졌음을 알 수 있다. 이는 인재를 끌어들여 성장의 늪을 건너야만 하는 성장 기업들에게 슬픈 소식이라고 할 수 있다. 정치인들이 회계 및 세금 정책에 대한 규제가 성장 기업들에 얼마나 막대한 영향을 끼칠 수 있는지 깨닫지 못한다면 상황은 점점 더 악화될 것이다. 그리고 그 대가는 우리 모두가 함께 치러야 할 것이다. 다음을 절대 잊지 말아야 한다. 인재

스톡옵션 관련 규제

2000년 미국	현재 미국	2000년 프랑스
No: 가치 재평가	Yes: 가치 재평가	Yes: 가치 재평가
No: 특별 회계 실시	Yes: 특별 회계 실시	Yes: 특별 회계 실시
No: 세금—적격의 스톡옵션 제공에 대해서는 세금을 부과하지 않는다.	Yes: 세금—적격의 스톡옵션 제공에 대해서도 세금을 부과할 수 있다.	No: 세금—적격의 스톡옵션 제공에 대해서는 세금을 부과하지 않는다.
No: 비적격 스톡옵션 제공에 대한 세금—비적격 스톡옵션 제공으로 수혜자인 직원이 수익을 냈을 경우 해당 기업에 직접 세금을 부과할 수 없다.	No: 비적격 스톡옵션 제공에 대한 세금—비적격 스톡옵션 제공으로 수혜자인 직원이 수익을 냈을 경우 해당 기업에 직접 세금을 부과할 수 없다.	Yes: 비적격 스톡옵션 제공에 대한 세금—비적격 스톡옵션 제공으로 수혜자인 직원이 수익을 냈을 경우 해당 기업에 직접 세금을 부과할 수 있다.

를 끌어들이지 못한 성장 기업은 실패할 위험이 높다. 그리고 성장 기업들의 실패는 일자리 창출과 혁신 실패, 그리고 궁극적으로는 더 낮은 경제 성장을 초래할 것이다.

미국 내 성장 기업들이 인재를 끌어들이지 못하면 성장의 늪이라는 과도기를 건너기 위해 필요한 자본도 모으기 어렵게 된다. 과거에는 성장 과도기에 놓인 기업들이 기업 공개를 통해 비교적 적은 대가를 치르고 자본을 모을 수 있었다. 하지만 사베인즈-옥슬리 법안이 통과된 이후 성장 기업들은 자본을 끌어들이기 위해 사모 투자업체들의 투자를 받는 수밖에 없게 되었다. 내가 입수한 정보에 따르면 사모 투자업체에서 투자를 받는 소규모 기업이 치러야 하는 비용은 위험 수준에 따라 총 투자 액수의 18~22%에 달한다고 한다. 하지만 그 수치에는 사베인즈-옥슬리 법을 준수하는데 드는 비용 100만~300만 달러가 포함되어 있지 않다. 3,000만~4,000만 달러에 달하는 주식 공개 시 사베인즈-옥슬리 법을 따르기 위해 들여야 하는 연간 평균 비용이 200만 달러라고 가정하면 사모 투자업체들의 투자를 받기 위해 들여야 하는 비용은 총 23~29%로 증가한다. 이렇듯 각종 경제적 규제는 성장 기업들의 자금 조달을 더욱 힘들게 만들어 혁신과 일자리 창출을 저해하는 결과를 낳는다.

시장 손에 맡기라

맥 설리번은 옳았다. 오늘날 성장 기업들은 공정하게 경쟁할 수 있는 환경을 제공받지 못하고 있다. 정부는 경제 성장에 기여하려는 뜻으로 시장에 개입한다. 하지만 정부 개입은 긍정적 효과를 내기보다는 부작용만 낳는 경우가 훨씬 많다. 버치 교수가 스웨덴 정부와 함께 실시한 연구에 따르면 공무원이나 관리가 인위적으로 개입해 만든 결과는 항상 자본 시장의 원리에 따른 결과보다 더 부정적이라고 한다.[18] 또한 특정 기업에 대한 지원도 불필요하다. 내가 만나본 경영자들 중에 (공공기업 수장을 제외하고) 정부 지원을 바란다고 말했던 사람은 하나도 없었다. 그들은 오히려 시장의 원리에 따라 옥석이 가려질 수 있도록 시장 개입을 최소화해주기를 원했다.

공공기업에 대한 지원을 줄이고 성장 기업들을 위협하는 회계 및 세제 정책을 수정하는 것 이외에 정부가 할 수 있는 또 다른 일은 혁신을 방해하는 행정적 요소들을 줄여나가는 것이다. 보몰 교수는 이런 말을 했다. "호주에서는 회사를 차리는 데 단 3일밖에 안 걸립니다. 하지만 남미의 몇몇 국가에서는 회사를 차리는 데 일 년 가까이 걸립니다. 호주는 번거로운 절차와 규제를 없애버림으로써 도전정신으로 가득한 벤처 기업가들의 천국이 되었습니다." 보몰 교수는 또한 직원 채용과 해고에 대한 규제도 없앨 것을 주장한다. "유럽 국가들의 실업률이 높은 이유 중 하나는 필요 없는 인력을 쉽게 감축할 수 없도록 한 규제 탓도 있습니다. 석 달 이상 일한 근로자를 사용자 마음대로 해고할 수 없도록 만든 법이 좋은 의도로 제정된 것은 분명하지만, 그러한 까다로운 규제 때문에 유럽 내 성장 기업들은 시장 환경 변화에 빠르게 적응할 수 없습니다."[19]

보몰 교수는 정부가 성장 기업들에게 호의적인 정책들을 내놓고 기초 과학 연구에 더 많은 자금을 지원해주어야 한다고 주장한다. "지금 내 앞에 차기 대통령이 앉아 있다면, 저는 그에게 국립과학재단에 더 많은 자금을 지원해달라고 촉구할 것입니다. 국립과학재단에 대한 자금 지원은 몇 년째 계속 줄어들기만 했습니다."

정부가 기업에 자금을 지원하거나 시장경제의 원리를 해치지 않으면서 기업을 도울 수 있는 수단은 세제 정책을 합리적으로 수정하는 방법밖에 없다. 2001년, 세제 정책 합리화를 위해 상정된 'H.R. 3062 법안'-이 법안은 브리지 법(BRIDGE Act)이라고 불리기도 했으며 나도 설계에 참여했다-은 초당적인 지지를 받았지만 결국 통과되지 못했다.[20] 그 법안이 통과되었더라면 25만 달러 이하 수입에 대해서는 최대 4년까지 세금 납부를 미룰 수 있어 성장 기업들의 부담을 훨씬 덜어줄 수 있었을 것이다. 또한 신흥 기업들이 성장의 늪에서 맞닥뜨리게 될 치명적인 자금 문제들을 정부 지원 없이도 해결할 수 있었을 것이다. 그리고 국회 내 세금 위원회의 계산에 따르면 BRIDGE 법안이 통과되었을 때 시행 후 1년 동안은 정부가 일시적인 손실을 입지만 이후 10년 내에 오히려 11억 달러 이익을 보았을 것이라고 한다. 신흥 기업들이 무사히 성장의 늪을 통과한 후 미뤄두었던 세금과 이자까지 납부했을 것이기 때문이다.

5장에서 보았듯 많은 기업이 경영자의 개인 신용으로 대출받을 수 있는 한도를 훨씬 넘어서는 25만~100만 달러 자본 부족을 메우지 못해 결국 문을 닫고 만다. 그런데 BRIDGE 법안을 통해 그런 기업들의 세금 납부 기한을 연기시켜주면 성장의 늪을 거치는 동안 필요한 자금이 줄어들어 신흥 기업들이 훨씬 더 빠르고 쉽게 과도기를 넘길 수 있게 된다. 게다가 기업들은 BRIDGE 법안 덕에 일시적으로 원활해진 현금 흐름을 통해 급속한 성장기를 거치는 동안 마주치게 될 여러 문제들을 더욱 쉽게 헤치고 나갈 수 있다.

국가기업위원회(National Commission on Entrepreneurialism) 이사인 패트릭 폰 바겐은 BRIDGE 법안에 대해 '실용적이고, 창의적이며, 모두에게 이익을 주는' 방법이라며 극찬한 바 있다. 또한 시사 주간지 「내셔널 리뷰(National Review)」 워싱턴 지부에서 일하는 편집자 케이트 오번은 BRIDGE 법안을 '전도유망한 경영자들을 도울 수 있는 가장 훌륭한 방법'이라고 쓰기도 했다.[21] 「잉크 매거진」의 전직 편집자 조지 젠드런은 이렇게 적었다. "BRIDGE 법안은 자본을 가장 효율적인 방식으로 쓸 수 있는 사람들의 손에 수십억 달러를 쥐여 줄 수 있는 독창적이고도 안정적인 수단이다."[22]

BRIDGE 법안이 통과되지 못해 아쉽긴 하지만 존 케리 상원의원, 올림피아 스노위 상원의원, 짐 드민트 하원의원, 브라이언 베어

드 등 각계각층 지도자들의 지지가 이어지고 있는 만큼 머지않아
국회에서 통과될 날이 오리라는 희망을 품어본다.

일간지 「인베스터스 비즈니스 데일리(Investor's Business Daily)」
를 보면 홈데포 설립자인 버니 마커스와 인터뷰한 내용이 나온다.
"기업을 설립할 때 요즘과 동일한 법과 규제의 적용을 받아야 한다
면 지금의 홈데포를 세울 수 있었을까요?" 마커스는 이렇게 답했
다. "솔직히 말씀드려 지금의 규제를 따라서는 회사를 세울 수 없었
을 것이라 생각합니다."

　　네 번째 점포를 연 후 회사를 더 확장하고 싶었지만 자본이 부
족했습니다. 그래서 기업 공개를 통해 자본을 조달해서 가게들을
더 열었지요. 그때 도전정신을 발휘해 자본을 끌어들이고 회사를
확장했던 것이 훗날 우리 회사가 성공할 수 있었던 밑거름이 되어
주었습니다. 요즘에는 변호사, 회계사의 도움 없이는 기업을 공개해
자본을 조달하는 게 불가능해졌습니다. 이제는 경영자 자신의 판단
만으로는 회사를 설립하고 경영할 수 없는 시대가 되었습니다.[23]

　　이 책을 읽는 정책 결정자들은 마커스의 말을 가슴 깊이 새겨들
을 필요가 있다. 성장 기업들은 국가적으로 보호해야 할 자산이다.
아무런 조치도 취하지 않은 채 손 놓고 있다가는 나라 전체가 위기
를 맞게 될 것이다.
　　2장에서 6장까지는 '쉬어 가기' 코너를 통해 경영자들이 한 발

짝 뒤로 물러서서 회사 경영에 대해 새로운 시각으로 생각해볼 수 있는 자리를 마련했다. 이 책의 마지막 장인 이 장의 쉬어가기 코너에서는 정책 입안자들이 생각해보았으면 하는 내용을 소개하겠다. 정책 결정에 관여하는 사람들은 다음 질문들에 대한 답을 찾으면서 경제에 대한 자신의 기본 가정이 무엇이었는지 다시 생각해보기 바란다. 오늘날의 경제 상황에서 성장을 꾀하려면 어떤 방법이 최선이라 생각하는가? 이미 탄탄하게 입지를 굳힌 기업들에게 혜택을 주는 것이 국가 전체의 경제 성장에 기여하리라 생각하는가? 일자리를 창출하려면 신흥 성장 기업들을 적극적으로 육성하는 편이 더 도움되지 않을까?

나는 또한 경영자들이 낙관적인 시각으로 자신의 회사 전망에 대해 생각해보기를 바란다. 마커스가 오늘날의 기업 환경에서는 회사를 설립하고 경영하기 어렵다고 언급하기는 했지만 그렇다고 해서 모든 기업이 성장의 늪을 건널 수 없는 것은 아니며 기업 환경이 아주 절망적이기만 한 것도 아니다. 이 책에서도 누차 강조했지만 다음 두 가지만 철저히 따른다면 어떤 경영자든 자신의 회사를 성공으로 이끌 수 있다. 시간을 내서 자신의 회사에 대해 전략적으로 생각해볼 것. 이 책에 나오는 기본 항해 규칙을 착실히 이행할 것. 이 두 원칙을 따르며 회사를 성장의 길로 이끄는 도중 일상적인 문제들이 당신을 괴롭힌다면 이 책을 다시 열어 누들즈 앤 컴퍼니, 인베스터스 모기지, 체임벌린 에드먼즈, 조지 뮤직 같은 기업들의 사례를 보며 마음을 다잡으라. 이들 기업은 사업을 성장시키기 위해 어쩔 수 없이 겪어야만 하는 역경과 때로는 가혹하기까지 한 경쟁적인 환경을 각자의 독특한 방식으로 극복하고 각자의 자리에서 최고가 되었다. 성장이라는 목표가 당신의 개인적인 인생 목표와 일치한다는 가정하에, 이 책에 나온 4M과 관련된 항해 규칙을 착실히 따르기만 한다면 당신은 성장의 늪을 탈출해 성공을 거머쥘 수 있을 것이다.

나는 이 책을 읽은 경영자들이 용기와 자신감을 얻어 가기를 바란다. 이 책을 읽은 당신에게는 이제 회사를 성장시키기 위해 필요한 도구와 지식이 있다. 당신은 그 지식과 도구를 활용해 당신이 꿈꾸는 미래를 창조할 수 있다. 그러니 용기를 가지라. 또한 당신은 숱한 어려움에도 불구하고 이미 많은 것을 성취했다. 그러니 자신감을 가지라. 배짱 없는 대다수 사람들과 달리 당신은 꿈과 희망을 좇아 여기까지 왔다. 혁신을 추구하기로 한 당신의 결단은 성공 혹은 실패와 관계없이 우리 모두의 행복과 번영에 이미 크게 이바지했다. 당신은 세상을 더 나은 곳으로 만드는 데 일조했다. 그리고 당신은 그것만으로도 이미 박수갈채를 받을 자격이 있다.

가젤과 기업 R&D[1]

개관: 시장을 뒤흔드는 혁신 중 상당수가 신흥 성장 기업들(혹은 가젤들)에서 나온다. 성장 기업들이 급속한 혁신을 이룩할 수 있게 해주었던 독특한 환경을 복제하기란 쉽지 않다. 이 글에서는 대기업이 가젤의 환경을-가젤들에게 투자하는 사모 투자 환경을 포함하여-복제해 내부 R&D에 활용하기 어려웠던 이유와, 그 어려움을 극복할 수 있는 방법에 대해 논의한다.

가젤과 혁신 환경

혁신을 창출하는 가젤이 처한 환경과 대기업이 처한 환경은 무척 다르다. 그래서 대기업이 가젤의 혁신 능력을 복제하는 것은 사실상 불가능에 가깝다고 말할 수 있다. 가젤과 대기업은 시장 접근, 경영 문화, 사업 모델, 재정적 필요에서 매우 상이한 접근법을 취한다.

시장 접근 방법

대기업들은 대개 제품 출시에 앞서 엄청난 노력을 들인다. 그들은 시장 조사를 실시하고, 목표 고객을 설정하고, 위험을 최소화하면서 투자 자본을 회수하기에 충분한 수요를 창출하기 위해 전략을 짠다. 반면 가젤들은 제품 출시를 준비하면서도 자신들의 고객이 어떤 사람들일지 파악하지 못하는 경우가 많다. 그들은 그때그때 발생하는 일들에 즉흥적으로 대응하면서 앞으로 나아간다. 고객들의 요구에 맞추어 대응하면서 제품과 회사를 변화시킨다. 그들 회사는 살아있는 실험실과도 같다. 올바른 제품과 서비스가 무엇인지, 올바른 목표 고객은 누구인지 끊임없이 실험하며 발견해간다. 초기 고객들은 가젤에게 다른 고객들을 끌어다준다. 그런데 가젤의 기존 역량만으로는 폭발적으로 늘어난 새로운 고객들에게 약속한 가치를 전달할 수 없는 경우가 많다. 그리고 부족한 역량 내에서 이미 해놓은 약속을 지키기 위해 애쓰는 과정 속에 혁신이 이루어지는 것이다.

모든 요건이 잘 갖추어진 대규모 조직은 대부분 이런 식의 불확실한 과정을 아주 싫어한다. 그런 과정은 대규모 기업이 제품을 출시하기 위해 따르는 계획의 모든 가정과 대치된다. 제품 출시 과정에는 유통망 선정도 물론 포함된다. 초기 단계 가젤들은 기존 대기업들이 활용하고 있는 유통망에 접근할 수 없기 때문에 완전히 새로운 방식으로 고객을 공략하는 경향이 있다. 따라서 대규모 기업이 가젤 기업과 유사한 혁신을 꾀하고 싶다면 기존 핵심 제품이나 서비스를 제공하기 위해 사용하는 유통망과는 전혀 다른, 새롭고 분리된 유통망을 사용해야 한다. 가젤과 대기업 간의 차이는 그뿐만이 아니다. 그들이 시장에 새로운 아이디어를 소개할 때 사용하는 문화적 접근법 또한 상반되는 경우가 많다. 대기업은 즉각적인 경제적 효과를 거둘 수 있을 만한 제품을 창조하려는 경향이 강하지만 가젤들은 고객들에게 혁신을 가져다줄 제품을 창조하는 것에만 관심을 둔다. 가젤들이 혁신을 이루어내는 가장 큰 이유는 그들이 시장의 소리를 귀 기울여 들을 수 있으며, 일단 고객에게 가치를 약속한 후 그 약속을 지키기 위해 모든 것을 바쳐 노력할 수밖에 없는 위치에 있기 때문이다. 궁하면 통한다는 말은 가젤들의 입장을 잘 보여준다.

경영 문화

대기업 관리자들은 대부분 얼마만큼의 매출과 이익을 올렸는지에 따라 평가받고 보상받는다. 반면 가젤 기업에서 일하는 경영진은 창조한 가치에 근거해 평가받고 보상받는다. 그런데 초창기 가젤 기업에서는 창조한 가치가 매출이나 이익과 직접적으로 연관되지 않는 경우가 많다. 가젤들은 제품, 공정, 유통망을 혁신한다. 이러한 혁신의 가치를 평가하는 것은 전문적인 사모투자자들이다. 그런 투자자들은 사업이 실질적인 경제적 성과를 내기 전에 그 사업의 가능성을 보고 투자를 결정한다. 그래서 신흥 성장 기업들은 수익성보다는 제품 설계에 더 집중한다. 가젤들은 경제적 결과에 대해서는 크게 생각하지 않은 채 오직 고객의 욕구를 충족시키는 데만 중점을 둔다. 물론 그러한 결정은 투자가 궁극적으로는 수익을 가져다줄 것이라는 기대에 근거해야만 한다. 하지만 가젤의 지도자는 경제적 효과(이를테면 공정 효율성을 높여 이익을 창출하는 등의 성과)보다는 혁신을 통한 가치 창조에만 본능적으로 몰두한다. 따라서 대기업의 성과 측정 및 보상 문화는 가젤의 문화와 다를 수밖에 없다. 새로운 아이디어가 담긴 제품을 출시해야만 하는 대기업 관리자가 가치를 창출해줄 기회를 본능적으로 감지하지만 그 가치가 경제적 성과를 낼 수 있을지 확신하지 못할 때 갈등이 발생한다. 가치의 특정 요소를 창조하고 목표 고객이 정의되고 난 후에야 비로소 그 가치가 가져다줄 경제적 성과를 알 수 있기 때문이다.

가젤 지도자들은 성장 단계에 맞추어 극적으로 빠르게 변화해야만 살아남는다. 제품 개발 초기 단계의 변화무쌍한 특성을 잘 다루기 위해 필요한 생산 관리나 제품 개발 기술은 기업을 확장시키기 위해 필요한 기술이나 전문성과 매우 다르다. 대기업은 가젤처럼 급속하게 방향을 전환하기 어려운 경우가 많다.

사업 모델

새로운 아이디어에 투자하기로 결정한 대기업은 대개 그 아이디어를 기존 사업 모델에 끼워 맞추고 큰 규모를 지렛대로 활용하려고 한다. 반면 성장 기업들은 끝없는 실험을 통해 고객에게 제안할 가치를 찾아낸다. 그렇게 찾아낸 가치야말로 확장가능하고 지속가능한 진짜 혁신이라고 할 수 있다. 다시 말해, 지속가능하며 판매량 증가를 통해 수익을 이끌어낼 수 있는 새로운 경쟁력이야말로 진정한 혁신인 것이다. 내 경험상 시장을 뒤흔들 수 있을 만큼 강력하게 차별화된 동시에 확장성이 있는 가치를 창조하는 것은 매우 드문 일이다. 대개는 혁신을 먼저 이룩한 후 규모의 경제가 뒤따라온다. 신흥 기업들은 둘 모두(혁신과 확장성)를 충족시킬 수 있는 전문성과 역량을 갖추지 못한 경우가 많다. 확장성과 관련해서는 사실 두 가지 문제가 결부되어 있다. 가젤은 기업 자체의 규모를 어떻게 확장시킬 것인지와 내부 여러 부문을 지원해주는 모함(母艦)으로서의 역할을 어떻게 할 것인지에 대한 문제를 해결해야 한다. 가젤들은 자신의 규모를 확장시키는 것만으로도 버거움을 느낀다. 그런데 거기에 덧붙여 조직 각 부문의 모함 역할을 해야 하는 짐까지 떠안는 것은 치명적인 결과를 낳을 수도 있다.

자본

대기업의 자본 회전 주기는 보통 1분기에서 1년이다. 반면 가젤들은 훨씬 더 빠르고 기회주의적인 자본 유입을 필요로 한다. 사모투자업체들이 가젤들에게 미리 자본을 투자하지는 않되, 일단 가능성 있는 기회가 있으면 즉시 자본을 투입하는 이유가 바로 그것이다. 경영진 중 벼랑 끝에 서서 아슬아슬하게 회사를 운영하고 싶어 하는 사람은 누구도 없다. 하지만 그것이 현실이며, 역설적이게도 그러한 힘겨운 현실이 혁신을 창조하는 원동력이 된다. 기회주의적 과정은 기회주의적 자본을 필요로 한다.

자본 투입에 대한 가젤의 판단은 대기업의 판단 방식과 판이하게 다르다. 예를 들면, 가젤은 고객에게 놀라운 가치를 전해줄 수 있는 제품이나 서비스가 있다면 그것을 어떤 유통망을 통해 전달할지 혹은 수요가 폭발적으로 증가할 경우 거기에 어떤 식으로 대처할지 고려하지 않은 채 일단 자본을 투입한다. 이런 방식은 대기업이 선호하는 유통망에 대한 접근 방식과 상이하다. 가젤의 경영진은 새로운 아이디어로 고객들에게 선풍적인 인기를 모은 후 비로소 어떻게 그 아이디어를 대량으로 판매해 수익을 낼 수 있을지 고민하기 시작한다. 가젤들에게는 그러한 아이디어에 자본을 대는 것이 매우 논리적인 일이지만 대기업에게는 전혀 그렇지 않다.

전략적 시사점

대기업이 가젤과 같은 혁신 환경을 복제하기에는 장애물이 너무 많다. 가젤 혹은 대기업 어느 한쪽에게 성공적이었다고 증명된 원칙이나 조건에 꿰맞추어 자신을 변화시키려 시도하는 것은 현명하지 못하다.

핵심은 제품 출시 방정식에 전문적인 사모 투자자와 그들의 기존 포트폴리오 기업들을 끼워 넣는 것이다. 그렇게 하면 안정적이고 제도화된 원칙을 적용해 기업과 사모 투자자들의 공통된 목표를 이룰 수 있다. 현재 미국 내 사모 투자 환경은 사모 투자 보증인과 가젤들을 연결시켜줄 분위기가 무르익은 상태이다. 대규모 기업들은 결국 시장에서 가젤들이 이루어낸 혁신에 직면하게 될 것이며, 가젤들을 인수할 것이다. 그리고 그러한 가젤들은 사모 투자업체들의 후원을 받아왔을 것이다.

대규모 기업들은 사모 투자업체의 기존 포트폴리오 기업(포트폴리오 기업이란 M&A 전문 투자회사나 벤처 캐피탈 회사 등을 포함한 투자업체들이 자본을 투자한 기업을 말하며 사모 투자회사의 투자를 받고 있는 기업은 모두 그 투자회사의 포트폴리오 기업이라고 할 수 있다—옮긴이)에 매우 중요한 영향을 끼치는 R&D 혁신에 투자를 유지한다. 대기업들은 그러한 아이디어를 장기적으로 지속가능한 사업으로 개발하고 통합하는 일을 하는 경영진을 보유하고 있다. 이러한 혁신들은 그러한 기업들을 인수할 권리에 대한 대가로 사모 투자업체의 포트폴리오 기업들에게 제공될 수 있다. 대기업 인근에 있는 기존 사모 투자 포트폴리오 기업은 대기업이 보유하고 있는 고객뿐 아니라 대기업 R&D 부서에서 이룬 혁신을 활용해 시장 혁신을 이끌어낼 수 있다. 이러한 포트폴리오 기업 중 상당수가 유통망과 새로운 잠재 고객층을 가지고 있다. 대기업 R&D 부서에서 제공된 혁신은 포트폴리오 기업들이 새로운 아이디어를 확장성 있는 사업으로 완성시킬 수 있도록 도와준다. 이러한 협력을 통해 대기업은 새로운 아이디어의 경쟁력을 단기간 내에 실험해볼 기회를 얻을 수 있다. 그리고 사전 원칙(일정 기간이 지나면 그 기업을 인수할 권리가 있다는 약속)에 따라 대기업들은 이 새로운 아이디어를 다시 자신들의 회사에 통합시킬 수 있다.

오늘날의 기업 환경에서 사모 투자업체들과의 협력 관계는 시장 속도를 빠르게 만들어주고, 실패의 위험을 줄여주며, 대기업에 혁신을 통합시킬 가능성을 높여준다. 대기업은 전문 사모 투자업체의 지원을 받는 가젤에 자신의 아이디어를 맡김으로써 시장에서 혁신을 만들어낼 최적의 조건을 복제할 수 있다. 내가 제안한 이러한 거래를 실행으로 옮긴 사모 투자업체는 아직 없다. 하지만 최근 나와 대화를 나누던 중 그런 거래가 있다면 적극적으로 뛰어들겠다고 말한 사모 투자업체 관계자는 많았다. 그런 거래를 할 때 과연 대기업이 자신들의 R&D 부서에서 개발한 아이디어를 가젤과 사모 투자업체에 완전히 넘겨줄 것인지는 지켜보아야 할 흥미로운 문제다. 혁신을 낳는 독특한 환경을 생각하면, 가젤의 환경을 잘 이해하고 지지하는 사모 투자자들의 지원을 받는 기존 혁신가들에게 혁신적인 아이디어를 이식한다면 실용화 가능성을 훨씬 높일 수 있을 것이다.

사모 투자에 대한 추가 논의
프래터 사례와 우선주

7장에 나왔듯, 버트 프래터는 결정적인 선택의 기로에 섰다. 프래터는 아웃소싱 계약을 따낼 기회를 잡기 위해 사모 투자업체에서 더 많은 투자를 받거나 기존 핵심 사업을 재정비해 회사를 더 키운 후 M&A 시장에 내놓을 준비를 해야 했다. 이 결정에 영향을 끼친 결정적 요인은 아웃소싱 계약을 따내서 회사 덩치를 키우더라도 일반 주주들에게 돌아가는 이익이 별로 크지 않다는 깨달음이었다. 회사가 훨씬 더 커지더라도 주주들에게 돌아가는 이익이 별로 크지 않은 것은 사모 투자업체들이 투자의 조건으로 내건 우선권의 영향이다. 그렇다면 사모 투자업체들이 가진 그 권리가 실제 거래에서 어떤 식으로 발휘될까? 사모 투자업체들은 자신들이 투자하는 기업에 대해 어떻게 생각할까? 외부 자본을 끌어들일 생각을 하고 있는 경영자라면 이 두 가지 질문에 대해 신중하게 생각해보아야 한다.[2]

사모 투자업체의 관점에서 보기

다음 같은 상황을 상상해보라. 당신의 절친한 친구가 잠재력 있는 사업체를 운영 중인 한 여성을 당신에게 소개해주었다. 그 여성은 성공 가능성이 매우 높은 성장 기업을 경영하고 있으며 현재 외부 투자자를 찾고 있다고 한다. 그녀가 필요로 하는 투자 금액은 상당히 크다. 350만 달러. 당신은 회사를 하나 경영하고 있지만 350만 달러를 다른 곳에 투자할 여력은 없다. 단, 당신은 당신의 사업 감각을 믿고 당신을 좋아하는 친구들에게서 자금을 끌어모을 수는 있다.

당신은 그 여성과 만나 이야기를 나누면서 즉시 그 사업의 잠재력을 감지한다. 당신은 그쪽 시장에 대해 매우 잘 알고 있으며 그 여성이 올바른 길을 가고 있다고 생각한다. 그래서 당신은 그 회사에 자본을 투자하기로 결정한다. 당신은 투자에 관심이 있을 만한 친구들에게 연락한다. 친구들은 당신이 그 회사에 이사로 있으면서 사업을 감독한다면 돈을 투자할 의향이 있다고 말한다. 당신 친구들은 당신이 투자를 관리하는 대가로 연간 7만 달러 혹은 총수입의 2%를 가져가고 연간 8% 이상 수익을 올릴 경우 총 투자 수익의 20%를 더 가져가도 좋다고 제안한다. 이런 괜찮은 조건이라면 당신은 그 회사가 잠재력을 최대한 발휘할 수 있도록 관심과 도움을 아끼지 않을 것이다.

모든 일이 순조롭게 잘 진행된다. 그런데 투자 계약서에 도장을 찍기 한 주 전, 당신은 맥스웰이라는 오랜 친구이자 동료와 전화 통화를 하다 그 거래에 대해 말한다. 맥스웰은 당신 말을 듣고 펄쩍 뛰면서 계약하기 전에 자신과 만나 자세하게 이야기를 나누어야 한다고 고집한다. 당신은 맥스웰과 점심을 함께하기로 한다. 맥스웰은 그 자리에서 자신이 최근에 했던 투자 건에 대해 이야기한다. 맥스웰이 투자한 회사는 당신이 투자할 회사와는 전혀 다른 업종에 속해 있지만 다른 조건들은 매우 비슷하다. 예를 들면 맥스웰 또한 친구들의 돈을 모아 그 업체에 투자하고 있으며, 투자를 관리하는 대가로 비슷한 수준의 보상을 받기로 했다. 그런데 맥스웰은 자신이 계획했던 대로 일이 잘 흘러가지 않노라고 말한다. 사업 자체는 문제가 아니었다. 하지만 투자받는 회사 경영자와 맥스웰 사이에 투자 목적에 대한 의견 차이가 점점 쌓여가면서 문제가 되고 있다고 한다.

그 회사에 단기적으로 추가 자본을 투자할 일이 생겼는데, 그 돈을 만들어 오는 것은 맥스웰의 역할이었다. 그 자본은 긍정적인 용도로 쓰일 것이었으며, 맥스웰은 사업에 대해 확신하고 있었다. 문제는 경영자가 단일 투자자에게서 너무 많은 자본을 조달하는 것에 대해 걱정하기 시작한 것이었다. (경영자의 친구 중 하나가 한 투자자에게만 의존하는 것이 좋지 않다고 조언했음에 틀림없었다.) 경영자는 다른 투자자에게서 자본을 끌어들이기로 결정했다. 그런데 그 새로운 투자자는 18개월 전 맥스웰이 투자했을 때보다 훨씬 좋은 조건으로 투자 거래를 맺었다. 그 일로 맥스웰이 가진 소유권 중 상당 부분이 희석되었으며, 18개월 동안 그 회사를 성장시키는 데 기여한 자본에 대해 어떤 가치도 인정받지 못하게 되었다. 하지만 맥스웰은 이사진의 절반 이상을 자기편으로 만든 것도 아니었고,

지분의 과반 이상을 가진 것도 아니었기 때문에 경영자의 그런 행동에 대해 어떤 조치도 취할 수 없었다. 경영자는 그 새로운 투자자를 이사 자리에 앉히고자 했고, 그 새로운 투자자는 원래 가격보다 낮은 가격을 주장했다. 그리고 그 새로운 투자자의 의견이 관철되었다.

맥스웰이 그 기업에 투자한 지 벌써 5년이 지났다. 그 회사는 잘해나가고 있다. 사실 대기업 몇 곳에서 인수 의사를 밝혀오기도 했다. 하지만 경영자는 회사를 매각할 의사가 전혀 없다. 그의 연봉과 보너스는 5년 동안 세 배나 늘었다. 대기업이 그 회사를 인수할 경우 사업을 훨씬 더 크게 성장시킬 수 있다는 평가가 나오고 있지만 경영자는 손수 회사를 경영하는 것을 좋아한다. 그는 또한 자신이 회사를 더 키워서 투자자들에게 더 많은 돈을 돌려줄 수 있을 것이라고 생각한다. 맥스웰이 인수 의사를 밝힌 기업들의 제안을 고사하는 것에 대해 염려를 표하자, 그 경영자는 '뭘 그렇게 서두르십니까?'라는 식의 반응을 보였다. 게다가 엎친 데 덮친 격으로 처음에 맥스웰을 믿고 돈을 투자한 친구 중 하나가 불안감을 표하기 시작했다. 그들은 언제쯤 되어야 투자한 돈을 돌려받을 수 있을까? 처음 투자 금액에 비해 주식의 가치가 훨씬 오르긴 했지만 그들에게는 아무 소용이 없었다. 기업 공개를 하지 않은 회사의 주식을 사고파는 시장은 없기 때문이다. 그들은 현금을 원했다. 맥스웰의 친구 중 몇몇은 개인적인 이유로 당장 현금이 필요했고, 맥스웰이 느끼는 압박감은 견디기 힘들 정도로 커졌다. 그들은 회사를 매각하면 모두가 이익을 볼 텐데도 어째서 맥스웰이 경영자를 설득해 회사를 매각하게 만들지 못하는지 이해하지 못했다.

당신은 맥스웰의 구구절절한 사정을 모두 듣는 동안 가슴속에 묵직한 돌이 들어와 박히는 것 같은 느낌을 받았다. 당신은 이제 여러 시나리오를 생각하기 시작한다. 당신은 그 회사에 추가로 돈을 투자해야 할 일이 생길지도 모른다는 점과, 회사 매각 결정이 어떤 식으로 내려지는지에 대해 전혀 생각해보지 않았었다. 조금 더 솔직히 말하자면, 당신은 일이 잘 진행되지 않아 회사를 투자 금액보다 낮은 가격에 매각해야 할지도 모른다는 사실에 대해 고려조차 해보지 않았다.

사모 투자 시나리오와 안전장치

위의 이야기에서 나쁜 사람은 누구일까? 내 생각에 누구도 나쁜 사람은 없다. 단지 관련된 사람들 모두가 완전히 다른 기대를 하고 있는 것이 문제일 뿐이다. 친구들의 돈을 모아 한곳에 투자한다는 상황을 가정하면 사모 투자자의 관점이 무엇인지 더 잘 이해할 수 있다. 이제 위와 같은 상황을 해결하기 위해 사모 투자자들이 오랫동안 사용해온 기술을 소개하겠다. 이런 연습을 통해 경영자들은 투자자들에게서 자본을 끌어들이기로 결정하는 것이 무엇을 의미하는지 더욱 잘 이해하게 될 것이다. 사모 투자업체의 자본을 끌어오는 것이 무엇을 의미하는지 알고 나면 투자 의욕이 꺾이는 사람도 있을지 모르겠다. 하지만 이 연습을 통해 투자자들과의 협상에 더욱 신중하고 객관적으로 임할 준비를 할 수도 있을 것이다.

시나리오 1

: 새로운 투자자가 나타나 더 낮은 가격에 투자한다

우선주를 소유한 사모 투자자들은 희석화 방지 권리(antidilution right)를 가지고 있다. 희석화 방지 권리를 가진 사모 투자자는 새로운 자본이 더 낮은 가격에 유입될 경우 추가 지분을 가질 수 있다. 기존 투자자의 권리를 보호하기 위해 낮아진 가격을 소급 적용하는 것이다. 이 희석화 방지 권리 조항 중에는 가격이 더 높을 경우에도 추가 지분을 구매할 권리를 주어 동일한 소유권을 유지할 수 있도록 해주는 내용이 포함되어 있다. 프래터의 사례에서는 프래터가 더 낮은 가격으로 새로운 투자자를 끌어들이기로 결정한다면 기존 투자자는 새로운 지분을 공짜로 받음으로써 39% 소유권을 계속 유지할 권리가 있었다. 기존 투자자는 또한 새로운 투자자가 더 높은 가격을 내고 지분을 산다 할지라도 39% 소유권을 유지하기 위해 지분을 우선적으로 살 권리가 있었다.

시나리오 2

: 투자자들이 투자한 자본을 현금화하고 싶어 한다

우선주에 관한 조항에는 특정 기간(이를테면 5년)이 지나면 회사가 투자자의 지분을 되살 수 있다는 내용이 포함되어 있는 경우가 많다. 이러한 규정의 의도는 투자자의 유동성을 보장해주기 위한 것이다. 하지만 기업에게 사정이 좋지 않은 때 상당한 현금을 마련해야 하는 부담을 지울 수도 있다. 그 밖에도 투자자가 지분 구매 의사를 밝힐 경우 경영진이 소유한 주식을 팔도록 강제한 규정이 포함되어 있는 경우도 많다. 이 규정은 경영진이 최상의 시기에 지분을 매각할 수 없도록 옭아매는 족쇄가 되기도 한다. 따라서 우선주에 대한 규정을 협상할 때는 신중해야 한다.

시나리오 3

: 우선권은 경영진이 투자자의 관점에서 생각하게 만든다

우선주에는 우선권(liquidation preference)이라 불리는 권리가 포함되어 있다. 우선권을 설정하는 목적은 다음과 같다. 첫 번째, 지분을 어떤 가격에 판매하든 상관없이 일정 투자 수익률을 보장해준다. 예를 들어 프래터 사례에서 보장된 투자 수익률은 최초의 350만 달러 투자 자본에 대해 연간 8%였다. 이에 대한 자세한 내용이 아래 표에 나온다. 기업이 지분을 매각하지 않고 오래 있을수록 투자자에게 돌아가는 현금 수익은 커지며 그에 따라 순익도 커진다.

투자 당시 합의 수준인 3배 성장을 달성했을 때 투자자들이 가져가는 수익	투자 당시 합의했던 성장 수준을 달성하지 못했을 때 투자자들이 가져가는 수익
39%: 투자 4년 후 자금을 회수할 경우 (회수 시점 가치는 투자 당시 가치의 3배로 계산)	58%: 투자 4년 후 자금을 회수할 경우 (회수 시점 가치는 투자 당시 가치의 2배로 계산)
계산 식	계산 식
본래 가치: 900만 달러	본래 가치: 900만 달러
매각 가격(×3): 2,700만 달러	매각 가격(×2): 1,800만 달러
일반 주주들—경영자 및 직원이 가진 지분에 대한 수익: 1,640만 달러	일반 주주들—경영자 및 직원이 가진 지분에 대한 수익: 750만 달러
우선주—사모 투자자가 가진 지분에 대한 수익: 1,060만 달러	우선주—사모 투자자가 가진 지분에 대한 수익: 1,050만 달러
투자자들이 총 수익의 39%를 가져감.	투자자들이 총 수익의 58%를 가져감.
회사 가치가 약속했던 3배 수준에 도달했으므로 투자자들은 자신이 가진 지분에 비례한 수익을 가져간다.	회사 가치가 3배 수준에 도달하지 못했기 때문에 총 수익은 줄어들었음. 투자자들이 가진 총 지분은 39%에 불과하지만 우선권 덕택에 총 수익 중 58%를 가져간다.

회사가 본래 합의했던 규모로 성장했을 때와 그렇지 못했을 때 총 수익 중 투자자들이 가져가는 비율을 비교해보라. 이를 보면 프래터가 왜 아웃소싱 거래를 철회하고 핵심 사업을 재정비해 회사를 키운 후 매각하기로 결정했는지 알 수 있다. 그는 투자 자금을 더 끌어모아 아웃소싱 계약을 따낼 수도 있었다. 하지만 그럴 경우 회사를 약속한 수준으로 키우지 못하면 수익 대부분은 투자자들에게 돌아갈 것이었다. 프래터는 회사를 무한정 경영할 수 있는 입장이 아니었다. 우선권이 있는 투자자들은 약속했던 기한이 지나면 투자했던 자본을 현금화해달라는 압력을 가할 것이다. 다시 말해, 프래터는 '뭘 그렇게 서두르십니까?'라고 대꾸할 입장이 아니었다. 버트 프래터는 일정 시간이 흐른 후 투자 자본을 현금화하기

원하는 투자자의 바람을 따르기로 했다. 프래터의 회사는 투자받은 350만 달러에 대한 8% 수익을 계속 보장해주고 있었고 합의했던 최소 성장 수준에 빨리 도달할 필요가 있었기 때문이었다.

우선권은 또한 경영자가 회사를 서둘러 매각하는 것과 정반대되는 문제와 연관되기도 한다. 만약 프래터가 투자 자본보다 더 낮은 가치로 회사를 매각하기로 결정하더라도 투자자들은 프래터나 다른 경영진이 수익을 가져가기 전에 자신들이 투자한 원금과 8% 수익을 받았을 것이다.

이러한 계약이 경영자들에게 불공정한 것일까? 그렇지 않다. 투자 자본을 끌어들이려면 투자자의 관점에서 회사를 경영해야 한다는 사실을 모른 채 사모 투자계의 문을 두드리는 행위야말로 바보 같은 짓이다. 어떤 사람이라도 성장 기업에 투자할 때는 투자금을 보전하기 위해 비슷한 권리를 보장해달라고 요구할 것이 분명하다.

그렇다면 투자자의 관점에서 회사를 경영한다는 것은 무엇을 의미할까? 투자자의 관점에서 회사를 운영하려면 경영자는 자신의 회사, 경영, 성과 측정 방식을 객관적인 눈으로 바라볼 줄 알아야 한다. 이는 좋은 일이다. 당신의 개인적인 순자산(net worth)이 회사에 묶여 있다는 사실을 잊지 말아야 한다. 진정한 투자자의 관점을 적용하면 지속적인 성장을 위해 필요한 변화를 감행하기 쉬워진다. 여기서 투자자의 관점이란 단기적인 것이 아니라는 점에 유의해야 한다. 최근에 「파이낸셜 타임스」에 실린 기사에 따르면 가족 소유의 기업이 긍정적인 성과를 내는 중요한 요인은 단기적 사

고를 피하기 때문이라고 한다.[3]

투자자의 관점을 취하는 것은 기업 문화를 변화시킨다. 앞서 기업 문화를 가장 잘 반영하는 것이 그 기업의 의사 결정 절차라고 말한 바 있다. 의사 결정에 새로운 요인이 영향을 끼치게 되었기 때문에 문화는 바뀔 수밖에 없다. 이제 경영자는 빠른 시일 안에 자본을 회수하고 싶어 하는 투자자들의 영향을 받게 되었다. 시장과의 소통을 유지하기 위해 필요한 전략-성장과 수익을 가져다줄 고객에 대한 새로운 약속-과 그 실행 과정은 회사의 장기적인 가치를 최대화하기 위한 목적에 집중하게 될 것이다. 버트 프래터는 자본을 더 끌어모아 덩치를 키우는 것보다는 기존 사업에 집중해 회사를 매각하는 것이 경영진과 투자자 모두에게 더 많은 가치를 더 빠르게 가져다줄 수 있으리라고 생각했다. 그의 생각은 옳았다. 기존 사업을 재정비해 건강 검진 서비스를 더 낮은 가격에 제공하기 시작한 직후 그의 회사는 더 큰 의료 서비스 회사에 많은 돈을 받고 인수되었다.

결론

위에서는 기업이 사모 투자 자본을 끌어들일 경우 발생할 수 있는 여러 상황 중 두 가지만을 살펴보았다. 대부분의 사모 투자업체들은 투자 대상 기업에 대한 통제권을 유지할 수 있을 때만 투자를 결심한다. 투자자들은 아무리 적은 자본을 투자할지라도 자신들의 지분을 보호하기 위해 여러 권리를 두고 협상한다. 부록에 이런 내용을 소개하는 것은 경영자들에게 겁을 주어 전문적인 사모 투자업체의 자본을 투자받지 못하게 하거나, 기업을 공개하지 못하게 하려는 것이 아니다. 나는 경영자들이 현명한 결정을 내릴 수 있도록 돕기 위해 이 글을 썼다. 세상에는 투자 시장에 발을 들여놓지 않은 채 순조롭게 성장해 살아남는 기업도 많다. 나는 경영자들이 투자 시장의 생리에 대해 잘 파악하지 못한 채 성급히 자본을 끌어들였다가 낭패를 보는 일을 막고 싶다. 마지막으로 기업 공개를 하는 것과 사모 투자업체의 자본을 끌어들이는 것 중 어떤 쪽이 나을지 비교해달라고 요청했던 한 남성에게 내가 보낸 답장을 싣겠다.

수신: 척 고초크–퍼시픽 노스웨스트사 파견 컨설턴트

발신: 더그 테이텀

제목: 자본 조달에 대해

척 고초크 씨, 이 편지에 담긴 내용을 자본 조달에 대해 질문했던 신사 분께 전해주시기 바랍니다. 저는 규모가 작은 기업이라면 사모 투자자들에게 자본을 조달하는 비용이 기업을 공개해 자본을 끌어들이는 비용보다 더 낮을 것으로 봅니다.

기업 가치 평가를 전문적으로 하는 업체에서 보내준 자료에 따르면 소규모 기업이 주식을 상장할 때 드는 비용은 위험도에 따라 18~22% 사이라고 합니다. 예를 들어 위험도가 0일 때 드는 비용은 18%, 위험도가 4일 때 드는 비용은 22%라고 할 수 있습니다. 과거에 수익을 내지 못한 적이 있다거나, 수익을 내기 시작한 지 얼마 되지 않았다거나, 고객층이 한정될수록 위험도는 높게 평가됩니다.

하지만 다른 소규모 기업이 주식을 상장했을 때 든 비용을 참조하면, 18~22% 비용에는 납세협력비용(compliance cost, 납세협력비용이란 증빙 수취 및 보관, 신고서 작성·제출, 세무조사 등 세금을 납부하는 과정에서 납세자가 부담하는 세금 이외의 경제적·시간적·심리적 비용을 말한다 - 옮긴이)이 포함되지 않았다는 것을 알 수 있습니다. 납세협력비용은 100만~300만 달러에 달합니다.

3,000만~4,000만 달러의 기업 공개를 할 때 드는 납세협력비용이 200만 달러라고 가정하면 총 자본 비용이 5~7% 증가합니다.

요약하자면, 소규모 기업이 기업 공개를 할 때 드는 실제 비용은 23~29%에 달함을 알 수 있습니다. 비용을 계산할 때 위험도 평가에서 0을 받는 기업은 거의 없다는 점도 감안해야 합니다. 제가 보기에는 기업 공개를 하는 것보다는 사모 투자업체의 투자 제안을 받아들이는 편이 훨씬 비용이 적게 들 것 같습니다. 사모 투자업체의 제안을 받아들일 경우 누릴 수 있는 다른 이점을 아래에 적어두었으니 그런 부분도 고려해보시기 바랍니다.

- 후속 자본 조달 유연성 확보
- 기업 성장에 대한 장기적인 관점 유지

- 최초 투자자 투자금 중도 청산 가능

-기업 공개는 탈출구라 할 수 없음. 사실 설립자를 다른 방식으로 옥죌 수 있음.

제가 해드릴 수 있는 조언은 이상입니다. 내일 조찬 모임에서 뵙겠습니다.

이 편지에서 나는 외부 투자자를 끌어들이는 것이 회사의 성장과 가치에 더 도움이 될 것이라는 견해를 폈다. 외부 투자자 자본을 끌어들이고 나면 회사를 새로운 관점으로 경영하게 되며, 이는 장기적으로 보았을 때 회사 발전에도 도움이 된다. 하지만 투자자의 간섭을 받으며 회사를 경영하는 것은 결코 쉬운 일이 아니며 아무나 할 수 있는 일도 아니라는 점 또한 잊지 말아야 한다.

주의: 이 부록에 나온 내용은 자본을 조달할 때 유의해야 할 일부 사례에 불과하다. 실제로 외부 자본 조달을 결정할 때는 전문가에게 자문을 받을 것을 권한다.

BRIDGE 법안 개관

BRIDGE 법안(Business Retained Income During Growth and Expansion Act)은 2001년 10월 9일에 국회에 제출되었다. 발의자는 다음과 같다. 짐 드민트(사우스캐롤라이나 주, 공화당), 브라이언 베어드(워싱턴 주, 민주당), 필 크레인(일리노이 주, 공화당), 로버트 마츠이(캘리포니아 주, 민주당), 도널드 만줄로(일리노이 주, 공화당, 상원 소기업 위원회 의장), 니디아 벨라스케스(뉴욕 주, 민주당), 패트릭 투메이(펜실베이니아 주, 공화당), 윌리엄 파스크렐(뉴저지 주, 민주당), 론 루이스(켄터키 주, 공화당), 멜리사 하트(펜실베이니아 주, 공화당). 이와 유사한 법안이 2002년 1월 28일에 국회에 또다시 제출되었으며 그 발의자는 다음과 같다. 존 케리(매사추세츠 주, 민주당, 소기업 및 기업가 위원회 의장), 올림피아 스노위(메인 주, 공화당), 조엘 리버만(코네티컷 주, 민주당), 밥 베넷(유타 주, 공화당), 제프 빙거만(뉴멕시코 주, 민주당). BRIDGE 법안 내용에 따르면 성장 기업은 연방 소득세를 최고 25만 달러까지 2년 동안 유예할 수 있으며 이후 4년 동안 유예한 세금에 이자를 더해 갚을 수 있다. 1,000만 달러 이하 규모로, 이전 2년간 성장률 10% 이상을 기록한 기업이 이 법안의 적용을 받을 수 있다. 유예된 세금은 (연장되지 않는다면) 2005년 이후 만기가 될 예정이었다.

　　BRIDGE 법안은 행정 관료, 기업 관계자, 관련 단체 등이 참여한 수차례의 회의를 통해 탄생했다. 법안 제출에 앞서 상원 소기업 위원회(House Small Business Committee)에서는 공청회를 열었으며 우리 회사 테이텀 LLC도 거기에 참여했다. 테이텀 LLC는 신흥 성장 기업들을 상대한 오랜 경험을 바탕으로 법안 제정을 건의했다. BRIDGE 법안에 찬성한 관련 단체는 다음과 같다. 성장 기업 위원회(Council of Growing Companies), 소기업 투자 기업 전국 협회(National Association of Small Business Investment Companies), 소기업 생존 위원회(Small Business Survival Committee), 소기업 입법 심의회(Small Business Legislative Council). 위 단체들은 소기업과 신흥 성장 기업 수천 곳과 그 직원들을 대표해 법안에 찬성했다.

　　BRIDGE 법안은 외부 자본을 끌어들이기 어려운 결정적 시기 동안 성장 기업의 세금 부담을 줄여주었을 것이다. BRIDGE 법안이 통과되었더라면 성장 기업들은 필요 자본을 재투자해 성장을 지속시킬 수 있었을 것이다. 법안이 효력을 발휘했더라면 첫 3년 동안 추가 자본 덕에 64만 1,000개의 새로운 일자리를 창출할 수 있었을 것이며 이는 경제를 활성화하는 데 큰 도움이 되었을 것이다.[4] 국회 합동 세제 위원회(Congressional Joint Tax Committee) 추산에 따르면 법안 시행 후 첫 4년 동안은 정부 입장에서 일시적인 '손실'을 볼 테지만 이후 6년 동안 유예해주었던 세금과 이자를 받으면 오히려 세입이 늘어났을 것이라고 한다. 구체적으로는

10년 동안 순 세입 증가분이 11억 달러에 달했을 것이라고 한다. BRIDGE 법안은 세금 감면이 아닌 세금 유예 혜택을 주는 것이므로 이자까지 받을 경우 장기적으로 드는 비용은 없었을 것이다.

BRIDGE 법안이 통과되었더라면 성장 기업의 자본 공백을 메워줄 '다리' 역할을 해서 일자리 창출, 경제 성장, 세입 증가 등에 긍정적인 상승효과를 낼 수 있었을 것이다. BRIDGE 법안은 회사를 계속 경영하기 위해 절대적으로 필요한 현금을 제공해줄 수 있는 좋은 수단이 될 수도 있었다. 특히 BRIDGE 법안은 고속 성장 중인 소규모 기업에게 매우 큰 도움이 되었을 것이다. 「잉크 매거진」의 편집장 조지 젠드런은 BRIDGE 법안에 대해 이렇게 말하기도 했다. "BRIDGE 법안은 자본을 가장 효율적인 방식으로 쓸 수 있는 사람들의 손에 수십억 달러를 쥐여 줄 수 있는 독창적이고도 안정적인 수단이다."[5]

2007년 여름 현재, 국회는 또 다시 BRIDGE 법안을 통과시킬지 여부를 심의하고 있다. 결정적 시기에 놓인 성장 기업들을 도와 궁극적으로는 국가 전체의 경제 발전에 이바지할 수 있는 이 법안의 가치를 국회의원들이 꼭 알아주기 바란다.

부족한 자본으로 인재를 끌어들이려면
지분 활용

3장에 나온 경영 항해 규칙에 따르면 성장 기업은 중간급 관리자가 아닌 직급이 높은 임원을 영입해야 한다. 위험천만한 성장의 늪지대를 헤쳐나가기 위해서는 경험과 지식이 풍부한 고위급 관리자가 필요하기 때문이다. 8장에서 인재를 끌어모으기 위한 단순하면서도 효과적인 수단이었던 스톡옵션 제공을 관련 규제 강화로 이제 더 이상 활용할 수 없게 되었다는 내용을 소개했다. 또한 앞에서 한 프랑스 벤처 기업의 예를 통해 미국도 프랑스와 다름없이 스톡옵션 관련 규제가 점점 까다로워지고 있다고 밝혔다. 여기에서는 스톡옵션을 인재 영입 도구로 활용하는 것과 관련된 문제들을 조금 더 자세히 살펴보겠다.[6]

채용을 위해 지분을 활용하는 이유

인재를 끌어들이기 위해 경쟁하는 신흥 기업이 내세울 수 있는 장점 중 하나는 기업의 성장 잠재력이다. 그리고 그 잠재력을 나누고 직원들의 참여를 독려할 수 있는 최고의 수단은 회사 지분을 '나누어주는' 것이라 할 수 있다. 여기서 지분을 '판매'하는 것이 아니라 '나누어준다'고 쓴 것에 유의해야 한다. 성장 기업들은 대부분 유능한 인재들에게 시장 평균 수준 이상의 경제적 보상을 해줄 만한 능력이 없다는 점을 잊지 말라. 직원들에게 많은 돈을 주지 못하면서 회사 지분을 살 의향이 있는지 묻는 것은 아무 소용없는 일이다. 그런 기업의 유일한 대안은 금전적 보상을 해주는 대신 잠재적으로 평가 절상될 가능성이 있는 회사 지분을 살 권리를 부여하는 것이다. 간단히 말해 명시된 기간 동안 고정된 가격에 일정 지분을 살 수 있는 권리를 직원에게 주는 것이다. 인재를 회사로 끌어들이기 위해 스톡옵션을 활용하는 것에는 몇 가지 이점이 있다.

1. 지분을 살 권리는 대개 재직 중에만 발휘될 수 있다. 따라서 기업을 떠날 의사가 있는 직원은 그 권리를 사용할 수 없다.
2. 스톡옵션은 기업이 높은 가격에 팔리더라도 직원들이 낮은 가격에 지분을 살 수 있는 권리를 보장해준다.
3. 스톡옵션 행사에 부여되는 세제 혜택을 누릴 수 있다. 역사적으로 기업이 직원들에게 부여한 스톡옵션 행사에 대해서는 연간 일정 금액 한도 내에서 소득세를 물리지 않고 있다.
4. 지분을 살 권리를 발휘하려면 직원이 일정 기간 이상 회사에 재직하거나, 일정 수준 이상의 목표를 달성해야 한다는 단서를 달면 직원들이 회사 전체의 발전을 위해 더욱 노력하도록 만들 수 있다.

스톡옵션 관련 규제 변천

새로운 세제 규정이 발효되기 전에는 스톡옵션을 나누어주기 위해 비교적 간단한 절차를 거치기만 하면 되었다. 변호사와의 논의를 통해 직원들에게 나누어줄 단위와, 권리 행사 가격, 권리 행사 가능 시기 등과 같은 사항을 결정하기만 하면 되었다. 하지만 세제 규정이 까다로워지면서 상황이 이제 달라졌다. 앞서 나왔던 다음 표를 보면서 세제 규정 변화 후 어떤 일이 벌어졌는지 알아보자.

스톡옵션 관련 규제

2000년 미국	현재 미국	2000년 프랑스
No: 가치 재평가	Yes: 가치 재평가	Yes: 가치 재평가
No: 특별 회계 실시	Yes: 특별 회계 실시	Yes: 특별 회계 실시
No: 세금—적격의 스톡옵션 제공에 대해서는 세금을 부과하지 않는다.	Yes: 세금—적격의 스톡옵션 제공에 대해서도 세금을 부과할 수 있다.	No: 세금—적격의 스톡옵션 제공에 대해서는 세금을 부과하지 않는다.
No: 비적격 스톡옵션 제공에 대한 세금—비적격 스톡옵션 제공으로 수혜자인 직원이 수익을 냈을 경우 해당 기업에 직접 세금을 부과할 수 없다.	No: 비적격 스톡옵션 제공에 대한 세금—비적격 스톡옵션 제공으로 수혜자인 직원이 수익을 냈을 경우 해당 기업에 직접 세금을 부과할 수 없다.	Yes: 비적격 스톡옵션 제공에 대한 세금—비적격 스톡옵션 제공으로 수혜자인 직원이 수익을 냈을 경우 해당 기업에 직접 세금을 부과할 수 있다.

가치 재평가와 특별 회계

최근 변화된 세제 규정은 권리 행사 가격(strike price, 옵션에 명시된 지분 구매 가격)과 그 지분의 실제 가치 사이에 얼마나 차이가 나는지 재평가하도록 강제하고 있다. 재평가된 가치를 인건비로 계산해 이익 증감을 손익계산서에 정확히 표시해야 하기 때문에 회계 및 재무 처리 과정이 더욱 복잡해진다. 이는 기업에게 큰 부담이 된다. 이 규제가 생기기 전에는 재무제표에 스톡옵션을 제공했다는 사실과 '희석주당순이익(diluted earnings per share, 스톡옵션이 주식으로 모두 전환되었다고 가정하고 낸 이익이기 때문에 정확하지 않다-옮긴이)'을 간단히 기재하기만 하면 되었다. 하지만 새로운 규제 적용 이후에는 스톡옵션을 제공받은 개인이 얻은 이익을 일일이 정확하게 계산해야 하기 때문에 그 과정이 무척 복잡해졌다.

비적격 스톡옵션 제공에 대한 세금 부과

세제 규정이 바뀐 이후에는 직원에게 제공한 스톡옵션에 대해 해당 기업에 세금을 부과할 수 있게 되었다. 과거에는 공정시장가액(FMV, fair market value)에 따라 제공받은 스톡옵션에 대해서는 세금을 부과하지 않았다. 규정 변화 전에는 경영자가 공정시장가액을 어림잡아 추측해 권리 행사 가격을 정할 수 있었다. 일반적으로 보았을 때 타당한 수준으로 여겨지는 FMV를 적용한 경우에는 적격의 스톡옵션(qualified stock option)이라고 해서 세금을 부과하지 않았다. 그래서 예전에는 대부분 기업이 직원들에게 더 많은 혜택이 돌아갈 수 있도록 되도록 낮은 FMV를 설정한 스톡옵션을 제공하려 했다. 그리고 핵심 직원들을 붙잡아두기 위해 FMV보다 낮은 권리 행사 가격을 설정한 스톡옵션인, 비적격 스톡옵션(non-qualified stock option)을 제공하는 기업도 많았다. 과거에는 비적격 스톡옵션으로 인한 양도 차익에 대해서는 스톡옵션을 제공받은 당사자만 세금을 내면 되었지만 새로운 규제하에서는 기업도 함께 세금을 내야 한다. 스톡옵션을 제공하기 위한 회계 절차가 복잡해지고 기업의 세금 부담이 늘어나면서 성장 기업들은 인재를 잡아두기 위한 유효한 수단 하나를 잃었다.

개인에 대한 세금 부과

과거 미국 세법에 따르면 스톡옵션 권리를 일정 기간(2년) 동안 보유하고, 권리 행사 후 1년 이상 지분을 매각하지 않은 직원은 적격으로 분류되어 세금 감면 혜택을 받을 수 있었다. 직원이 옵션 권리를 행사했을 때 증가한 지분 가치에 대해 세금을 부과하지 않는다는 것이 적격 스톡옵션의 핵심이었다. 여기서 회사의 스톡옵션을 가진 직원들은 가까운 시일 내에 회사가 매각될 거라 예상될 때에만 권리를 행사하는 경향이 있다는 점을 짚어볼 필요가 있다. 바뀐 규제에서는 기업에게 가치 재평가 의무를 부과하고 있기 때문에 회사 매각에 앞서 옵션 권리를 행사한 직원은 자신의 행사 가격과 FMV 사이의 차이를 메워야 한다. 이 FMV는 연방 정부에 납부해야 할 AMT(AMT란 기업체가 소득공제, 세액공제 또는 면제와 관계없이 납부해야 하는 최저 세액을 의미한다-옮긴이)를 판단하기 위한 회계 처리에 반영된다. 가치 재평가를 강제한 새로운 규제가 생기기 전까지는 권리 행사 가격과 FMV 사이의 차이를 메우는 것은 전혀 걱정할 문제가 아니었다. 이제 직원이 얻은 수익에 대해서도

AMT 세금을 부과받게 되었다. 다시 말해, 가치 재평가 의무가 부과되면서 옵션 소유자는 자신이 얻은 수익에 대해 전에 없던 세금을 물게 되었다. 회계 처리의 복잡성과 세금 부과라는 이중고로 인해 이제 더 이상 스톡옵션을 인재를 끌어들이기 위한 효과적인 수단으로 사용할 수 없게 되었다.

기업에 대한 세금 부과

미국의 경우 FMV를 적용해 발행한 스톡옵션(적격 스톡옵션) 때문에 기업이 특별히 겪는 어려움은 없다고 할 수 있다. 하지만 8장에 나온 프랑스 기업의 경우에는 문제가 된다. 경영자가 스톡옵션 행사 가격을 낮게(FMV 아래로) 설정하기 원했다면, 그리고 직원들이 기업 매각 시 그 옵션을 행사했다면, 그 회사는 직원들이 얻은 수익의 45%에 해당하는 금액을 사회 복지세로 납부해야 했을 것이다. 이는 해당 기업에게 무척 큰 부담이기 때문에 자칫 잘못했다가는 유망한 기업들을 세금 규정이 덜 까다로운 다른 국가로 내모는 결과를 초래할 수도 있다.

우리에게 남은 방법과 그 방법의 단점들

제한 보상

제한 보상(Restricted Stock Grants)이란 직원들에게 지분이나 스톡옵션을 나누어주되, 그 권리 행사에 대해 단서를 거는 것을 말한다. 즉, 회사에 남아 있는 직원만 권리를 누릴 수 있게 만드는 것이다. 직원이 회사를 떠날 경우 회사가 직원의 옵션 권리를 되가져오는 것이다. 옵션에 대해 제한을 가하지 않을 경우 회사는 큰 문제를 겪을 수 있다. 아무리 소수 지분을 가진 사람이라 할지라도 마음만 먹으면 권리를 행사해 회사를 혼란스럽게 만들 수 있기 때문에 회사를 떠난 직원이 회사 지분을 가지고 있는 것이 문제가 될 수 있다. 주식에 대한 제한을 가하지 않을 경우 생길 수 있는 또 다른 문제는 그 직원이 지분 가치에 대해 세금을 부과 받을 것이라는 점이다. 한번 생각해보라. 한 직원이 특정 시점에 막대한 세금을 부과 받았는데 세금을 낼 현금이 없다면 어떻게 되겠는가? 세금에 대한 부담 때문에 주식 가치는 떨어질 테지만 다른 주식 보유자는 지분을 팔기 전까지는 세금으로 인한 손실을 깨닫지 못할 것이다.

가상 주식

또 다른 해결 방법은 가상 주식(Phantom Stock)이나 가상 옵션 계약서를 쓰는 것이다. 그런 방법을 쓰면 혼란을 피하고 필요로 하는 것을 얻을 수 있다. 가상 주식이란 실체가 존재하지 않는 가상의 주식을 직원에게 나누어주고, 일정 시간이 지난 후 주식 시장가격에 따라 평가하여 주식과 현금의 형태로 보상을 제공하는 형태를 말한다. 가상 주식은 매우 유용할 수 있지만 한 가지 큰 단점이 있다. 회사가 매각되어 직원들에게 보상금을 지급할 때 그 금액이 직원들의 수익으로 취급될 수 있다. 직원들에게 나누어주는 보너스는 자본 소득으로 취급받지 못하기 때문에 고용세를 물어야 한다. 자본 소득에 대한 세율보다 고용세율이 훨씬 높기 때문에 회사의 부담이 커지게 된다. 또한 가상 주식을 나누어주는 방법을 사용할 경우 일반 주주들이 보유한 주식의 실질 가치가 희석될지도 모른다는 문제를 해결해야 한다.

결론

미국은 회계 규제에 관한 한 성장 기업을 위한 혜택을 모조리 없애는 방향으로 가고 있다. 이제 미국은 세금 정책에서 프랑스와 같은 길을 걷고 있다. 하지만 정책 결정자들은 그 길이 내리막길이라는 사실을 깨닫지 못하고 있다.

주의: 직원들에 대한 보상과 관련해 여기 나온 내용은 일부에 불과하다. 따라서 핵심 직원들에게 어떤 보상을 해줄지 결정할 때는 전문가의 조언을 받을 것을 권한다.

자본 공백에 대한 추가 논의

성장 기업들에게 자본 공백은 해결하기 쉽지 않은 장애물이다. 이 장애물을 극복하기 위해 취해야 할 첫 번째 단계는 힘겨운 과도기 동안 자본 시장에 얼마나 의존할 수 있는지에 대한 현실적인 기대치를 세우는 것이다.

사모 투자

사모 투자는 몇 가지 유형으로 분류할 수 있다. 어떤 분류 기준을 적용하느냐에 따라 투자 유형은 수십 가지로도 나눌 수 있겠지만 여기서는 독자들의 이해를 돕기 위해 일곱 가지로 간단히 나누었다.

전문 벤처 캐피탈 회사

벤처캐피탈(Venture Capital)이란 용어는 글자 그대로 벤처(Venture)와 캐피탈(Capital)의 합성어이다. 이를 문자 그대로 표현하자면 모험자본이 된다. 벤처 캐피탈 회사란 새로운 아이디어를 가지고 이제 막 사업을 시작한 기업에 투자하는 업체를 말한다. 특히 첨단 기술, 생명공학, 의약 개발 회사에 투자하는 자본을 벤처 캐피탈이라고 부르는 경향이 있다. 미국의 경우 대부분의 벤처 캐피탈 업체들은 특정 지역(보스턴이나 샌프란시스코)에 있는 기업에만 집중적으로 투자하는 경향이 있다.[7] 따라서 그 지역에 위치한 기술이나 생명공학 기업이 아니라면 벤처 캐피탈 업체의 자본을 끌어들이려는 생각은 포기하는 편이 좋다.

대기업 벤처 투자 부서

대기업 중에는 괜찮은 회사를 찾아 투자하는 일을 전담하는 부서를 둔 곳이 많다. 그들은 전문적인 벤처 캐피탈 업체의 사업 모델을 그대로 따르지만 투자 대상 회사의 잠재력이 큰 경우 투자에 대한 수익 대신 특정 지역에 대한 유통권이나 라이선스를 받는 경우도 있다. 대기업 벤처 투자 부서의 경우 자신들의 기존 사업과 연관된 분야에 투자하는 경향이 강하다.

대기업 제품 개발 부서

대기업 소속 제품 개발 부서 또한 자신들의 제품 개발을 보완해줄 만한 괜찮은 업체에 투자를 하는 경우가 있다. 대개 생명공학 분야에서 이런 투자가 발생한다. 성장 기업에서 개발 중인 제품에 관심이 있는 대기업 제품 개발 부서가 제품 개발에 필요한 자금을 지원해주는 식으로 투자가 이루어진다.

엔젤 투자자

엔젤 투자자는 회사 창업을 지원하는 천사 같은 자본가들을 일 컫는 말이다. 이들은 투자할 자본이 있는 개인인 경우가 많다. 엔 젤 투자자들은 투자 대상 기업에 대한 호감에 이끌려 투자 결정을 한다. 큰 도시에는 대부분 엔젤 투자자 단체가 결정되어 있다. 성장 기업들은 대부분 초기 자본 이외의 추가 자본을 필요로 하게 되는 데, 엔젤 투자자는 대개 개인이기 때문에 추가로 자본을 투자할 여 력이 없는 경우가 많다.[8] 또한 엔젤 투자자들은 벤처 캐피탈 업체 같은 전문성을 갖추지 못한 경우가 많기 때문에 성장 기업에게는 별로 추천할 만한 자본이라고 할 수 없다. 하지만 자본이 부족한 성장 기업에게는 엔젤 투자자가 자본 공백을 메워줄 단비 같은 역 할을 할 수도 있다.

정부

자금을 지원받을 수 있는 정부 프로그램이 있다면 적극 활용해 볼 것을 권한다. 예컨대, 미국에서는 'Small Business Innovation Research Grant'라는 이름의 중소기업 지원 자금 예산을 운용하 고 있다. 이런 프로그램은 대개 제품 연구 및 개발을 지원하기 위 한 목적으로 만들어져 운영된다.

친구 및 가족

친분을 통한 자본 조달은 가장 자주 이용되는 방법이다. 하지만

이 방법을 통해서는 큰 자본을 끌어들이기 힘들다는 점이 문제이다. 이런 개인적인 투자자들과 계약을 맺을 때는 꼭 변호사나 법률 고문과 동석하는 것이 좋다. 또한 너무 많은 친구나 가족을 투자자로 끌어들였다가는 나중에 전문 투자업체의 투자를 받기 힘들어질 수 있다는 점을 명심해야 한다. 전문 투자자들은 소수 지분을 가진 개인 투자자들이 지나치게 많은 기업에는 투자하기를 꺼린다.

LBO 자본

LBO(leveraged buy out)란 기업매수자금을 매수대상 기업의 자산을 담보로 한 차입금으로 조달하는 방법을 말한다. LBO 자본의 대상은 대개 1,000만 달러에서 1,500만 달러 규모 이상인 기업이다. 즉, 이런 유형의 투자자들은 성장의 늪을 막 빠져나와 질주를 앞에 두고 있는 기업을 찾는다. 그들은 피인수 기업의 자산을 담보로 투자자금을 빌려(leveraged) 저가에 회사를 사들인 다음(buy out), 대대적인 투자로 기업 가치를 올린 뒤 여러 배의 차익을 남기는 데 관심이 있다.

대출

대출 투자자에는 자산 담보 대출에서 후순위 채권(sub-debt, 미상환부채를 갖고 있는 기업이 파산하거나 법적정리절차를 밟을 경우 제

1순위 부채가 전액 상환된 후에 상환받을 수 있는 부채를 말한다-옮긴
이) 투자자에 이르기까지 많은 종류가 있지만 대부분 너무 높은 이
자율을 매기고 있어 이용하지 않는 편이 낫다. 여기서는 은행 대출
에 대해서만 살펴보겠다.

5장에서 말했듯 은행에서 개인적으로 갚을 수 있는 한도(개인
신용 한도) 이상의 돈을 빌리는 것은 무척 어렵다.[9] 하지만 다음을
명심한다면 큰돈을 빌릴 수도 있다. 은행과 거래할 때는 사업 잠재
력이 아닌 위험도에 초점을 맞춰야 한다는 점을 명심해야 한다. 그
리고 은행가와 개인적인 친분을 쌓고 다음에 나오는 실수만 저지
르지 않는다면 많은 돈을 빌릴 수 있을 것이다.

- 잘못된 의사소통(Miscommunication): 회사를 경영하고 있는
  당신은 하루에도 수백만 가지 문제를 해결해야 한다. 은행과
  거래할 때 신뢰를 쌓는 비결은 문제가 생겼을 때 바로 은행에
  알리는 것이다. 그들에게 당신이 문제를 해결하고 있다는 인
  식을 심어주는 것이 중요하다. 그렇지 않고 있다가 그쪽에서
  나중에 문제를 발견하면 불신이 커지게 된다. 사업을 하다 보
  면 이런저런 문제를 만나는 것은 당연한 일이다. 그들에게 문
  제가 생기는 것 자체는 그다지 중요하지 않다. 그들에게는 문
  제가 생겼을 때 그것을 모르고 있는 것이 더 문제가 된다.
- 잘못된 자금 조달 방법(Misfinancing of assets): 경영자들은
  필요한 장비를 당장 구매해야 할 때 마이너스 통장이라도 만

들고 싶은 충동을 느끼기도 한다. 하지만 이렇게 했다가는 돈
이 더 필요할 때 한도 너머로 대출을 받지 못하게 될 수도 있
다. 경영자는 자산에 어울리는 자금 조달 방법을 사용할 줄
알아야 한다. 예를 들어 컴퓨터 장비를 구매해야 한다면 은행
에서 필요 자금을 대출받기보다는 판매업자에게 자금 융자
방법을 문의하라. 당신이 구매하는 자산의 규모가 크다면 리
스 금융을 제공해줄 수도 있다. 성장 과도기의 자본 공백을
잘 넘기기 위해서는 자산에 어울리는 자금 조달 방법을 찾을
줄 알아야 한다.

- 협상 우선순위 오해(Misunderstanding negotiation
priorities): 경영자들 중에는 은행과 협상할 때 이자율을 두
고 줄다리기하느라 대출 조건은 신경 쓰지 못하고 넘어가는
사람이 많다. 어떤 조건으로 대출을 받느냐에 따라 기업의 숨
통이 트일 수도 그렇지 못할 수도 있다. 단순히 우대 금리 적
용을 받았다고 기뻐할 것이 아니라 그 상환 기한이 얼마인지
등에도 주의를 기울여야 한다.

고객 및 판매업자

고객이나 판매업자와 잘 협상하면 자본 공백 문제를 창의적으
로 해결할 수 있는 방법을 찾을 수도 있다. 당신의 성공은 핵심 고

객과 판매업자(거래업자)들에게도 도움이 된다. 나는 고객이나 판매업자들이 제안한 창의적 해결책 덕분에 성장 기업들이 성장기의 자본 공백을 잘 극복하고 넘어가는 경우를 많이 보았다. 고객이나 판매업자와 자본 조달에 관해 논의할 때 유의해야 할 점은 그들을 임시적인 방편으로 대해서는 안 된다는 것이다. 당신은 그들을 다른 투자자들과 똑같이 대우해주어야 한다. 그들과 정기적으로 연락하고 사업의 위험이 무엇인지 분명히 알려주어야 한다. 우리 회사가 한창 성장의 늪을 건너고 있을 때 거래했던 데이터 제너럴(Data General)의 임원 한 사람이 기억난다. 그는 우리 회사가 자본 공백 때문에 고통받고 있을 때 물심양면으로 도움을 주었다. 많은 사람들이 고객이나 판매업자를 자본을 조달할 수 있는 대상으로 생각하지 못한다. 하지만 자본 공백을 겪고 있는 경영자라면 거래해왔던 고객이나 판매업자들의 문을 두드려보기를 권한다. 다른 투자자들을 찾아 헤매며 시간을 낭비하는 것보다 훨씬 생산적인 결과를 얻을 수 있을 것이다.

결론

당신 회사가 벤처 캐피탈 업체들에게 매력적인 투자 대상이 아니라고 생각한다면, 당신은 성장의 늪지대를 가로지르는 동안 가능한 한 많은 수입을 올리고 대차대조표의 부채 면에 적힐 자본을 많이 끌어오는 데 집중해야 한다. 사모 투자자들을 찾는 데만 신경 쓰느라 다른 가능성을 접어두지 말라. 자본 공백 문제를 잘 극복하기 위해 무엇보다도 중요한 것은 필요한 자본을 미리 예측하는 것이다. 늘 급박하게 필요 자본을 마련해야 하는 상황에서 회사를 순조롭게 경영하는 일은 쉽지 않은 일이다. 경영자는 늘 연료 계기판을 주시하면서 가속 페달을 밟아야 할 때 연료가 부족한 일이 없도록 해야 한다. 다시 말해, 경영자는 사업의 제한 속도가 어디까지인지 늘 알고 있어야만 한다.

주

들어가는 글

1. Rich Karlgaard, "Why We Need Startups," *Forbes* (2003년 7월 21일), p.33.

2. 데이비드 버치 교수는 고속 성장 기업 연구의 선구자라고 할 수 있다. 그는 기업을 규모에 따라 세 가지 유형으로 분류했으며, 각 유형에 어울리는 새로운 용어를 창안했다. 그 용어는 이제 사람들 사이에 널리 쓰이고 있다. 데이비드 버치 교수에 따르면 '쥐'란 소규모의 영세 기업을, '코끼리'는 탄탄한 대기업을, '가젤'은 4년 동안 적어도 20% 이상의 매출 성장을 기록한, 쥐와 코끼리 중간 규모의 기업을 의미한다.

3. Daniel McGinn, "Why Size Matters," *Inc.* ("America's Fastest Growing Companies" 특집, 2004년 가을), p.33.

4. David G. Thomson, *Blueprint to a Billion: 7 Essentials to Achieve Exponential Growth*, p.3. (『블루프린트 컴퍼니』, 인텔리전스, 2007).

5. Bo Burlingham, *Small Giants: Companies That Choose to Be Great Instead of Big* (Portfolio/Penguin, 2005), p.41. (『스몰 자이언츠』, 팩컴북스, 2008).

6. National Commission on Entrepreneurship, *High-Growth Companies: Mapping America's Entrepreneurial Landscape*, 2001.

7. John Case, "The Job Factory," *Inc.* (2001년 5월호).

8. National Commission on Entrepreneurship, *American Formula for Growth: Federal Policy & the Entrepreneurial Economy 1958-1998*, 2002년 10월.

9. George Hayes and Charles Ou, *A Profile of Owners and Investors of Privately Held Businesses in the United States 1989-1998*, 2002년 Academy of Entrepreneurial and Financial Research 연례회의 논평.

10. 성장 대신 선택할 수 있는 최고의 대안이 무엇인지 알고 싶다면 위에 나온 보 벌링엄의 책 『스몰 자이언츠』를 참고하라.

1장 잘나가는 기업에 닥치는 문제들

1. '퍼스트 스탠더드 화물 운송'은 회사의 익명성을 보장하기 위해 꾸민 이름이다.

2. "Goldman Sachs: On Top of the World," *The Economist* (2006년 4월 29일).

3. 벌링엄이 쓴 『스몰 자이언츠』 참조. 이 책의 주요 내용을 보려면 벌링엄이 「잉크 매거진」(2006년 2월호 81쪽)에 기고한 글 "There is a Choice"를 참고하라. 그의 책 xiii쪽을 보면 '작은 거인(small giant)'이 무엇을 의미하는지 자세히 나온다. 그의 책에 따르면 작은 거인이란 '투자 대비 높은 수익을 달성'하는 것은 물론 다음과 같은 것들에 관심과 흥미가 있는 기업을 말한다. "탁월한 성과를 내는 것, 일하기 좋은 회사를 만드는 것, 고객에게 훌륭한 서비스를 제공하는 것, 공급업체들과 좋은 관계를 유지하는 것, 자신이 속한 공동체에 기여하는 것, 어떤 분야든 더 나은 방식을 찾는 것. 그리고 또한 작은 거인이란 소유권과 내부 통제력을 유지하면서 얼마나 빠르게, 어느 정도까지 성장할지에 대한 명확한 한계를 두고 있는 기업을 말한다."

4. 기업을 10억 달러 규모 이상으로 성장하게 만든 요인이 무엇인지 알고 싶다면 톰슨이 쓴 『블루프린트 컴퍼니』를 참고하라.

2장 시장과 다시 소통하기

1. David G. Thomson, *Blueprint to a Billion: 7 Essentials to Achieve Exponential Growth*, 4장.

2. Peter F. Drucker, *Management: Tasks, Responsibilities, Practices*, pp.115-119. (『피터 드러커 매니지먼트』, 청림출판, 2007).

3. 이에 대한 자세한 내용을 알고 싶으면 부록 I에 인용된 내 글을 참조하라. "Innovating the Development of Innovation: Gazelles and Corporate R&D," *Research-Technology Management* (2007년 5월).

3장 경영진 쇄신하기

1. 보 벌링엄, 『스몰 자이언츠』에서 인용.

2. Penelope Green, "Saying Yes to Mess," *New York Times* (2006년 12월 21일), 1.

3. 데이비드 톰슨도 『블루프린트 컴퍼니』에서 유사한 이야기를 하고 있다.

5장 자본 끌어오기

1. Lee W. Merer, 미국 중소기업투자회사협회(NASBIC) 회장의 미 의회 진술, 2001년 6월 26일.

2. 보 벌링엄도 와인 제조업체의 예를 들어 비슷한 이야기를 하고 있다. Bo Burlingham, *Small Giants*, p.31.

3. E. Floyd Kvamme, 대통령 과학기술자문위원회 공동의장, "Beyond the Tax Cut: Unleashing the Economy," 미 하원 금융 위원회 청문회, 2001년 3월 29일.

4. U. S. Small Business Administration, "Small Business Lending in the United States: A Directory of Small Business Lending by Commercial Banks," 2001년 6월, p.6.

6장 추진력

1. William Morris, *The American Heritage Dictionary of the English Language* (Houghton Miffling, 1980).

2. 고객의 요청을 받고 AIG와 함께한 회의에서 들은 말이다.

3. Bo Burlingham, *Small Giants*, p.112.

4. 링컨 로지스틱스는 실존하는 회사이지만, 정보 보호를 위해 이름을 바꾸었다. 그 밖에 회사가 드러날 수 있는 정보들도 바꾸어 썼음을 알린다.

7장 성장을 넘어서

1. 이를 더 자세히 분석해놓은 내용을 보려면 부록 II를 참고하라.

8장 성장 기업을 보호하라

1. "Gov. Easley Announces Sysco to Build Distribution Center in Selma"에서 인용, *US Fed News* (2005년 1월 26일).

2. Peggy Lim, "Sysco, A Beacon for Selma"에서 인용, *News and Observer* (2005년 12월 16일), D1.

3. 버치 박사는 *Job Creation in America*를 비롯한 훌륭한 책을 다수 써냈다. 그는 중소기업과 일자리 창출의 상관관계를 분석한 연구 공로를 인정받아 1996년에 스웨덴 정부에서 수여하는 NUTEK 상을 받기도 했다.

4. 여기 나온 자료는 David Birch, Anne Haggerty, William Parsons가 함께 쓴 *Corporate Demographics: Corporate Almanac* (Cambridge, MA: Cognetics, 2000)에서 빌려왔다.

5. 데이비드 버치와의 대화, 2007년 1월 3일.

6. National Commission on Entrepreneurship, *American Formula for Growth: Federal Policy & the Entrepreneurial Economy 1958-1998*, 2002년 10월.

7. Edmund S. Phelps, "Dynamic Capitalism," *Wall Street Journal* (2006년 10월 10일), A14.

8. "Searching for the Invisible Man: Economics Rediscovers the Entrepreneur," *The Economist* (2006년 3월 11일), p.68.

9. Hayes and Ou, *A Profile of Owners and Investors*.

10. 마셜 골드스미스, 『블루프린트 컴퍼니』 서문.

11. National Commission on Entrepreneurship, *American Formula for Growth: Federal Policy & the Entrepreneurial Economy 1958-1998*, 2002년 10월.

12. 데비이드 버치와의 인터뷰, 2006년 11월 7일.

13. Sherwood Ross, "'Gazelles' Providing the Lead in the Nation's Job Creation," *Boston Globe* (1994년 5월 31일).

14. 윌리엄 보몰과의 인터뷰, 2006년 11월 7일.

15. 심텍 사례는 그 자체만으로도 흥미롭다. 원래 설립자는 해럴드가 회사 경영권을 물려받기를 오래전부터 원했다. 마침내 해럴드가 경영자로 취임한 이후 기업을 공개하는 등 놀라운 성과를 냈다.

16. 윌리엄 보몰과의 인터뷰, 2006년 11월 7일.

17. Carl J. Schramm, "Entrepreneurial Capitalism and the End of Bureaucracy: Reforming the Mutual Dialog of Risk Aversion," 전미경제학회 서면 자료, 2006년 1월 6일.

18. 데이비드 버치와의 인터뷰, 2006년 11월 7일.

19. 윌리엄 보몰과의 인터뷰, 2006년 11월 7일.

20. 주요 발의자는 사우스캐롤라이나 주 출신 의원(현 공화당의원) 짐 드민트와 민주당 상원의원 존 케리였다. 그 밖에 법안을 지지한 의원으로는 공화당 상원의원 올림피아 스노위, 민주당 하원의원 브라이언 베어드가 있다.

21. Kate O'Beirne, "A Bright Idea on Taxes : How the BRIDGE Act Can Help Small Businessmen and America," *National Review* (2003년 3월 24일).

22. George Gendron, "Bridging the Capital Gap," *Inc.* (2001년 12월).

23. "The Home Depot's Bernie Marcus on Why He Couldn't Do It Today," *Investor's Business Daily* (2006년 1월 30일).

부록

1. "Innovating the Development of Innovation: Gazelles and Corporate R&D"에서 인용. *Research-Technology Management* (2007년 5월).

2. 기업 투자 및 인수 거래에 대한 정보를 더 얻고 싶다면 클린턴 리처드슨이 2007년 출간한 책 *Growth Company Guide 4.0—Investors, Deal Structures and Legal Strategies*를 참조하라. 같은 저자가 이전에 쓴 *Growth Company Guide 2000*에서도 비슷한 정보를 얻을 수 있을 것이다.

3. Chris Flood, "Family Companies Top Value League," *Financial Times* (2007년 1월 30일).

4. 이 전망은 Kauffman Center for Entrepreneurial Leadership에서 제공한 자료에 근거하고 있다.

5. George Gendron, "Bridging the Capital Gap," *Inc.* (2001년 12월).

6. 이 부록에 나온 내용에 대해 조언과 지지를 아끼지 않은 스튜어트 존슨에게 감사의 말을 전한다. 스튜어트 존슨은 현재 로펌인 Powell Goldstein LLC에서 일하고 있다.

7. 벤처 캐피탈 투자의 규모, 범위, 위치에 대한 자세한 정보를 알고 싶다면 Venture Capital Association에 문의하라.

8. 엔젤 투자자 관련 문제를 해결한 혁신적인 기업이 궁금하다면 Seraph Group을 알아보라.

9. 지역 중소기업투자회사협회(SBIC, small business investment corporation)에서 제공하는 자료를 참조하면 도움이 될 것이다.

찾아보기

5년 후

펴낸날	**초판 1쇄 2012년 4월 25일**

지은이	**더그 테이텀**
옮긴이	**고빛샘**
펴낸이	**심만수**
펴낸곳	**(주)살림출판사**
출판등록	**1989년 11월 1일 제9-210호**

경기도 파주시 문발동 522-1
전화 **031)955-1350**   팩스 **031)955-1355**
기획·편집 **031)955-4675**
http://www.sallimbooks.com
book@sallimbooks.com

ISBN   978-89-522-1770-7   03320

※ 값은 뒤표지에 있습니다.
※ 잘못 만들어진 책은 구입하신 서점에서 바꾸어 드립니다.

책임편집 **강영특**